一位耶魯大學教授的統計箴言

Statistics as Principled Argument

羅伯特·艾貝爾森
Robert P. Abelson —— 著

杜炳倫 —— 譯

五南圖書出版公司 印行

本書獻給

Willa Dinwoodie Abelson

和

John Wilder Tukey

他們猶如黑暗中的明燈，指引我智慧之所在。

序　言

　　回想35年來，在耶魯大學心理系教授研一生統計學的點點滴滴，最讓我感到印象深刻的是統計教學的改變與不變。

　　最明顯的變革來自於電腦的使用。在1950年代，電腦實驗室就是一種塞滿各種計算機械的龐然巨獸。在深夜，一定距離之內，你能從咔嗒咔嗒的操作聲音，判斷還有多少位學生在實驗室裡工作。其實，還蠻懷念過去這種吃苦當作吃補的歲月，但我也想到，在過去的日子裡，統計分析不僅僅充滿噪音，還充滿了錯誤。現今，個人電腦與統計套裝軟體的發明，使得統計分析變得又快又準確。這對於大數據庫、反覆計算、多因子或多變項技術，更是如虎添翼。此外，1992年《計算與圖形統計期刊》（*Journal of Computational and Graphical Statistics*）的創建，把電腦、圖形和統計連結了起來（也參看Cleveland, 1993; Schmid, 1983; Wainer&Thissen, 1993）。我並不是說電腦剷除了愚笨——事實上，或許鼓勵了它。我主要是指，精細構思的分析，能夠以極大的效率與細節來完成，而這是幾十年前做不到的。

　　另一些值得重視的發展是：探索式數據分析（Hoaglin, Mosteller, &Tukey, 1983, 1985, 1991; Tukey, 1977），從強調統計顯著性檢定轉彎至隨心所欲地尋找數據所浮現的模式；對數線性模式（Goodman, 1970; Wickens, 1989），分析多向列聯表的細格次數；結構方程與驗

證式因素分析以及LISREL程式（Jöreskog, 1978）；處理抽樣變異的自助抽樣法技術（Efron, 1992）；以及使用後設分析（Glass, 1978; Hedges&Olkin, 1985; Mullen, 1989; Rosenthal, 1991; Wachter&Straf, 1990）來統合研究並下結論的爆炸性興趣。

　　儘管各大學裡，有許多新發展的統計學科系以及相關訓練課程，一般而言，學生們還是對統計困惑不已。長期觀察學生們對於學習統計的無助掙扎，我總結，問題不全然是計算這方面。對許多學生而言，統計是一座孤島，與他們的研究事業處於分離的狀態。統計被視為令人不悅的義務，最好盡快從他們的生活中消失。此外，處理不確定性是很困難的，不論是日常生活或是小小的推論統計學世界。許多學生天真地以為，只要緊緊抓住摸得到看得見的計算值，用電腦輸出堆疊成山的數據來增加數值的份量，就能避免模稜兩可的情形。學生們變得死板板的，把統計實作視為一種醫學或宗教規則。他們常常從病人或教徒的角度，以焦慮和不安的態度詢問這樣的問題：「我被允許使用這個方法來分析我的數據嗎？」好像做錯就會病情加重或犯罪一樣，而他們似乎也想要獲得處方式的答案，像是「依照電腦統計套裝軟體的指示，跑變異數分析，好好睡一覺，明早再把我叫醒。」

　　多年來，對於學生的問題：「我可以這樣做嗎？」我總是回答：「你可以做任何你想做的，但如果你用方法M，就要有得到批評Z的準備。如果你使用程序P並且夠幸運得到結果R，那麼你能夠進行有效

的主張，如果你沒有得到結果R，那麼恐怕你必須謙虛一點。」

　　慢慢地，我開始意識到我回答的言下之意：亦即，陳述統計分析的推論結果與雄辯息息相關。當你做研究時，會有人批評你對結果的詮釋，而你最好準備說服他們。（這些批評也許不會成為現實，但對批評的預期心態，對於做好研究與數據分析是必要的。事實上，想像遭遇充滿敵意的批評者，會讓我們在一開始的研究設計就很小心。）統計分析工作與律師的工作有點像──案例具有說服力，或證據薄弱（甚至可疑），或是推論方式嚴謹或鬆散，以及慣例與規則可能被援引或無視等等。

　　一直以來，我總是想寫一本饒富趣味、忠告與智慧的統計書籍，讀者群為研一生和大學主修心理學或其他社會科學進階統計課程的學生。標題自嘲是「許多你應該知道的統計大小事，但卻困惑到不知如何提問」，但又不想寫成像是一本烹飪書。當統計即有原則的論據在我腦海出現時，我知道我有一個統一的主題了。

　　除了辯論之外，統計分析也具有敘事功能。有意義的研究就像是說故事，而統計能夠使故事變得更好，學生通常沒有注意到這一點。隨口問一位學生：「如果你的研究要被刊登在報紙上，標題會是？」得到的回答通常是喃喃自語，不知所云，好像這個問題從來就沒有被考慮過。

　　藉由拋出這個問題，我不得不想想，要如何陳述統計故事的主

張，怎麼樣讓這個主張變得令人感興趣。藉由清晰的論據，讓顯而易見的解釋潰敗，使得一般大眾對於重要關係的信念產生改變，是令人感興趣的。因此，我理想中的統計學家，必須集律師、說書人以及偵探的角色於一身。這三種角色可以是有趣的，並且有開放的心胸，預期沒有意料到的線索和關係出現。

把這些都考慮進去，構成一個圖像。那就是，統計之目標是把量化證據組織起來，使用有原則的措詞，形成有用的論據。有原則（principled）是很重要的點，這意味著你不應該在統計報告裡恣意而為。我並不完全是在提倡統計領域的相對主義（relativism），或解構主義（deconstructionism）。只是，主張應該很清楚地奠基於證據。當我說「論據」，我並不是鼓勵研究者應該為反對而反對。只是，對數據所引起的議題，要有論辯精神。

我的主題無法不包含技術上的東西。特定的統計方法必定會被討論，但是我已經最小化數學公式與複雜數據的使用。本書大部分的觀念圍繞著基礎機率理論、t-檢定、變異數分析以及研究設計。因此，讀者需要具備一些基礎統計學的知識，像是大學統計課所學的東西。箴言1至箴言5，重新探討與詮釋基本素材。箴言6以後，轉向沒有受到足夠關注的統計與研究設計大小事。我已經努力使本書內容清楚且易讀，但有些讀者可能還是會認為，少數段落令人費解（尤其是箴言6與箴言7），請自行判斷哪些是你可以略過的。如果你跟不上偶爾出

現的公式，儘管讀文字內容即可。如果還是不理解，先去放鬆聽個音樂，稍後再繼續閱讀。

　　書裡範例的作用，並非像是食譜裡的圖解功能，而是為了解釋統計與真實世界之間的連結。大部分的範例，來自於我所熟悉的實驗社會心理學領域。（許多範例有點年紀，就跟我一樣。）其他範例散見於各實證研究領域。我希望，所有想要磨練其統計論辯理解力的讀者，都能感到被鼓舞。我也希望，統計與研究專家，能夠容忍我過度簡化的技術性議題，而在本書裡發現許多的精煉思想。

　　教師與研究者可能會發現，本書的價值在於所討論的內容，超越一般統計學教科書會探討的範圍。學生可以把本書當作標準統計學教科書的輔助教財，或者僅僅是獨立閱讀。研究團體可能會發現，本書所探討的議題非常有價值，因為這些議題不時會出現在他們的研究領域裡。我觀察到一個現象，大部分學生並不真正了解統計，除非他們經歷三個階段——首先是接觸，再來是實作，最後才能產生真正的洞見。本書為這第三個階段而設計。我希望，讀者能把在本書所學到的東西帶入其研究計畫中。

　　最後，感謝對本書草稿提供意見的許多夥伴。如果讀者發現本書的任何不經意的瑕疵，請使用這個金律：*Mea culpa*（我有罪）。

羅伯特・艾貝爾森（Robert P.Abelson）
1995

譯者序

　　與本書結緣大約在十年前。如今，可能由於人類集體潛意識對統計知識的渴望，所以在因緣際會之下，透過我，把本書翻譯出來，以饗廣大的中文讀者。

　　翻譯已逝作者的大作有兩點好處。第一，不會有改版的問題；第二，內容扎實，禁得起時間的考驗，因此才能一再地出版，即使作者已不在人世。這讓我想起了當年在美國留學時，我的指導教授喜歡帶我到校內的一間二手書店喝咖啡，恩師會順道挑選一本二手詩集。端詳著他把二手書看得比新書還要珍貴的模樣，不禁令我這個慣於採購新書的東方學生，起了好奇心。

　　的確，老書自有其魅力。例如：1963年出版的《實驗與類實驗設計》（作者為Campbell與Stanley），是我讀過最精采的研究設計類書籍，因為內容精粹，敘述清楚，舉例引人入勝。把它從美國亞馬遜網路書店購買回來的時候，發現內文有前人的重點注記，還有疑似圖書館藏書的編號，這真的讓我有種新書不如老書的感覺，因為每一位讀過本書的人，都賦予了它新的生命。所以，老書的魅力，來自於內容與痕跡。

　　這本書的確不年輕了。它在1995年出版，於2009年——作者去世幾年後——又再度重印問世。在這個鼓吹汰舊換新的年代，也許本書早已被圖書館給隨意丟入了資源回收桶，取而代之的是最新出版，但卻真的值得資源回收的新書。我為什麼這麼說？因為本書內容能夠啟迪讀者的統計與研究智慧。

　　經驗貧乏的研究者，喜歡堆砌統計文字，彷彿這就代表了自己的學術成就。然而，一堆令人摸不著頭緒的統計段落，加上不知所云的內文，再配合上一點也不令人感興趣的標題，只會讓人望而生畏，不想閱讀。一篇沒人想閱讀的研究報告，遑論能增進什麼人類福祉了。本書內容能幫助讀者消弭這種弊病。

　　閱讀本書需要具備一些基礎統計學知識，如果有一點點的實務經驗，讀起來會更有體悟。學造句就是要學寫作文；學統計就是要學會做研究。要很有效率且充滿自信地，寫出一篇能應用至日常生活當中的研究報告，而且還能得意洋洋地解讀與評論他人的研究，一本基礎與一本進階統計類教科書必不可少，本書可以幫助你達到這個理想。

　　書中引用的幾乎都是重量級的真實研究。其中，Milgram（1963）著名的服從研究，甚至在2015年被拍成了電影（*Experimenter*）。本書的大量引用特色，是一般統計學教科書所缺乏的，因為你不會在一般統計學教科書裡，看見如此詳盡的引用資訊。據此，閱讀本書不但能增進讀者的論文寫作能力，還能精進讀者的統計論述智力。可以想

見，本書含金量之高。

除了重量級的引用訊息與範例之外，有的實例來自於耶魯大學的學生作業。閱讀這些例子，可以一窺耶魯大學教授是怎麼培育學生的，這也彷彿得到了耶魯大學教授的指導。所以，就算讀者不是就讀於名牌大學，只要熟稔本書內容，躬身實踐，那麼一些外在的環境影響，對讀者而言，也就不再具有任何的意義了。

市面上有許多如何使用統計軟體的書籍。初學統計的學生，通常也會先從這一部分著手，這並沒有錯。但是，輸出的數值意義何在？這是許多統計學教科書所沒有深入探討的。對我而言，統計軟體的標準化操作，在網路世界輕易就可以搜尋得到，似乎連參考書都不必了。然而，個人一生的統計教學精華，卻是「網路搜尋」不到的。

我很欣慰能把本書翻譯出版。英文原版索價將近40美元，現在你只需要付出極低的代價，就能得到幾乎是原汁原味的東西了。這也是我從事統計教科書翻譯工作的初衷——讓知識產權降價，造福廣大的中文讀者。願展讀愉快！

杜炳倫
2019

艾貝爾森的八條金律

1. 機率如波。

2. 過度自信厭惡不確定性。

3. 嘲弄常規千萬不能只有一次。

4. 如果你不懂英文譯文，就別說什麼希臘話。

5. 如果你沒有什麼要說的，就不要再說了。

6. 沒有不需代價的猜測。

7. 把沙發搬開才能看見灰塵。

8. 批評乃方法學之母。

目　錄

序言 / III

譯者序 / VIII

艾貝爾森的八條金律 / XI

箴言 1　以統計發聲

1.1　對於統計的誤解　003

1.2　以統計來主張：比較與解釋　005

1.3　虛無假設檢定的語言與限制性　012

1.4　有說服力的爭論：MAGIC標準　017

1.5　風格與慣例　021

1.6　底線　023

箴言 2　基本論辯與機率的角色

2.1　隨機生成過程　028

2.2　隨機抽樣過程　039

2.3　總結　052

箴言 3   效力的大小

3.1   機率測量值   059

3.2   效力量   067

3.3   信賴區間   076

箴言 4   論辯的風格

4.1   狂妄、古板、自由及保守風格   081

4.2   單尾、雙尾及不對稱檢定   085

4.3   應用於同一組數據的替代檢定   088

4.4   有缺陷的觀察值   099

4.5   同組數據裡的多重檢定   102

4.6   陳述與詮釋p-值   107

4.7   最後的分析   112

箴言 5   察覺可疑之處

5.1   怪異的觀察值分配   116

5.2   發生不可能的分數   128

5.3   奇怪的檢定統計值   130

5.4   類比統計值之間的不一致   141

5.5   類比統計值有著過多的一致性   146

5.6   覺察可疑的警示   149

箴言 6　結果的清晰度：作用與限制

6.1	作用與限制	153
6.2	作用與知識的演化	155
6.3	平均數的比較	158
6.4	重構結果以獲得更好的清晰度	166
6.5	多重比較	172
6.6	對照比較	182
6.7	不只一個依變項	185
6.8	進一步的評論	189

箴言 7　效果的普遍性

7.1	普遍性的性質	193
7.2	研究內的處置：背景交互作用	197
7.3	跨研究的普遍性：後設分析	216
7.4	研究內與研究間普遍性的比較	222
7.5	最後的警示	225

箴言 8　爭論的關注性

8.1	統計可以是有趣的嗎？	229
8.2	理論關注性	231
8.3	驚奇性	234

8.4　重要性　　　　　　　　　　　　　　　　　　　245

箴言 **9**　**論據的可靠性**

9.1　為何研究主張不可信　　　　　　　　　　　　　251

9.2　論辯的結構　　　　　　　　　　　　　　　　　253

9.3　方法學上的人為因素　　　　　　　　　　　　　263

9.4　對方法學的批評所帶來的影響　　　　　　　　　285

參考文獻 ／ 287

作者索引 ／ 299

內文索引 ／ 302

箴言 1

以統計發聲

1.1　對於統計的誤解

　　連學生都會誤解統計，遑論一般大眾了。公眾不怎麼信任統計，因為媒體常常使用誤導的統計聲明，試圖欺騙他們。例如：現任政治人物，引用樂觀的經濟統計，不管其對手提出經濟一片破敗的證據。藥品廣告喜歡提出醫生推薦的比例，或進入血液的平均時間，來進行洗腦宣傳。公眾懷疑，在特定的利益驅使之下，鼓吹者會不擇手段地使用有利於他們的任何數值。

　　對不良廣告的懷疑是合理的，但把錯都怪罪到統計身上，就不理智了。當人們說謊時（人們時常這樣做），我們不會怪罪語言本身。是的，你也許會說，人們比較能夠聽出何為謊言，但對於統計數值，就無此分辨能力。對此，我會回答，也許對、也許錯。當統計分析以負責任的態度執行時，全體大眾的不信任主義，反而會損害其潛在助益，與其無腦地把所有統計數值都當作垃圾來看待，倒不如以更成熟的態度學習統計，試著分辨什麼是誠實有用的結論，什麼是詭計或愚昧。

　　愈來愈多的大學生學習統計，這是個好兆頭。不幸的是，典型的統計課程並沒有處理好統計聲明的論辯性與得失性。結果是，學生們會慢慢發展出錯誤的統計觀念。他們尋求確定與精確，強調計算而非統計分析所提煉出的觀點。他們傾向於機械式地陳述統計結論，避免具有創造力的論據（以免被控告有做手腳的嫌疑）。

　　本書的目標在於，重新賦予統計論據力與敘事力。我的中心思想是，優質統計涉及有原則的論述，傳達引人入勝且取信於人的觀

點。在統計陳述裡，難免有一些主觀表達，這是無可避免的，即使是一本正經的統計檢定發明者也承認。例如：Egon Pearson（1962），回憶他與Jerzy Neyman的工作：「我們在數學模型上，保留一點可供個人直覺判斷的缺口」（p. 395）。與此同時，Sir Ronald Fisher（1955），指責Neyman和Pearsony，作出過度機械化的建議，他本人強調實驗是連續的過程，需要一群自由心智在共享資訊的基礎上，做屬於他們自己的決定。

　　當你使用統計時，靈活的論辯與詳細說明的確很重要。數據分析不應該變得像是無頭蒼蠅。它應該導出引人入勝的主張；它應該對那些有見識的聽眾，說出一個感人的故事，而這應該藉由明智地詮釋實驗與觀察所得到的適當證據來達成。[1]

1　有些人從不同的觀點來看待統計。數據蒐集可以被視為是聚合「事實」的保存檔案行為，以便滿足往後研究者與政策制定者的需求。歷史上，統計開始於稅收與人口普查，而術語*統計*（statistics）源自對*政府*（states）的描寫（Cowles, 1989）。現今，人口普查數據、公眾意見調查數據庫，像是General Social Surveys（Davis & Smith, 1991），都可以為日後各種不同的研究目標所用。這些資料來源都很重要，而我並不低估其價值。儘管如此，儲存數據只是某些研究事業的開始，而非頂點。數據分析對理論與應用的回饋，才是本書所關注的。

1.2　以統計來主張：比較與解釋

統計故事裡的情節是如何發展的？本書大部分的內容，把統計與系統性的研究計畫連結起來。但一開始，讓我們討論據稱是具有新聞價值的統計「事實」，這些事實被四處旅行的記者隨手拾起，並且呈現在傳播媒體裡。

單獨的統計數值

許多單獨的統計數值，像是：「負有盛名的交響樂團指揮，其平均預期壽命為73.4歲。」（Atlas, 1978），或是「每天看3-4小時電視的成年人，其高膽固醇流行程度幾乎是每天看不到1小時電視的*兩倍*。」（Tucker & Bagwell, 1992），亦或是「……到了35歲還單身的大學教育程度女性，只有5%的機率會走入婚姻。」（"Too Late," 1986; discussed by Cherlin, 1990; and Maier, 1991）。預期壽命統計的關鍵點應該在於，交響樂職涯是如此地令人滿足，以致於延長了壽命。膽固醇的故事有點令人迷惑，言下之意可能是要告訴我們，一邊看電視、一邊吃垃圾食物的危害。婚姻統計奠基於對未來趨勢的不可靠推測，而解釋可以因人而異。

以孤立的統計數值來作出主張，會使讀者喪失評估其意義的背景。要活到73.4歲有多不尋常？「幾乎兩倍」是否意味著我不應該看電視？如果不能回答諸如此類的問題，那麼對於此類數值宣言的自然反應就是，「那又如何？」

比較的重要性

在女性結婚比率的例子裡，已經獲得背景脈絡，而大部分的人會認為，5%的結婚率與一般情況（或50年前）比較起來，是相當低的。*比較*（comparison）的概念很重要。有意義的統計報告，必要涉及觀察值與期望值之間的差異，或觀察值之間的差異。觀察到的差異導致為何如此的問題，近而引發解釋因子的追尋。因此，35歲大學教育程度女性5%的結婚率，與一般80%-90%結婚率的印象比較之下，引起了這樣的問題，像是「我在想為什麼會這樣？是職涯模式缺少婚姻的吸引力，還是缺少黃金單身漢？……或者也許5%奠基於錯誤的統計程序。」這些可能的解釋促使研究者（或其批評者），重新分析現存的證據與假設，或繼續蒐集新數據，以便得到更合意的解釋。

除了提問為何總結統計值之間，或總結統計值與基線之間，會有差異的這類標準統計問題之外，也偶爾會發生需要去解釋缺少差異的情形。當我們所期待的差異沒有出現時，我們會問「為何*沒有*差異？」例如：伽利略（Galileo）展示輕物和重物自由落體墜下同一距離所花的時間是一樣的。觀察到的恆常，與重物下墜較快的強烈直覺相反，因此丟出了一個需要去解釋的謎團。

比較的標準

在解釋過程剛開始的時候，會遇到一個麻煩。那就是，給你一個統計值，許多不同的觀察值與期望值能夠被用來當作比較的標準。什麼與什麼比較，對於問題與答案有很重要的影響。為什麼問題要具有

焦點（focus）。[2] 負有盛名交響樂團指揮的長壽現象（Atlas, 1978），提供了一個很好的例子。要以什麼來比較其73.4歲的平均壽命呢？交響樂團演奏者？不負有盛名的指揮家？一般大眾？

　　研究裡的指揮家都是男性，而幾乎都在美國生活（雖然在歐洲出生）。作者使用美國男性平均預期壽命為比較標準，這在當時是68.5歲。所以，這暗示指揮家多享受了5年歲月，而作者跳至結論說，指揮行為是長壽的原因。自從此研究出現以來，就得到許多人的關注，甚至有人闡述其中的因果鏈結〔例如：健康專欄作家Brody於1991年寫道：「我們相信，手臂運動對指揮家的長壽起了作用。」（p. B8）〕。

　　然而，Carroll（1979）在其對此研究的批評中指出，期望壽命的比較有個很容易被忽略的錯誤：平均期望壽命包含死去的嬰兒與活了很多年的成人。因為不可能有嬰兒指揮交響樂團，所以嬰兒壽命的數據應該要被排除在外。那青少年又如何？他們同樣也過於年輕以致於不會成為交響樂團指揮家，所以他們的壽命也要被排除在外。Carroll主張，當上交響樂團指揮的平均估計年齡至少在32歲。美國男性已達32歲的平均預期壽命為72歲，所以負有盛名的交響樂團指揮家的享樂延壽被大大地縮短了，這很顯然是比較的錯誤。我們可以持續微調比

2　問題與答案的焦點轉移，能夠以10歲孩童最喜愛的笑話來闡釋：「為何火雞過馬路？」（Why did the turkey cross the road？）「因為今天雞休假。」（Because it was the chicken's day off.）無法理解孩童笑話的讀者，可以藉由研究為什麼問題裡，不同文字被強調所產生的效果，來理解焦點的概念。參看Lehnert（1978）。

較組，使那些非指揮家在其他方面愈來愈類似指揮家。深思熟慮過的比較標準（通常是「控制組」），能夠充分地減少誤導性統計詮釋的發生。

在候選的解釋中進行選擇

對於任何觀察到的比較差異，一些可能的候選解釋會出現在研究者（和批評者）面前。在特定的情況下，這些解釋在其實值性與普遍性原因方面，可能會有很大的不同，範圍從觀察到的差異，被視為是偶然事件或人為瑣碎而摒除，到觀察值支持或削弱某個普遍的理論。在我們的交響樂指揮範例裡，候選解釋至少有：（a）結果偶然出現在所計入的特定指揮家樣本裡；（b）比較標準仍然具有瑕疵，因為沒有把無指揮家入選資格的短壽子群計入（例如：慢性病患）；以及（c）指揮家確實比較長壽，因為長壽與傑出音樂天賦有著某種共同的起源根據，指揮活動有益健康（或是在一大堆有益健康的活動裡，樂團指揮是其中一項），或是有益健康的某事物與指揮有關，像是得到他人的奉承，或對他人有大量的控制權。

統計分析與推論的任務，是要幫助引導在可能的候選解釋中進行選擇。雀屏中選的解釋變成主張。（如果這個用詞有點強迫的味道，我們也可以用觀點這個比較柔和的詞語。）在樂團指揮的範例裡，提出主張是冒風險的，因為缺少相關數據幫助我們篩除可能的解釋。知名鋼琴家、演員、教授、律師等等的預期壽命數據會有所幫助；早早退休（非健康原因）的知名指揮家預期壽命；知名指揮家親人的預期

壽命（理想上，雙胞胎──但可能不會有足夠的案例）；以及持續活躍與不活躍老人的預期壽命差異（除了健康狀況不佳以外的原因）。

實驗主義者會對這些必要證據的空泛標準感到絕望（你怎麼定義「健康狀況不佳」、「活躍」、「退休」），而不祥的預感是，可能與長壽有關的變項就是有那麼多（有些只是未知）。如果能夠孤立與*操弄*假定的因子，那麼實驗研究者會感到舒服一點。實驗者，不同於觀察者，試圖去*創造*（或重建）比較差異，而非僅僅消極地觀察。

考慮到樂團指揮是如此地滿意個人的工作，以致於活得比沒有指揮活動的一般民眾還要長的可能解釋。試圖去重建此效果的標準實驗方法是，聚集一群有潛力的傑出指揮家，隨機安排一半去擔任知名交響樂團指揮，而另一半較少涉及職涯活動，然後蒐集他們每一個人的壽命數據。當然，這種檢定是不切實際的。我提到它，是因為它啟示了在概念上相近，並且有可能做到的實驗。例如：我們可以招募一群老年人，隨機分派一半的人從事社會或身體活動，或是擁有社會控制權，另一半沒有接受這些介入處置，然後監控他們隨後的幸福感與健康狀態。[3] 以指揮家的例子而言，幾乎很難去詮釋觀察值的因果鏈結。因此，奠基於此類數據的主張，就顯得有點站不住腳，而也應該被高度質疑。比較差異的合理解釋，端賴控制良好的比較。所以，在本書裡，我們強調實驗數據。（有時，研究者也可以藉由匯集田野調查的證據線索，來做好研究。）如果有許多互相關聯的數據，那麼解

3　愈來愈多健康心理學領域的文獻，明確地支持這個觀念（Langer & Rodin, 1976; Okun, Olding, & Cohn, 1990; Rodin, 1986）。

釋的品質就能夠戲劇性地改進，其中有一些重複論證核心或與其緊密關聯的結果，一些排除了替代性的解釋，其他則顯示當解釋因子缺席時，結果就不會出現。

系統解釋對照機率解釋

為了理解統計論辯的性質，我們必須要考慮哪一種*類型*的解釋夠格作為為什麼問題的答案。一種特有的類型，*機率解釋*，被這樣表達在陳述裡，像是「這些結果很容易可以歸因於機率」，或者「隨機模型充分適合這些數據」。的確，在科學邏輯中的統計推論，罕有被迫把機率解釋作為替代性解釋，或系統解釋除外的解釋。

在接下來的討論裡，我們假定數據來自於在特定領域，對一組事物的單一測量程序。我們假設，組成數據組的觀察值彼此不同，並且我們要問為什麼。*系統因子*，有條理地偏好影響特定子群觀察值，例如：持續活躍的老年人可以多活一定的歲數。*機率因子*，偶然地影響每一個觀察值，而對任何特定觀察值的影響程度是不一定的。

誇大系統因子影響力的傾向

缺乏經驗的研究者與外行人等等，經常會高估系統因子相對於機率因子的影響力。當業餘心理學家與自稱是世界之主的人，充斥在我們生活周遭時，我們會誇大我們預測他人行為的能力，我們很難以統計來思考人類行為。

Kunda與Nisbett（1986）指出，在人類*能力*這方面，特別是運動

員的能力，在不同場合的表現，存在某種程度的難以理解變異。例如：我們知道網球選手每天的表現會有起伏，所以表現的樣本必要能夠導致對其能力做出可靠的判斷。即使如此，在許多運動場合裡，機率影響力的相對重要性仍嚴重被低估。Abelson（1985）詢問棒球老手心理學家，去斟酌是否大聯盟棒球打擊者，在指定的回合裡能擊出，並且估計這事件的變異比例，解釋為不同打者在技術上的差異，對照機率因子對打者擊出的影響力。中位數估計值大致為25%，但確實答案只有不到1%的一半！部分可歸因於衡度兩變項關係的「解釋變異」屬性（Rosenthal & Rubin, 1979），但更令人感興趣的是，我們這些棒球迷，傾向於把0.330打擊率的球員，視為整場比賽輸贏的關鍵英雄，而認為0.260是實際上比賽進行當中，肯定會有的打擊率。

機率變異的低估延伸至其他領域。像是抽樂透號碼，實驗對象在許多情況下的行為表現，彷彿認為結果可以透過某種控制而被操弄（Langer, 1975）。Kunda與Nisbett（1986）指出，就*性格*而言，奠基於單一經歷所做出的推論，含有過度自信的成分，忽略了時空的可能影響力。例如：我們直覺地認為，在某個場合多話的人，就大概是一位多話的人了〔也就是「根本歸因錯誤」（Ross, 1977）〕。

以上這些論點，闡釋了直接跳至系統解釋而不考慮機率解釋的一種自然傾向。身為研究者，我們需要有原則的數據處理程序，以使我們遠離過度詮釋數據的窘境。我們需要了解，即使統計計算帶著數值精確度的氛圍，當爭論者反對的是不確定性的背景時，辯論必定會圍繞著統計結論。在篩除各種數據解釋的過程中，主要步驟是對系統因

子與機率因子所扮演的相應角色做出判斷。

有鑑於機率並不好懂——即使是那些受過些許統計訓練的人——我們介紹怪誕的，希望能夠被記住的隱喻，來呈現機率因子的作用（箴言2）。

1.3　虛無假設檢定的語言與限制性

虛無假設的顯著性檢定，是心理學研究領域，用來分辨系統與機率解釋的常用程序。基礎統計學教科書有許多的描述，但學生們通常認為虛無假設是反直覺的，而許多批評者（eg., Cohen, in press; Falk & Greenbaum, in press; Tukey, 1991）認為，虛無假設檢定實在是太超過了。在此提出這些檢定的古怪邏輯是值得的，以便稍後當我們提到相關的應用時，讀者能夠知曉其在統計裡的角色，並且有理由抱怨它們。

考慮最簡單類型的實驗研究。此處，對象被隨機分派至實驗組與控制組，兩組人馬進行相同的實驗任務，除了實驗組有一個操弄因子——像是接受了事前的訊息或訓練，或者被下藥。研究者想要檢定，是否實驗操弄因子對任務表現的某種合適測量，起了系統性的差異。

想必，每個人的任務表現測量值都不一樣，而我們要問為什麼？系統解釋因子是研究者所操弄的，要說這個因子具有系統性，就是假定，平均上，與控制組相較之下，它改進了（或損害了）實驗組的任務表現，達到某種未知的量。我們可以藉由計算兩組平均表現分數的差異，來估計此系統性效果的大小。

　　然而，在此情況下，也存在機率因子──事物以一種未知的方式，附加干擾於個人的測量值。我們在此提及兩種類型：抽樣誤差（sampling errors）與測量誤差（measurement errors）。抽樣誤差源自於隨機分派對象至兩組的「運氣（luck of the draw）」；實驗組可能在成員的任務能力上，稍微高於（或低於）控制組，因此導致平均數的差異可能被誤會是系統性的效果。測量誤差涉及未知與不重複的原因，使任務表現歷經時間、空間以及環境而有差異。當對象17進行任務時，實驗室也許太暖和；對象42也許那天頭痛；以及諸如此類等等。

　　以性質而言，在實驗設計裡會有三種數據解釋：（a）任務分數的變異能夠完全被系統因子所解釋，（b）任務分數的變異能夠完全被機率因子所解釋（抽樣與測量誤差），或者（c）變異需要同時被機率與系統因子所解釋。

　　第一與第二種解釋比較簡單，而簡約原則會建議在落入第三種解釋之前，先檢定這兩種解釋。為什麼要說一則複雜的故事，如果更簡單的故事就能夠交代一切？如果前兩種解釋不充分，第三種解釋可以被保留。第一種可能性，不包含機率變異的完全系統性數據，會立刻被看出來：實驗組裡所有的分數都一樣，而且與控制組裡所有一樣的分數產生差異。這種結果可能比較接近物理與生物科學，這類研究的機率變異通常很小。然而，以心理學數據而言，這種結果相當罕見──但如果真的發生，統計推論就不被使用（Skinner, 1963）。

　　把這些罕見完美的案例放一旁，只剩下全然機率的解釋，以及系

統加機率的解釋，讓我們進行抉擇。我們能夠知曉，我們需要藉由先檢定全然機率的解釋，才來援引系統解釋；如果機率因子無法充分地解釋數據，那麼就需要系統因子。這就是基本上虛無假設顯著性檢定的道理。

虛無假設檢定的語言

虛無假設檢定就像是魔咒的儀式。研究者可以假定，實驗組與控制組之間不存在系統性的差異——除了抽樣與測量誤差。就目前的數據而言，如果（根據像是 t-檢定的正式程序）數據沒有很明顯地與此概念不一致，那麼全然機率的解釋就站得住腳，這通常被描述為「接受虛無假設」。如果數據與此全然機率解釋模型不一致，那麼虛無假設就被拒絕，而系統加機率解釋模型就成為首選。

此處值得注意的是，標準措辭「接受」或「拒絕」虛無假設，在語氣上過重。要知道，統計檢定是幫助（希望還能明智地）判斷之用，而非對或錯的邏輯聲明。此外，常理告訴我們，虛無假設實際上永遠（Cohen, 1990; Loftus, 1991）也不會完全為真至最後一位小數。因此，說接受它是有點奇怪的。我們通常使用其他的措詞，像是「保留虛無假設」或「把虛無假設視為可行的」。[4]同樣地，拒絕能夠被軟化為像是這樣的措詞：「懷疑虛無假設」。

4　在分析者沒有足夠的信心宣稱，哪一個平均數比較大時，這無疑給了我們一個很好的方向來思考，保留一個平均數之間沒有差異的虛無假設，意謂著什麼（Tukey, 1991）。參看箴言3，注1。

　　不管怎樣，研究者想要藉由懷疑其不要緊的假設，來展示某種實驗因子的影響力正在進行著。對此程序的譏諷，反映了虛無假設檢定被論辯考量所驅動的事實。假設一位實驗研究者宣稱，數據告訴我們──儘管個案與個案之間有相當大的差異──特定的教育或醫療介入，或者特定理論原則的運作，有著系統性的效果，但批評者反駁說，這些數據很容易起自於偶然的抽樣或測量誤差。誰贏得了這場科學辯論？批評者贏了，除非這位研究者提出一個反-反駁，說明數據事實上相當不可能全然由機率因子所解釋。舉著這樣的反證，研究者對虛無假設投下了不信任票（也因此，批評者通常會在爭論剛要開始的地方就被斷念了）。

顯著性檢定提供很有限的訊息

　　「實驗組與控制組之間，存在某種系統性的差異嗎？」這個簡單問題的答案，通常不會令人激動不已。如同稍早所指出，實際上總是會有某種差異是被合理的實驗操弄所引起。的確，虛無假設的出奇性，會引起人們的注意。例如：當不信任虛無假設，意謂著心電感應是可能的，或意識閾下刺激對態度與行為有著可靠的效果。互補情況也是令人感興趣的，此處，每個人事前都堅信效果是有的。例如：幾乎每個運動迷，都相信籃球比賽有「連續得分（streak shooting）」的事兒，而當Gilovich、Vallone以及Tversky（1985）從投籃序列中，以合理的統計檢定發現，沒有連續得分的虛無假設站得住腳時，就引起了暴怒。

單一研究並不具有決定性的作用

即使顯著檢定的結果，具有科學（與可能的大眾）新聞價值，單一研究從來就沒有如此大的影響力，以致於能夠消除所有的爭論。研究發現的可複製性是很重要的。畢竟，如果一項研究結果與先前的信念相左，那麼這些信念的擁護者，就會對研究方法發出各種不同的批評，提出結果的替代性解釋，以及引發可能的長期論戰。

有時候，批評最後是對的，而有時候被證明是錯的。以物理科學為例，「冷核融合（cold fusion）」的懷疑論者，在一兩年的辯論之後占了上風（Pool, 1988）。反之，「閾下知覺（subliminal perception）」——無意識刺激的有意義作用——在一段時間的辯論之後，被廣泛地接受（Kihlstrom, 1987）。

對於超感官知覺（ESP）存在與否的辯論，以一種不確定、相當貧瘠的方式持續了幾年（Hyman, 1991; Utts, 1991）。爭論很大一部分都停留在「僅僅是存在」的虛無假設階段，ESP的效力與普遍性、引起的條件、運作的過程，尚未形成引人入勝的焦點。〔近年來，辯論逐漸聚焦於一種特定類型實驗的屬性，也就是*Ganzfeld*程序（Bem & Honorton, 1994; Hyman, 1994）。〕

因此，即使在罕有的例子裡，此處虛無假設的如實性尚在爭論中，特別是在優勢的案例裡，虛無假設是無足輕重的敵手，研究者還是希望能形成一種超越單一虛無假設檢定的態勢。在逐漸發展某些典型的辯論議題之前，先讓我們停留在基礎階段，詳細討論什麼使統計爭論變得引人入勝與具有論辯力。

1.4　有說服力的爭論：MAGIC標準

　　有幾種數據屬性，其分析與呈現方式主宰了說服的力道。我們以首字母縮略字MAGIC來標示它們：效力大小（magnitude）、清晰度（articulation）、普遍性（generality）、關注性（interestingness）、可靠性（credibility）。[5]

效力大小

　　統計論辯的力量，被支持其質性主張的量化效力所增強。有許多方式去標誌效力大小，最常用的是所謂的「效力量」（Cohen, 1988; Glass, 1978; Hedges & Olkin, 1985; Mullen, 1989; Rosenthal, 1991）。在最基本的比較兩個平均數案例裡，效力量能夠僅僅是兩個平均數之間的差異；然而，通常這個差異會被除以觀察值的標準差。在箴言3裡，我們談到一些選擇，並且介紹「原因量（cause size）」的概念，這也影響了效力大小的詮釋。

5　有其他設計，用來分類統計證據的品質與其呈現方式。許多形式的效度（internal, external, construct, trait, discriminant, ecological, predictive, etc.），是眾所皆知的選擇（Campbell, 1960; Cook & Campbell, 1979）。效度分析一直以來都很有用，但它帶給學生的是相當表面與深奧的感覺。另一種系統，被規定在一本醫學研究統計分析小書裡（Hill, 1977）。這位作者的標準，在名稱上類似於我的標準，但並沒有多加闡述。如果我的途徑是新的，應該是我在統計即論據的範圍內，選擇與發展我的標準，而我知道目前尚未有人系統性地做這件事。

清晰度

我們指的是，結論被表達的方式，其所呈現的完整細節程度。假設研究者比較五組平均數：A、B、C、D、E。結論這樣說，「這些平均數之間沒有系統性的差異」，那麼只具有很少的清晰度。如果是這樣陳述，「平均數C、D、E，都系統性地高於平均數A和B，即使彼此之間的不同並不可靠」，就含有較多的清晰度。更多的清晰度會是附加平均數所浮現模式的量化或近似量化明確性，例如：「從組A到B到C到D到E，平均數呈現穩定增加的趨勢。」清晰度的標準，在箴言6裡會有更正式的說明，在那兒，我們介紹*作用*（ticks）與*限制*（buts）的概念。

普遍性

普遍性表示結論被應用的廣度。任何研究的關聯環境，通常是相當狹隘的，即使研究者一般傾向於把他們的論述應用至更廣的範圍。為了支持研究結論的廣泛應用，有必要組織一個納入廣範圍背景變異的全範圍研究計畫；或累積結果數據，這些數據來自於許多相關但或多或少有些不同的研究，這能夠以後設分析（Mullen, 1989; Rosenthal, 1991）來處理。在箴言7裡，我們以變異數分析架構，來詮釋普遍性。

高品質的證據，有著相當大的、清晰的、普遍性的效果，這對於統計論辯要有最大的說服力是必要的，但並非充分。研究故事的屬性也很重要。我們討論兩種有效的研究敘事標準：關注性與可靠性。

關注性

　　哲學家、心理學家以及其他學者，對於什麼是引人入勝的故事（eg., Davis, 1971; Hidi & Baird, 1986; Schank, 1979; Tesser, 1990），或故事是否具有要點（Wilensky, 1983），有著不同的思維。在本書裡，我們採取這樣的觀點，一個統計故事要在*理論*上引人入勝，它必須能透過實證分析，改變人們對重要議題的信念。在箴言8裡，此概念的幾種特徵會得到進一步的解釋。目前，關鍵點在於*信念的改變*——這通常要承受令人意外的結果——以及議題的*重要性*，這代表許多理論上或應用上的主張，需要新結果的出現來調和。

可靠性

　　可靠性指的是研究宣稱的可信度。它同時需要*方法學上的周慮性*，以及*理論上的連貫性*。奠基於鬆散的實驗程序，或錯誤的統計分析，將導致批評。看起來怪怪的數據，或錯誤架構的程序所露出的線索，會讓人懷疑是否統計分析或研究方法上出了問題。（當然，你也可以扮演批評者的角色，在他人的研究報告裡，追蹤這些蛛絲馬跡。）

　　許多方法學與統計上的錯誤，在文獻中已有廣泛的記載（Aronson, Brewer, & Carlsmith, 1985; Campbell & Stanley, 1963; Evans, 1991; King, 1986）。我們的討論在兩方面不一樣，我們由「下而上」分類統計錯誤——也就是，就數據的不同古怪外貌而言，介紹不同類型的錯誤（箴言5）；以及研究設計錯誤，如何影響研究者與批評者之間的辯論。

　　其他根源能夠使研究的可靠性受到損害——與優勢理論，或甚至是基本常理相衝突的聲明。研究讀者群很難相信矛盾的主張。例如：超感官知覺的論證，這需要大量現存觀點的檢視。在這樣的案例裡，爭論會同時發生在兩方面。批評者通常會挑剔令人懷疑的方法學錯誤，因而把結果歸因於方法學上的人工現象。研究者必須做好準備，來排除這種質疑。此外，理論上的論戰也會出現，此處，研究者被要求去展示其理論具有*連貫性*，也就是，能夠解釋彼此相關聯的發現。如果結果A需要解釋X，結果B喚起解釋Y，以及結果C要有解釋Z，此處X、Y、Z沒有什麼關聯，那麼A、B、C結果的敘述就不連貫（Thagard, 1989）。反之，如果單一解釋原則，適合幾種不同的結果，那麼故事是連貫的。當結果如果沒有共享相同的解釋，就會變得彼此不相關，那麼故事不僅僅具有連貫性，它還是*一流的*。箴言9裡，我們指連貫的結果爲*特徵*（signature）。

　　理論上的辯論結果，端賴現存數據對各自說明的相對恰當性，但這競賽取決於在攻防的過程當中，誰負有*舉證的責任*。通常這責任在研究者，特別是在一開始的時候。批評者通常隨心所欲地發明對立解釋：可以是這個，也可以是那樣。有些類型的對立解釋是如此地含糊，以致於無法被檢驗——這給了批評者一個重大的辯論優勢。不論如何，科學應該同時具有保守——避免快的與令人迷惑的觀點轉換——與開放，像是努力不懈的改革者最終能獲勝，如果他們的主張確實是有價值的。在箴言9裡，這些議題會有更深入的探討。

產生可靠統計故事所需的技巧，並非不同於一位偵探的辦案手段（Tukey, 1969）。研究者必須要闡明一個令人關注的案例，也就是「為何」——數據如何落入特定模式，這類似傳統兇案謎團的「兇手是誰」。他一定要能夠排除其他選擇，準備面對執著錯誤解釋的傲慢同僚。（這有點像是奇幻偵探小說裡的英雄，要容忍土頭土腦警長的推論。）

1.5　風格與慣例

有效統計論辯的五個主要標準，端賴數據的品質和研究者在研究設計與結果呈現方面的技巧。然而，其他方面像是風格與慣例，也是同樣的情形。

風格

研究報告的統計論辯風格，可以在天秤的兩端擺盪：一個極端是武斷與不謹慎風格，奔向魯莽與過分的主張；另一個極端是膽怯與僵化的風格，有著不情願做出任何明確主張的態勢。實務上，風格通常不會在兩個極端，而是會在中間偏一邊的位置。我們標注其為*自由*風與*保守*風（箴言4）。

自由風傾向於更多的數據探索，以及潛在系統性效果的發掘。相反地，保守風反映了對研究結果的驗證性態度，此處，研究者為了對留下的主張更具信心，寧願放棄微小或出乎意料的發現。

研究者應該藉由思考做出更多或更少主張所付出的代價，來調整其自由或保守程度。的確，有時候研究很明確地是探索性的，在推測方面是開放的，而有時候研究很明確地是驗證性的，需要極度的謹慎。但是，大部分的研究，落入大約靠近中間的位置，而即使在明確的案例裡，需要的決定計算也是不切實際的，因為兩種風格的錯誤代價沒有被合理地量化。數據詮釋是有界的，在界外，公式與量化決定程序不起作用，此處就會用到判斷力與風格。

慣例

有時，主觀要素被偽裝成*慣例*。有很多這種情形，最顯眼的是聲名狼藉的顯著水準「慣例」：$p=0.05$。如果每個人都遵循慣例，那麼研究者就能免除（也拒絕了機會）使用他們自己判斷的責任。這是相對良性的方法，只要慣例是合理的，而每個人都了解它們是慣例而非戒律。

無可避免的不確定性

以司法系統來當作比喻。司法判決充滿不確定性，聲明有罪的人是無辜的，或無辜的人是有罪的，有著無法估量的代價。兩種錯誤的平衡，來自於社會的正當慣例，特別是在衡量被告定罪的證據有多重這方面。在英美社會的傳統裡，死罪必須建立在「超越了合理的懷疑」這樣的基礎上。這樣的慣例，即使它可能傳達了決定策略是無誤的幻象（假定沒有人說謊），本身就擺脫不了模稜兩可與替代解釋。

儘管如此，大致而言，這種不精確傳統的明智使用，運作得還可以。

　　在社會科學統計方面，總是會有一些主觀成分，而研究者的角色就像是訟辯人。在此隱喻之下，科學研究讀者群，就像是聽著研究者和那些反對者證詞的陪審團。雖然要經歷幾場法庭程序，判決最終會出爐。

1.6　底線

　　一則研究故事可以是令人關注的，並且在理論上具有連貫性，但仍然不具有說服力——如果數據的支持力量很微弱。反之，大量高品質的論辯力，能夠被劣質的敘述給揮霍掉——例如：研究是如此地不鮮明，以致於沒人在乎結果是什麼。因此，對於奠基於數據分析的爭論，論辯力與敘事力的結合，在說服力上是具有加乘效果的。如果其中一個成分是乏力的，那麼結果是乏力的。只有當有力的論辯與有效的敘事屬性（MAGIC）出現時，爭論才會入耳。要做出好的研究，研究者必要結合誠實律師、優良偵探以及說書者的技巧於一身。

箴 言 2

基本論辯與機率的角色

　　我提議，統計的主要功能在於，形成好的論據來解釋比較的差異，並且希望是以一種引人入勝的方式。在本章裡，要介紹四種最基本類型的統計論據，每一種都包含一個精闢的示例。全部四種都被某種機率事件所影響。前兩種論據都涉及觀察值與機率期望值的比較；論據的差別在於，是否比較差異被主張。後兩種論據比較兩組觀察值的平均數；一種論據主張，觀察到的平均數差異，能夠歸因於機率，而另一種論據主張，系統性的差異高於機率效果。

　　常理告訴我們，簡潔的解釋會比較好，過度解釋反而令人起疑。如果約翰曠職的藉口是他的祖母過世，並且他也重感冒，我們傾向於懷疑他的襟懷坦白。他已經違反了正常對話交流的其中之一個原則（Grice, 1975），也就是，說者應該給予足夠的，而非過多的訊息，來達到被理解的目的。

　　簡約的概念，偏愛以最簡單的充足解釋來說明數據。在箴言1裡，我們注意到，在社會科學領域裡，研究者的部分工作是理出機率因子與系統因子對數據的相對貢獻。最簡約（雖然不是最受歡迎）的解釋為，數據能夠完全歸因於機率因子。在這四種簡單論據（隨後會有更複雜的）裡的機率角色，並不完全是一眼即知的，而是需要討論的。在本章裡，我們提供兩種機率的概念——隨機*生成*與隨機*抽樣*——兩者各自有一種不同的隱喻。第三種程序隨機*分派*，簡短地參與至我們的討論當中。

2.1 隨機生成過程

　　為了構圖機率的奇特性，我喜歡去想像，有一個矮精靈委員會，負責按需求生產數據。他們用古老的配方與祕密的程序，笨手笨腳地擺弄著，獨自竊笑地把零碎的數據傳送給研究者。這些數據也許會，或也許不會，有著系統性的配方，但它們總是有著機率變異。要知道他們做了什麼並不容易，但有時候，他們製造隨機的古怪程序會帶有規律性。

　　一種怪誕的規律性稱為*隨機生成過程*（random generating process）。這術語表示，變項觀察值的重複產生，有著不確定性的特徵。不可預測性的手工程序，像是投擲硬幣、擲骰子、轉賭輪，都是這類重複程序的常見例子。早期的機率文獻（Bayesx, 1764），觀察在方桌上滾動的球，是否在一條武斷設置的直線前停止。在大部分這類的案例裡，數據是類目式結果的接續（例如：硬幣正面與反面的隨機串），有時候會呈現平衡，每種結果都有同樣的機率（正面與反面都有50/50）。在其他例子裡，像是Bayes的方桌結果，也許不會平均分配。硬幣與骰子能夠灌鉛作假，以產生偏向一方的結果；任何手工裝置都可能具有不對稱，導致未想到的結果。更奇特的不可預測物理程序可以被想像，我們的矮精靈可以從懸崖上丟酢醬草或蘋果，看看是否有落到底下的溪流。

二項式程序（binomial process）

假設有兩種質性結果，一個「正」結果，一個「負」結果（例如：蘋果有或沒有掉入溪流），而這兩種結果的機率，在每一次程序的重複下都一致。進一步假設，每一次試驗的結果都是相互獨立的，這意謂著任何一次試驗，都不會影響任何稍後結果的機率。每一次的投擲硬幣通常被視為是獨立的，因為沒有物理影響或殘餘的訊息，會遷移至下一次的投擲。[1]硬幣不會「記得」它之前是怎麼翻身的。日復一日的天氣事件，提供了一個很清楚的*非獨立*結果範例，因為天氣模式傾向於持續幾天，下雨天比較可能接下來又是一個下雨天，而非大晴天。

兩種結果的機率，與一次又一次的獨立性，定義了*二項式程序*。隨機生成過程創造了它特定的結果*模式*，儘管個別的結果都是無法預測的。考慮由一連串符號所呈現的結果序列，（1）代表一個正結果，而（0）是一個負結果。這些模式的令人訝異與重要的特徵是，原則上，它們無關於實際物理性質的過程。以統計的說法而言，二項式程序，就是一個二項式程序，還是一個二項式程序。單單只是觀察結果，我們無法判斷矮精靈做的是投擲參有雜質的硬幣，或是滾動蘋果。當一個過程遵循二項式情況的定義時，它的長期統計屬性就完全地被特徵化了。

1　要小心此斷言，投擲者拇指施與硬幣的力道變異，要先界定好。理由是，一些手法高明的魔術家，能夠每一次都投出正面（或反面）結果。

二項式程序的長期屬性。 二項式程序的其中一個長期屬性是，在一個長系列裡，正結果的出現頻率，會接近單一試驗的正結果機率。如果每顆蘋果有著10分之7的機率落入溪流，那麼在長系列的試驗當中，此事件的發生機率是70%，加減一個小的誤差範圍。[2]反過來看以上的陳述，我們能夠把數據裡正結果的發生機率，視爲接下來每一次試驗機率的估計值，因此，在任何資料被蒐羅之前，此過程的特徵可能是未知的。

其他的長期屬性，特徵化了正結果（1）與負結果（0）的序列。考慮一連串的硬幣正面（1）與反面（0）結果，假設是「1100010100001110⋯」。此序列含有各自相同結果的連（run）；開始是兩個正面連，接下來是三個反面連。因爲二項式程序有其數學上的具體說明，是有可能計算出，在給定長度的狀況下，正反面結果出現2連、3連、4連⋯⋯的期待頻率。Fu與Koutras（1994）提出了一種強大的數學分析，來處理幾種類型的連計數。

賭徒謬論。 關於二項式序列的本質，有兩種彼此關連的普遍誤解，其中一種是「賭徒謬論（gambler's fallacy）」。如果一種結果已經連著出現好長一串，觀察者可能會認爲，因爲兩種結果在很長的序列裡，註定以假定的比率出現，所以有一陣子沒出現的結果，會暫時擁有優勢。看見賭輪連續出現六次黑色，賭徒會有下一次會出現紅色

2　一個適當版本的「中央極限定理（central limit theorem）」（參看Adams, 1974）指出，當獨立事件的數目增加時，觀察到的成功比，幾乎無懸念地會接近每次試驗的機率。

的虛幻自信。這種謬論也發生在棒球迷身上。平均打擊率0.250的打者，平均而言，每四次打擊會有一次擊出。如果這位打者在前三次打擊已經擊出一次，他的棒球迷不會說他已經「達到了預期目標」。要有第四次的打擊，才能夠完全仿製他的平均打擊率。

為什麼認為，暫時遠離期待結果的序列會自我校正，是謬誤的呢？當我還是位孩子時，我有著如下的矛盾想法，使我對這個問題感到迷惑：假定約翰和比爾投擲的硬幣沒有灌鉛作假；約翰連續投到五個正面，而比爾是連續五個反面。然後，他們交換硬幣。約翰的下一次投擲，使用的是比爾的硬幣，那麼結果應該是反面（平衡一下約翰的紀錄）或是正面（平衡一下比爾硬幣的紀錄）呢？當一個人思考這個難題時，更多的謎會出現在心中。假設硬幣連續出現十次正面，那麼在第十一次投擲之前，你要等待。也許把硬幣埋在土裡一年，或把它放在時空膠囊裡。當出土時，它怎麼會知道擁有反面的傾向？[3]不，賭徒謬論不可能是正確的。

機率如波。 那麼，這是否意謂，隨機產生的序列不會平衡至恰當的比率？在某種意義上而言，是的，而只有當序列很長時，才會有瑣碎的量差。在約50萬次左右的正面，或50萬次左右的反面出現後，

---

3 在一項心理（雖然並不怎麼邏輯）行為測驗裡，當面對這種謎團時，Eric Gold（私下交流, 1991年9月）發現，當連續四個正面出現後的下一次投擲，賭徒謬論很明顯地減弱了。此外，當出現一個連之後，暫停個24分鐘再繼續，此謬論也減弱了。直覺上，人們似乎把機率行為（此處，推定的補償傾向），視為屬於所使用的硬幣本身。有趣的是，橋牌遊戲裡，特定的椅子通常被認為具有持續的（而非補償的）好運或壞運。你看看，人們如何把自身的迷信，投射到無生命的物體上！

多出來的十次正面，不會扭曲多少50/50的比率。一個或另一個結果的局部不平衡，就像是數據長流裡，沒有被消化的波。這就是艾貝爾森的第一條統計金律：「機率如波」。[4]人們通常沒有意識到，一個或另一個結果的偶爾長連，是隨機序列的自然現象。一直以來存在一個現象，那就是，當研究對象被要求寫下投擲一個公正硬幣所出現的正反面結果時，他們傾向於避免任一結果的長連。他們所寫下的序列，通常太快在兩個結果間互相交替著（Wagenaar, 1972）。這似乎是因為，人們期待隨機結果能夠代表（Kahneman & Tversky, 1972）產生它們的程序，所以如果每次試驗裡，兩種結果的期望機率是50/50，那麼人們就會到處使系列出現幾乎是平均分割的情況。相關的心理錯誤也出現在，把一個二項式序列誤判為可歸因於系統因子的非隨機現

4　關於隨機的陳述，可以很容易地導致形而上的困境。但是，用這個陳述的引申義來冒的風險是值得的。由「機率」，我意謂從數學上的、理想的、假定的隨機生成（例如：二項式）或抽樣過程所運作的輸出。關於波的警示理由是，人們通常在他們的機率概念裡，過分地假定部分規律。人們是差勁的隨機數值產生器，如本腳註之後的段落裡所討論的那樣。

但嚴肅的議題被提起，當有人問到自然或人工機制，是否能實際上完美地模擬機率行為。許多領域的科學家，需要隨機數值序列來模仿具有機率特徵的現象。對於社會科學研究而言，有需要創造隨機樣本或隨機分派，生成這種序列的標準作法是使用電腦。然而，最近發現，雖然這種序列符合簡單檢定的真實隨機性，但對於複雜檢定卻顯露出過度的波（Ferrenberg, Landau, & Wong, 1992）。這個發現引起了相當大的驚駭，對可選擇的隨機生成數值產生悲觀（Browne, 1993）。可想而知，自然或人工，都在本質上無法產生數學統計學家所接受的理想隨機序列。

這種形而上的災難，卻不會對本書所討論的社會科學研究造成損害。物理學家與數學家對隨機的焦慮，來自於像是原子鐘一個世紀有著0.01秒誤差的敏感度。然而，社會學家通常只需要一星期快或慢六小時的準確度。

象。這些自然錯誤提醒我們，要謹慎地解釋量化結果的序列，抵抗宣告系統影響力的誘惑，除非機率解釋是不足的。

那麼，前兩個我們要考慮的簡單論據爲：（a）謙虛地建議，數據僅代表了隨機生成過程的表露；（b）樂觀一點地宣稱，某種系統性解釋對於數據是需要的，超越了隨機生成過程的運作。

論據1 ▶ 數據可能來自於隨機生成過程

我們已經指出，「純粹機率」能夠是一組數據的儉省描述。如果數據與此描述一致，而研究者又沒有提供它，那麼批評當然隨之而來，而研究者將會處於失去辯論優勢的窘境。

我們也已經提點，隨機生成過程的數據串不好分辨。可以這麼說，不同的動物留下相同的統計足跡。甚至有序列事件通常不被認爲是屬於機率領域，然而其產生的數據串，卻有著隨機的特徵。

技能行為的機率因子。　當技能表現成爲關注焦點時，機率（在這個意義上，我們已經討論過）與系統影響力之間的困惑就會加大。例如：一位運動員試圖產生一個想要的結果，這與機率結果格格不入。但有時候，我們把重複嘗試的成功變異視爲自然現象。

什麼樣適當的時機，才能以系統因子解釋運動表現的序列，像是籃球運動員重複試著投籃得分？通常系統性能夠被主張，當有意義的、能指認的數據段，很明顯地不同於其他。把序列擺一邊，如果一些個人（或一些團體），相當一致地優於他者，那麼我們傾向於相信他們真的比較棒，而非只是幸運。此外，當觀察到一位運動員，逐漸

地增進其成功率時，合理的看法是，這位運動員的技能正在系統性地進步中。第三，特定的外部環境也與成功率有關，像是主場優勢（Cooper, Deneve, & Mosteller, 1992; Harville & Smith, 1994）。

然而，其他外部環境的影響就可能模糊不清。運動員可能會說，五個晚上比賽四場是有害的；或者，星期天的比賽表現最糟；或是，不利於他們的生理節奏。在某個點上，研究者可能細查表現數據，以便試著在真實效果與機率效果之間作出判決。

實例：籃球場上的運氣。　這類調查（Gilovich, Vallone, & Tversky, 1985），能以籃球場上的「熱手現象（hot hand）」為例。當運動員流利地連續投籃得分時，狂熱球迷會說，這位運動員手正熱著，而當中有連續失誤時，就變成手冷了。這些耳熟能詳的運動用語——也用在其他運動與比賽——意味著，應該有著未知，也許是不可思議源頭的影響。訓練有素的統計研究者，已經知曉數據生成過程能夠被各式各樣的自然機制現實化，所以能抽象地思考一組觀察值，暫時性地剝去它們發生的背景。

因此，以熱手現象而言，研究者要做的是，檢視每一位運動員歷經每一場比賽的得分與失分串。統計檢視的目標是，籃球員得分的數據性質與矮精靈丟蘋果的數據性質一致。令人感興趣的數據特徵為，是否籃球員的連續得分不是獨立的，有著系統性的痕跡於他的下一次得分（以及失分接著失分）。

當適當的數據組被檢視後，研究者對熱手現象有什麼結論呢？令人驚訝的是，他們沒有發現任何證據，支持運動員通常會有熱痕跡的

想法。每一位運動員的數據都完全符合隨機生成過程，特別是，二項式程序（每一次投藍的得分機率都一致，並且投籃與投籃之間具有相互獨立性；Gilovich et al., 1985）。要達到這個結論，研究者進行幾種分析，包含比較得分或失分一次、二次、三次之後的得分機率，連續投籃串裡得分連與失分連的計數，以及跨賽事投籃成功比的變異與其機率期望值的比較。分析的對象為費城76人籃球隊（Philadelphia 76ers），投籃數與罰球數都計算在內；以及康乃爾大學，男女球隊成員的練習投籃序列。（之後也分析其他專業隊伍，都得到同樣的結論。）

　　缺乏熱手證據所引起的反應。　籃球員、教練、作家、球迷聽到這個結論之後，通常都覺得不可思議。他們聲稱，*確知*熱手痕跡是存在的。為什麼呢？Gilovich（1991）提議，對於熱手痕跡非屬隨機的頑固信念，有關於未能意識到隨機串長什麼樣。人們不了解機率如波，並把偶爾的波，歸因於神祕的像是熱手現象這種系統性過程。此外，許多人也許不願意相信，投籃得分是否完全與先前的成功與失敗無關。難道球員不會有感覺放鬆的絕佳狀態期嗎？難道攻方不會一直使用成功的戰略，直到守方變得更加聰明嗎？

　　數據串的特徵，與定義良好的隨機生成過程無法區別的論據，確實存在弱點。有限的數據串無法*保證*是隨機的。事實上，它需要爭議地躍過形而上的論述，去宣稱特定的*數據*是隨機的，而非主張它們的生成*過程*是隨機的。最謹慎的聲明是，給定串與基本的隨機過程假設沒有不一致。如果研究者找到新的或先前未被分析的舊數據特徵，那

麼可想而知，一些非隨機證據可能會浮現。這個可能性，鼓勵了被掃興的統計學家所惹惱的特定現象信仰者。一旦機會出現，這些信仰者就會跳出來提出反論。

事實上，Larkey, Smith, 以及Kadane（1989），的確猛撲熱手議題，主張先前的研究者，忽略了能夠真正彰顯熱手現象的投籃*時機點*（timing）。所以，請只考慮時間接近的連投，並重新分析它們，他們說這可能會顯露潛藏的現象。Larkey et al.進行了這種分析，顯示至少有一位球員——Vinnie Johnson，因為他神話般的熱痕跡而取名綽號「微波爐」——具有熱手現象。

Tversky與Gilovich（1989）反駁說，這次的重新分析無法發現，除了Johnson以外的任何球員具有熱手現象，而Johnson在統計上令人矚目的熱痕跡，完全依賴一個連續七投的連。此外，這個連續七投的連，甚至無法在Larkey et al.所提供的錄影帶中被找到！反而，有連續四投得分，接著一次籃板球得分，再來一次失投，最後再次投籃得分的紀錄。校正這個表列結果錯誤後，即使是微波爐也無法逃離隨機性。[5]沒有被這次挫敗嚇到的其他熱手現象信仰者，也許會試著在不久的未來，提出一次令人信服的重新分析。

5　Johnson傾向於得分後，在短時間內再次射籃。這造成的心理衝擊，使得熱手幻覺更扣人心弦。

論據2 ▸▸ 不明確的因子使數據脫離了隨機性

把數據歸因於僅僅是機率現象，通常會令人洩氣。這是事物（像是熱手現象）不存在的論據。[6]相反地，拒絕僅僅是機率的虛無假設，支持了事物*確實存在*的論據。我們也許不知道相應的系統因子是什麼，但我們能夠感受到它存在的確定性。

超感官知覺：一個好的示例。　超感官知覺實驗（ESP），尤其是傳心術（mental telepathy）或千里眼（clairvoyance），提供了合適的例子。在一種常用的實驗設置下（Whitten, 1977），助理逐次選擇隨機洗牌的符號卡。特異功能人士在另一個地方，記錄他對符號序列的印象。通常在這類實驗裡，可能會有五種符號卡，而一副牌有25張卡。

每一輪傳心術或千里眼的得分，端看特異功能人士的印象與確實出現的牌，兩著之間吻合的次數。懷疑論者的潑冷水模型，主張ESP並不存在；顯見的成功完全歸因於，在25次的每一次獨立試驗裡，二

6　機率解釋是空洞、虛無的普遍性觀念也有例外。其中一個例外來自於經濟學的有效市場（efficient markets）概念。理性分析者預測趨勢，而他們的投資行為可能使得趨勢消失。有關的序列數據已被大量地分析（DeBondt & Thaler, 1990），查看是否隨機生成過程具有充分的解釋。在少數小規模的情況裡，它的解釋並不充分，這帶給經濟學理論家一些難題。此處，我們有著系統性理論去預測隨機數據的怪事。

量子物理學理論是另一個罕見的例子。量子理論假設，在次原子的微觀世界裡，系統性事件與狀態在本質上是隨機的。即使這個理論現在已經被接受，它仍然似乎是反直覺的。Albert Einstein說道：「我無法相信上帝用擲骰子的方式來創造這個世界。」在幾乎是所有的社會科學應用上，機率作為原始數據的完整解釋，是對立於系統解釋的，而非其體現。

項式程序5分之1，或說0.2，的機率。（接連的符號印象通常不會彼此之間相互獨立，但符號卡本身如果充分洗牌的話，在每一次的試驗裡會具有獨立性，而牌與印象有可能是符合的。）

實例：出名的千里眼實驗。　1933至1934年間，在杜克大學進行的Pearce-Pratt系列實驗（參看Rhine & Pratt, 1954）裡，70輪下來的總體答對率是30%，二項式模型在長系列試驗裡的預測會收斂至20%，所以數據似乎相當不符合機率模型。因為期待的機率變異只依靠試驗的次數與成功的機率（這兩者我們都知道），研究者事實上能夠精確地評估，30%成功率歸因於機率的勝算。這些勝算是如此地陡峭，以致於跑出了手上統計表的範圍——我們也可以稱它們為十之八九的不可能。因此，原本的研究者相當自信地拒絕二項式機率模型，並且推論有某事物是此成功率的原因：某事物被標示為千里眼，也就是透過非感官管道，蒐集刺激訊息的能力。

ESP長期以來一直受到爭議。在箴言5裡，我們會談到對Pearce-Pratt系列實驗的反論。目前，我們注意到，缺乏每天成功率變異的分析，或數據序列屬性變異的分析。因為成功的機率高於合理的隨機生成過程所期待的，所以似乎沒有進一步檢視數據屬性的必要。這種省略可能是不幸的，因為如果二項式程序不是解釋，至於發生了什麼事，至少在個人喜好方面會有所不同。僅僅把假定的系統過程標示為千里眼，並不會使它自動地成為一個很有助益的解釋。千里眼的成功具有像是熱手假設那樣的熱痕跡嗎？千里眼能夠隨著練習而進步嗎？它的變化有多大？相信ESP的人們具有較多的千里眼嗎？如此這般更

進一步的努力，對於系統性過程的論辯*清晰度*（箴言6），以及主張的*可靠性*（箴言9）是重要的。

前兩種論據類型的評論

總結前兩種論據類型，每一種都利用了隨機生成過程的統計規律——在一個長系列裡，稍微的波，有著特定成功率的隨機模式。我們使用二項式模型，作為隨機生成過程的最簡示例。在給定的每次試驗成功率，以及試驗獨立性假定的情況下，程序的所有統計規律就能夠被計算出來。這很重要，因為它立即提供了豐富的解釋，來對照被檢定的是何種數據。

在我們的第一個例子裡，分析的基礎在於，熱手數據的序列屬性適合機率模型。在我們的第二個論據範例裡，單憑機率無法充分地解釋數據，至少無法解釋總體成功率。（偶爾，機率模型符合序列屬性，但不符合成功率。）

2.2　隨機抽樣過程

我們首先以想像一個隨機生成過程來思考機率。還有另一種方式，那就是*隨機抽樣過程*（random sampling process）的概念。假設在一個「母體（population）」裡，一大群的個體測量值（或分數），被我們忙來忙去的矮精靈記錄在字條裡，並丟入一頂帽子。帽子裡的分數，並不像是二項式生成程序那樣具有模式。我們所能假定的是，這些分數具有某種*分配*。矮精靈知道在任一頂帽子裡，分配的形狀與

各種不同的總結式屬性，但他們不會告訴我們。他們僅僅是以不偷窺的方式，把字條洗牌，並把這些字條當作樣本遞送出去。困惑的研究者，必須從這些樣本當中，推論母體的情況。

了解變異的無所不在

心理上存在一種傾向，那就是低估樣本與樣本之間平均數（或其他統計值）變異的程度。我們傾向於賦予我們所計算的數值，一種精確與不可改變的氛圍，並且不怎麼擔心從其他樣本所獲得的結果如何。當樣本數少的時候，這種癖性特別具有誤導性：Tversky與Kahneman（1971）指出：「小樣本結果被賦予過度的穩定性」。同樣地，Kunda與Nisbett（1986）提醒，日常生活狀況裡，對於少數孤立行為的觀察，會導致穩定人格像是友善或內向的誤判。此處，很可能對他人的行為觀察，沒有被視為會隨著時間而有變化的樣本，而當作是穩定特徵的直接指標。觀察者特別容易被誤導，如果樣本在時空方面有所偏誤（例如：另一個人只在星期六的晚上派對裡被看見）。要時刻警覺，限制的、獨特的樣本永遠具有導致失控直覺的可能性。讓我們創造艾貝爾森的第二條金律：過度自信厭惡不確定性。[7]心理上，人們寧願相信錯誤的確定性，而對令人害怕的機率變異事實，假裝視而不見。

7　忽略或淡化機率變異的傾向，是一種無所不在的「過度自信偏誤（overconfidence bias）」（Fischhoff, Slovic, & Lichtenstein, 1977）──人們傾向於相信他們自己，很多時候比客觀的情況還要正確。

比較兩組的平均數

在比較兩組（A和B）結果方面，附著於統計總結數值的不確定性，是出乎意料地大，而兩組結果各自代表各自的群體樣本。在此情況下，標準的推論任務在於，決定兩組分數，是否可能貌似合理地，被視為是從同一個母體，所分出的兩份樣本。分數可能是測驗的結果，像是IQ測驗。或者，可以是個人體重測量值。或是，從其他分數所衍生出來的某種分數，例如：指認正面與負面字眼的平均反應時間差。重點在於，在一個具有大量個體的母體裡，每一個個體具有一個真實或潛在分數，而被給予特定的關注是隨機抽樣的兩組個體。

想像一下，我們想要了解18歲女性的體重。我們想要比較慢跑組與不慢跑組的體重。如果我們想要判斷，是否特定的系統因子造成差異，那麼我們需要了解，在此情形下，機率因子所扮演的角色。

不像先前討論的論據1與論據2所使用的數據組那樣，體重數據[8]似乎無法以簡單隨機生成過程來呈現。體重一磅磅增加至特定程度的細節，是複雜且令人一知半解的。但即使我們無法找到一個適當的生

8　如果我們願意假定，是一大堆聚集在一起的獨立原因，導致了青年體重的結果，而每一個原因，都可能在成人前期身體發展時出現或缺席，那麼成人體重的分配就會具有*常態分配*（normal distribution）的特徵。有趣的是，這類假定的聚集能夠被視為隨機生成過程：一大群的矮精靈都帶著一個蘋果走，延著一條小路，經過一個大木桶，每一位精靈輪流依據自身的特定機率，決定是否把蘋果丟入大木桶中，當最後一位精靈經過時，木桶的重量就知道了。然後，木桶再次被淨空，同一組再來重複其隨機行為，並且再創造新的一木桶蘋果；然後，一次又一次。如果這個過程無限地重複下去，木桶重量的分配會具有常態分配曲線。然而，把決定身高的過程類比這個隨機生成過程是不合理的，而的確，觀察到的體重並非常態分配（Shils & Young, 1988）。

成過程，我們還是可以想像，矮精靈把一帽子的體重洗牌，每一張牌
代表一位18歲女性的體重，然後進行某種（些）抽樣運作，產生A組
與B組的數據組。

在樣本被使用在兩組比較的方式上，存在兩種主要的差別。在*真
正實驗*（true experiment）裡，研究者比較兩組平均分數，在一個被研
究者所*操弄*因子上的差異。稍後在箴言4，會探討到這種例子。

另一種例子是*觀察研究*（observational study），此處的意圖在
於，比較兩個自然生成的組別，在某個感興趣特徵上的差異。在我們
的示例裡，我們想要知道，18歲女性的平均體重，在慢跑與否的這個
因子上，是否具有系統性差異。

這是一個*母體*問題；如果蒐集*所有*18歲女性慢跑與否的訊息是可
行的[9]，那麼可能也只有狂熱工作的瘋子會這樣做。實際上，從這兩
組裡進行抽樣才是合理的。

「代表性的」樣本：一個吸引人的幻覺。　研究者要如何著手
進行此事呢？非正式地說，他想要樣本分別具有慢跑者與不慢跑者的
代表性。然而，代表性的概念是個很吸引人，但卻誤導的理想（當應
用至隨機序列時，也差不多是如此）。它依賴的是微觀母體的想像，
靈巧選擇的樣本是一個更大宇宙的精確複製。這是個諾亞方舟式的概
念，不同類型的個體有其成*比例*的代表。

9　所有全部？！我們有囊括愛斯基摩人（Eskimos）、易飢症者（Bulimics）、矮
　　人族（Pygmies）嗎？一旦我們提起誰屬於母體的問題時，我們就了解到泛論的
　　限制性。

　　如果我們確實知道，哪種可測量屬性最能預測18歲女性的系統性體重差異，那麼我們或許會試著去設計有這些屬性的分層（proportionalized,"stratified"）樣本。但通常我們不會有這些訊息，而我們也會進入一個大迷宮，如果我們試著以這些不同屬性的組合來選擇人們。無論如何，我們仍然必須決定如何抽樣個別成員。

　　隨機樣本來救援。相關母體的每一位成員都有同等的機會被選擇，而所有可能的樣本都差不多。隨機樣本的個別成員是無法預測的，但過程具有統計規律性，使得樣本成員平均分數的機率陳述能夠被主張。樣本與樣本之間，平均分數的變異，端看個別成員的變異與樣本的大小。

　　隨機樣本怎麼產生的？　創造隨機樣本的程序並非不重要。隨意性是一個普遍的錯誤觀念，例如：你只要蒙上眼睛並把筆指向名單。這是一個有瑕疵的程序。如果你盲目地用筆指向電話簿的每一頁，那麼與每頁的上下部分比起來，中間部分的名字較有可能會被選到，這違反了隨機樣本的機會相等（equal-chance）定義。其他非正式的方案，也有著類似的阻礙。

　　有產生隨機數值的電腦演算法可以利用。大部分的學術與商業組織，藉由隨機位元撥號進行抽樣電話訪問（參看Crano & Brewer, 1986）。

　　然而，要達到完美的隨機樣本有一些困難。〔在電話訪問的例子裡，你要怎麼處理電話答錄機的問題（Tuckel & Feinberg, 1991）？*拒絕訪問者怎麼處理？怎麼避免一個人有好幾個電話號碼的過抽樣*

（oversampling）問題？或者，大家庭只有一支電話號碼的欠抽樣（undersampling）問題？諸如此類。〕對於目前的討論，我們想像，研究者把隨機抽樣工作外包給矮精靈公司，這是一個保證產生你要求的不可預測性數據類型的高檔公司，數據保證不偏向母體的任何一個部分——但顧客必須明瞭機率如波。

想要比較慢跑者與不慢跑者體重的研究者，要求兩份樣本。矮精靈公司恰巧有著一帽子的所有18歲女性慢跑者，與一帽子的不慢跑者。他們從這兩頂帽子裡隨機抽樣，然後呈現給研究者。他必須決定，是否有系統性平均體重差異與慢跑有關。假定數據裡，慢跑者平均體重為118磅，而不慢跑者為123磅，他能夠自信地宣稱這裡有個可靠的差異嗎？

如果是小樣本，而／或樣本內的個別變異是大的，5磅的差異能夠被視為是抽樣變異的意外。如果是大樣本，或者樣本內個別變異小，那麼5磅的差異就會是令人信服的證據，指出慢跑者（給定的年齡與性別）的體重，平均而言，系統性地小於不慢跑者。[10]統計檢定程序，輔助回應這個直覺的正式陳述。

t-檢定。　機敏的讀者會說，別在意矮精靈，此處我們只要進行*t*-

10　就算是與慢跑有關的系統性體重差異被主張，仍然存在一個嚴重的詮釋問題。我們不知道才剛開始慢跑的那些人，是否在慢跑之前，就擁有較輕的體重，或是因為慢跑才減輕體重。此外，批評者會說，社經類型像是雅皮士（yuppies），可以喜歡慢跑，並且其組成個體不成比例地偏向瘦子。這種起因詮釋的問題，在箴言1裡的長壽指揮家範例探討過，而在箴言9裡，會與研究論辯一起進行更多細節的探討。

檢定。當然，要檢定是否兩組平均數的差異明顯地遠離零，推薦使用 t-檢定是教科書的標準作法。但是教科書讀者們通常不知道爲何，就像Dylan Thomas所寫：「易怒之人不知爲何發怒。」

t-比值（t-ratio）是一個方便又切實的測量：它是兩份樣本之間，觀察到的平均數差異，並相對於抽樣變異的估計值。考量兩組分數，都是從一個母體隨機抽樣得來的虛無假設情況。此處，就像是矮精靈從一頂帽子，抽出雙倍隨機樣本，然後把它們當作卡片一樣，堆疊成A組與B組。在As與Bs之間，沒有系統性差異的情況裡，t-值傾向於較小；但如果兩組樣本的差異，是因爲在機率變異之上，有統計小頑童在其中一組施加系統增值，那麼t-值傾向於較大。

t的臨界值（critical values）表的基礎在於，假定樣本源頭的數值分配是常態分配。現在，許多的原始數據分配，或多或少偏離常態分配（Mandlebrot, 1965; Micceri, 1989）。幸運地，奠基於t-檢定的p-值，對現實中許多種類的非常態分配形狀並不敏感（Sawilowsky & Blair, 1992）。t-檢定對於分配形狀的變異，具有「抵抗力（robust）」（Kirk, 1982; Tukey, 1962）。[11]爲了論辯的目標，一個簡單的 t-檢定，基本上有兩種可能的結果。奠基於純粹隨機抽樣的懷疑論，不是留下就是被組別平均數之間的系統性差異所嫌棄。每一種結果有著基本論據，如我們接下來的示例。

11　相對於主要流行的假定，t-檢定卻對對等變異數假設的違反不怎麼具有抵抗力。當兩組的變異數相當不同時（像是至少3:1的比），t-檢定傾向於給出有點誇大的值，而就可能需要修正（Wilcox, 1987）。

論據3 ▶▶ 數據可能來自於隨機抽樣過程

實例：學生的政治影響力。 我們的下一個例子（有些微的更改），來自於1992年耶魯大學的一個學生研究計畫，探索在研究生發起的校園自治運動裡的參與心理。

問卷被發送至隨機選擇自三個系所的52位學生。其中29位會參與幾天後計畫好的校園示威運動；另23位不會。比較參與者與非參與者，在自我評分的態度問卷上所得到的平均分數。

表2.1的數據，來自於一個更大一點的表，記錄著參與者與非參與者之間的比較。「你認為自己的政治立場傾向非常開放，還是非常保守？」是表裡的問題，有著自我評分平均數。這個問題（與其他相關的問題）被詢問，因為研究者預期，意識型態的不同與參與校園示威運動有關；特別是，他們認為開放派比保守派更有可能去施壓學校認可學生會。狂熱地想要改變已建立的政治與社會秩序，是學生示威運動的刻版印象。

然而，開放主義／保守主義問題的平均數差異，居然「方向」錯誤。參與者的平均分數居然比非參與者還要保守。然而，平均數的差異只有0.02。這瑣碎的差異量，能夠被視為是，如果參與組裡29位裡有1位給自己2分，而非3分，那麼參與者的平均分數就會被拉低1/29，也就是大約0.03，這完全逆轉了參與者與非參與者的差異。現實狀況裡，幾乎不會出現比這還小的平均數差異，而0.07的t-值與相對應的比0.90還大的p-值，反映了兩組平均數觀察值實際上的相等性。那麼，開放主義-保守主義的自我評估，對於校園示威運動的參與就不

具有系統性的關係，好像是開放主義分數，抽樣自一個母體，並隨機
分派至參與組與非參與組。這確實有點令人訝異。

　　結論的限制性。　　我們要下什麼樣的結論？校園示威運動參與
者與非參與者的開放程度是一樣的？！不，儘管虛無假設說兩組平均
數相等，但機率因子模糊了結果。假設差異為＋0.25、＋0.50、或甚

表2.1　校園示威運動參與者與非參與者開放主義自我評分平均數

參與者（N＝29）	非參與者（N＝23）
2.72	2.70

注：7-點量尺，1＝非常開放，7＝非常保守。

$t(50)=0.07$，$p > 0.90$。

至－0.50，也都會被*t*-檢定所接受。我們只能具體指定，在研究生樣
本源頭的母體裡，貌似合理的*真值平均數*（true mean）差異範圍。此
例裡，這種範圍能以95%信賴區間限制住，也就是－0.54至＋0.61。
貌似合理的真值差異因此包含零，但沒有邏輯強迫它是零。儘管如
此，似乎真值差異傾向於不大於大約半點量尺。

　　從其他方面而言，有著更多的結論限制性。此項研究視界相當狹
隘——一所大學，三個系所，兩個組別，奠基於一個示威遊行的參與
度。在箴言7裡，我們考慮泛論的問題。但目前，我們只需要注意，
一個研究肯定無法建立全面普遍性的主張。第三個問題，有人會提
出，意識型態與參與度之間，沒有系統性的連繫。開放主義的測量使
用自我評分量尺，這種測量方式可能並不可靠或並不適當。例如：我

們怎麼知道，學生有嚴肅看待開放主義這個問題？或者，在一個以開放為主導的校園裡，開放主義的程度是否有其意義？

　　強化論據。　　有了這麼多的懷疑，我們似乎要擱置此研究的結果了。但面對批評，這也太快就放棄了。事實上，還是有一些旁系證據（collateral evidence）支持基本主張。在其他有關意識型態的問題上，參與者與非參與者之間，有著非常小和非顯著性的差異，像是對學生會與對波斯灣戰爭（Gulf War）的態度。這些問題與自我評分的開放主義，彼此之間有著顯著性相關，這削弱了漫不經心回答問題的批評，或是開放主義量尺無法給出有意義區別的反論。更進一步，在對校園議題的態度上，包含那些鼓動示威的態度，沒有證據支持參與者與非參與者之間的差異！

　　然而，兩組的確在示威的欲求與示威的有效性問題上顯著不同。例如：這句陳述，「每位學生都挺身而出並期待當天的示威是很重要的」，參與者在同意／不同意7-點量尺上的平均得分，高出非參與者1.58個量尺單位。在預測示威活動可能帶來的聚集人群方面，相對於20%的非參與者，80%的參與者說會有很多人。

　　把以上全部一起考量，在這個不大的研究裡，結果是一致的，並對以下的論據賦予了可靠性（參看箴言9）：在這個特定的示威活動情況下，意識型態與校園議題對參與者最不重要；重要的是這個行動有其效果的信念。把此結論泛論至其他校園的示威活動是冒險的。但儘管如此，卻暗示了一個警示：政治示威活動的觀察者，不應該自動地假定，參與者在他們的政治態度上比較激進。他們也許只是在他們

所支持的政治手段上，而非政治結果，具有可區別性。

　　隨機分派與實驗操弄。　在先前的範例裡，研究者沒有控制情況裡的影響因子。引起感興趣行為的因素是未知的，即使經過了許多好的偵探工作，也多少有著爭論性。因果主張會是鮮明的，當組別定義完全被研究者的某種實驗性質所導入。為了保證組別沒有在其他系統方面有所不同，實驗者*隨機分派*個體到兩組裡。在這樣做的時候，研究者採用矮精靈在虛無情況裡的抽樣計畫：個體選擇自一*群*（a single pool）對象，而每一個被隨機性地標示為As與Bs。因此在一開始，As與Bs的差異只是機率所造成的。在這個基礎上，研究者也試圖扮演統計小頑童的角色，在某一個關鍵方面不同地對待As與Bs——像是付較多的錢給As——並測量兩組在某種隨後行為或判斷上的差異程度。此策略漂亮的地方在於，如果有顯著差異被發現，它允許研究者主張，組別差異是被實驗處置所引起的。道理是因為操弄前的組別差異端賴機率，之後的系統差異暗示實驗操弄要負起責任。[12]（對於實驗與觀察研究的區別，請參看 Mosteller & Tukey, 1991，此處有著簡要與易讀的討論；在社會心理學實驗方面，請參看 Aronson, et al., 1985，此處有著更為廣泛的探討。）

　　實驗操弄邏輯的漏洞。　大多數的教科書傳達給讀者一個印象，那就是「真正實驗（true experiment）」的邏輯是密不透風的。然而，也必須承認，這個邏輯裡有漏洞。在接下來要呈現的例子，以及

12　隨機分派的實驗操弄，有著另一個相當棒的屬性。當源頭的那一群對象組成是偏頗的，而非母體的隨機抽樣（像是只囊括自願者）時，實驗操弄的因果主張不會受影響。改變的是，這個主張要與*偏頗的母體*（biased population）綁在一起：例如：只代表想要成為自願者的子群母體（subpopulation）。

箴言9的幾個範例裡，批評能夠透過這些漏洞，動搖可選擇的因果解釋。問題是，因果力的主張不是來自於實驗處置本身，就是來自於與處置有關的某事物，通常是研究者忽略或意料之外的事物。此問題，相比於觀察研究的組別比較，在隨機分派的實驗研究裡會更具有限制性。然而，它並不會就此消失，因為實驗處置不會是沒有雜質的。讓我們看看這是如何發生的，使用的例子是一個很有名的社會心理學實驗。

論據4 ▶▶ 已知的原因使結果遠離隨機性

　　實例：獎賞的矛盾效果。　社會心理學家，Leon Festinger，在他的認知不和諧理論（Festinger, 1957）裡，提出一個有趣的分析，此分析有關於獎賞是否能誘使人們維護連他們自己都不相信的立場。他預測獎賞愈少，說者就有愈大的傾向，改變其信念以迎合言不由衷的行為。背後的道理是，要主張違背自己信念的論據，就需要合理化自己的不一致性。如果你被給與豐厚的獎賞，你可以對自己說，這麼做完全是為了錢；但少量的獎賞不足以合理化這個言不由衷行為，而你藉口的主線，就會來自於改變你的信念以迎合你的行為。

　　首先，Festinger與Carlsmith（1959）設置一個情境，研究對象在完成了兩個很無聊的實驗任務後，被要求告訴下一位對象，這些任務是有趣的。實驗者對這個要求的藉口是，他正在研究任務期待的心理效果，而他的隨機名單是下一位對象要期待任務是有趣的。然而（實驗者很尷尬地解釋），幫他說任務是有趣的同夥，今天剛好請假沒

來，所以實驗者需要有人協助完成同夥的工作。實驗者說他能夠付\$1
（或其他對象\$20），如果對象能幫忙扮演同夥的角色，並且同意作
為後援，如果情況又再次出現。

對象通常會被這個請求給卸下心防，而71位被要求的對象當中，
有68位依從。在與下一位「對象」（也是一位同謀者）對話的過程當
中，他們發現自己編造了各種不同的主張，指出他們有多享受這些任
務。接著實驗者跟他們道謝，並且無意地提及在走廊盡頭的一個房間
裡，心理學系正在進行某種面談，他們介意進去不？（實驗者謊稱不
知道任何細節，只提及面談已經在課堂裡宣布的這項事實。）

在這接下來的面談裡，對象被詢問四個問題，都關乎在Festinger
博士實驗室裡所進行的實驗。關鍵問題是，「任務是有趣並使人愉快
的嗎？」對象被鼓勵去談談這件事，然後被要求對實驗任務評分，量
尺為-5（非常無聊）至+5（非常有趣）。得到\$1的20位對象其平均
反應為1.35，而得到\$20的20位對象其平均反應為-0.05。組別平均數
差異的t-值為2.22，$p < 0.03$。

作者因此拒絕令人懷疑的詮釋——平均數之間的差異只是因為隨
機抽樣的意外，並下結論說，\$1組與\$20組之間有著系統性差異，方
向為不合諧理論所預測。此例的統計層面似乎很容易理解。使用t-檢
定，全然隨機變異的虛無假設被駁回，而不和諧理論裡，\$1情況產生
較大效果的系統性預測被支持。然而，此處我們應該注意，即使統計
論據很明顯地強而有力，\$1對照\$20的實驗操弄，卻免不了牽涉許多
實驗程序裡錯綜複雜的情境，而這給了系統性組別差異有了替代、非

不和諧詮釋的機會。例如：其中一個批評（Rosenberg, 1965）主張，
$20情況下，任務愉快度的評分比較低，理由是他們覺得接受了明顯
的賄絡而有罪惡感。批評接著說，5分鐘的任務給20美元似乎是太超
過了，而苦惱的實驗對象使用評分，來表達他們不是被買去*相信*任務
是有趣的。在箴言9裡，我們進一步討論Festinger-Carlsmith（1959）
實驗的可能解釋。此外，在箴言5裡，我們針對作者呈現的*t*-檢定報
告，提出兩個批評。

2.3　總結

　　我已經為四種基本論據分別舉例：符合簡單隨機生成過程模型
的「熱手」數據；遠離隨機生成模型的千里眼數據；參與校園示威活
動的問卷調查研究，此處一個或更多問題的反應與簡單隨機抽樣模型
一致；以及少量獎賞效果的實驗，此處簡單隨機抽樣模型是不足的。
（對於後兩個論據，我武斷地使用觀察研究作為機率結果的示例，以
及實驗研究作為系統結果的範例。反過來也是可以的。）

　　這四個研究都產生反直覺的結果。選擇這些有點令人吃驚的研
究是有意的：這類實例更引人入勝與更令人記憶深刻。（參看箴言
8。）他們激起更為廣泛的反論與尋找瑕疵的工作，而這樣的關注與
論辯，刺激了理論的延伸性、普遍性及合格性。

　　操作上，要檢定數據比較差異的純機率理由是否適切，首先要對
機率的運作形成概念。在某些情況裡，類似於投擲硬幣或其他重複性

的生成過程，過程的本質決定數據類型裡的某些統計規律。藉由檢定數據是否大致依從機率過程的規律，你就能夠決定是否要保留虛無假設（也許不情願地），或主張全然機率模型是難以置信的。後者的論辯花招，為數據裡貢獻比較差異的系統因子清出了一條路。當機率為隨機抽樣模型所體現時，步驟序也差不多是這樣，但我們必須依賴分配形狀的假定，因為我們對潛在的分數分配模型一無所知。以簡單論據而言，我們就討論到這兒，這些釋義通常足夠了。

警示

在稍早所呈現的範例和本書的其他地方，虛無假設檢定的標準類目式論據（拒絕或接受系統因子，造成兩組平均數的差異）上，數據分析能提供相對合理的基礎。然而，通常情況下，研究會產生曖昧不明的結果：也許有系統因子起作用的徵兆，但效果太弱以致於無法明顯地拒絕機率解釋。附著於t-檢定的p-值，也許像是$p=0.15$這樣的不痛不癢。這種情況相當常見，尤其是典型心理學研究裡，t-檢定的低檢定力（Cohen, 1962, 1988）。

在自身的研究裡遇到這種情況的學生，通常會不知所措，不知道要拿這個結果怎麼辦。本書的目標是去強調與激發，社會科學研究裡，論據的基要角色，但沒有支持的前提，怎麼作出論據？

需要提交研究報告的學生，在此情況下有六種選擇，前四種並不令人滿意，第五種很誠實但沒什麼用，而第六種值得努力。他或她能夠：（a）強辯說事實上p-值比它所呈現的要好；（b）在討論中無視

這個不痛不癢的p-值，並假定系統因子起了作用；（c）無力地聳肩表示，結果可能歸因於機率；（d）呈現統計事實，但不試圖詮釋其可能意涵；（e）呈現並評論統計事實，直白且不抵抗地表達不確定性；或（f）進行更多的研究。

關聯前四種選擇的糊塗與胡說，應該大大減緩了我們對p-值的依賴。接受-拒絕的二分法，在作出類目式陳述──像是本章的四個範例──的背景下，有著誘人的吸引力。但這些範例都是刻意選擇的，為的是要激發簡單的、類目式主張，所以是非典型的。每位研究者應該扮演謹慎且頭腦清楚的分析者，考量效果的大小，伴隨著其他MAGIC標準。這樣的分析者，應該能夠謙虛地處理其研究結果。例如：確認主張的系統性結果是真實不虛的，而非無力的，不一致的，或難以理解的。

當然，學生的研究計畫，不能忠實地反映已出版研究的嚴謹性。此外，我們只討論最基本的統計論據，並且是奠基於孤立的研究之上。實務上，研究調查通常涉及多個研究，在一個特定的主題上，進行概念化的詳盡說明。在任何情況下，訓練有素的研究者，通常不會投稿沒有詮釋論據的文章。如果他們這樣做，那麼文章很可能不會被接受或被出版，萬一出版了，也不會被閱讀。在無人涉足領域裡的模稜兩可或混亂數據的案例裡，有經驗的研究者通常會按捺住試圖出版的衝動，等待進一步研究，澄清到底發生了什麼，或完全放棄研究主線。

　　如同在箴言1裡所提點的，除了強而有力的數據外，優質的論據還有其他標準。這些都會在稍後的章節裡進行討論。我們接下來就要詳盡地檢視，系統效果的大小是如何得知的。

箴 言 3

效力的大小

上一章裡的例子，適合易於了解的結論。此處，焦點先放在統計顯著性的檢定。然而，老實說，虛無假設檢定所帶來的訊息通常相當少，因為我們能夠帶走的只是一個可能產生誤導的接受-拒絕決定。此外，被顯著檢定所鼓勵的類目式思維，能夠導致比較結果的錯誤詮釋（參看箴言4；也參看Cohen, 1990; Gigerenzer, 1993）。

所以，以某種更量化的指標來補充說明，或替代虛無假設檢定的質性結果，是較為明智的作法。這些量化指標可以指出，兩個平均數之間差異的程度，或其他種類的效果。有幾種這類的測量值，各自有其優點與缺點。

只使用所獲得*p*-值的簡單概念，已經無法令人滿意，理由我們已經指出，而我們討論幾種其他的取向：*效力量指數*（Cohen, 1988），現在已普遍使用於後設分析（Rosenthal, 1991）；*效力量與「原因量（cause size）」的比值*，這類似生物統計（Goldstein, 1964）的藥劑-反應（dose-response）分析；以及*信賴區間*。我們也考量貝氏分析（Edwards, Lindman, & Savage, 1963; Winkler, 1972）。此處，我們專注於單一比較的簡單情況，到箴言7再討論多研究結果的聚集。

3.1　機率測量值

顯著檢定的p-值

虛無假設被拒絕（.05, .02, .01, etc.）的特定水準（*p*-值），通常被用作虛無假設值得被保留的規準。論辯上與定性上（qualitatively），這是很合理的。很明顯地，你應該會聽見一位懷疑論者保留虛無假設，當機率是千分之一時。作為一個強度測量值，顯著水準讓統計套裝軟體在電腦上，為各種不同的檢定程序輸出精確且具有參考價值的p-值。也可以很容易地結合，相同虛無假設的幾個獨立檢定所產生的p-值，而產生一個總體顯著檢定（Rosenthal, 1978）。

　　但這些好處是危險的。僅僅使用顯著水準的一個主要問題在於，p-值不只依賴與虛無假設離差的程度，也依賴樣本量。因此，有著很大的樣本量，即使效果是小的，也能夠很容易地達到極端的顯著水準。有著成千上萬的樣本，像是公眾態度，能力測驗；或是百萬等級的樣本，像是人口普查數據，顯著檢定幾乎完全增進不了什麼訊息；無論p-值出現0.0001、0.00001或0.000001，都不會有什麼區別。[1]

　　一個普遍的困惑。　　使用顯著水準作為結果價值的指標，普遍存在一個困惑。當虛無假設被拒絕時，假設是0.01的顯著水準，正確的說明如下：「如果樣本源頭母體裡的平均數之間，沒有系統性差異是真的，那麼平均數差異至少是觀察到的或更大差異之機率會小於百分之一。這是懷疑虛無假設可行性的強烈理由，所以虛無假設被拒絕。」從這個笨拙但正確的虛無假設陳述邏輯，到更簡練但不正確的

1　大樣本效果，似乎使得整個顯著性檢定事業變得瑣碎。一位耶魯大學研究生曾經
　　這樣報告他的研究：「我不進行任何顯著性檢定，因為只要樣本夠大，結果都會
　　是顯著的。」這種方法學上的藝瀆陳述，突然之間讓聽眾（包含我自己）驚嚇到
　　暫時說不出話來，並且無法立刻答辯。這個陳述具有誤導性，但讀者能說出為什
　　麼嗎？……（答案請看接下來的腳注。）[2]

2　對於這位學生所述，適當的回擊應該是：「你能保證，每一個結果的方向都如你
　　所說的，如果你有更大的樣本？！」

絕。」從這個笨拙但正確的虛無假設陳述邏輯，到更簡練但不正確的結論只有一步之差：「虛無假設爲眞的機率小於百分之一。」學生或有經驗的研究者，經常作出這種錯誤陳述（Cohen, in press; Oakes, 1986）。這是很誘人的錯誤，因爲第二個陳述簡單又確定，並且很難看出它有什麼錯。

這個錯誤來自於對*條件機率*（conditional probability）的普遍困惑（Dawes, Mirels, Gold, & Donahue, 1993）：給定一個假設的數據機率，錯誤地等同給定數據的假設機率。（闡釋：請比較以下兩種機率：罕見疾病檢定結果爲陽性的機率，如果你有病；罹患罕見疾病的機率，如果你的檢定結果是陽性。如果你認爲這兩個機率是一樣的，你就沒有把「基本率（base rates）」算進去。第二個機率通常小於第一個，因爲任何人要罹患非常罕見的疾病是非常不可能的，即使是那些檢定爲陽性的人。）

溫室效應的機率（？）。　讓我們看一看這種錯誤的實例。有一位科學家，在一個異常炎熱的夏季之後，討論溫室效應的可能眞實性，。他公開宣稱，全球平均測量溫度，年度改變的平均絕對值，歷史上大約是0.2°F，標準差大約是0.25，但是去年的改變是上升0.75°F。歷史上平均氣溫改變的分配，突然跳出0.75的大量，其機率小於百分之一，也因此，那年上升的溫度可歸因於隨機抽樣過程的虛無假設，被拒絕於0.01的顯著水準。然後，他繼續說，99%是溫室效應引起了暖化趨勢。如果機率解釋只有1%，那麼溫室效應作爲替代、系統解釋的機率必定爲99%……。

聽起來似乎很合理。這樣的推論哪裡出錯了？至少有三件：首先，因為上升的溫度是如此地不尋常，所以焦點都放在溫度改變數據，而如果都是在那些看起來明顯錯誤的稀少時刻來檢定虛無假設，那麼當然增加了宣告它是錯誤的機率——即使它是對的。這種事後聚焦現象是一種「離題」詭計，在箴言4裡會提到。第二，在假設的溫室效應模型之下，同樣上升溫度會發生的機率沒有被考慮。第三，可能有其他的系統力量在起作用，創造了一個大高溫，無關乎溫室效應。

兇手是誰的比喻。　讓我們澄清第二個問題。虛無假設總是含蓄或明確地和替代假設競爭著，而如果研究者想要量化地宣稱虛無假設適合的機率，競爭假設去解釋眼前數據的*相較*能力必定要被考慮。研究者不能僅僅把虛無假設被拒絕的顯著水準，轉成是它真正數值的量化指標。以偵探要找出兇手是誰的情況為例，他估計如果是男管家做的，那麼不被看見的機率只有百分之一。偵探能夠就此推論說，男管家成為兇手的機率只有百分之一嗎？即使一開始看起來是這樣，仔細反思了一下就發現了問題。假定唯二與唯三的嫌疑犯有女傭與司機。如果是女傭做的，那麼她不被看見的機率只有千分之一。以司機而言，甚至更少。但一定有人是兇手。因此，當不可能的假設，彼此之間互相競爭時，每一個的潛在真值必定被加強（參看Einhorn & Hogarth, 1986）。在下個段落裡，我們考量這個問題的可能修正作法。

貝氏統計取向

許多年來，一直存在取代古典顯著性檢定的作法。它涉及了貝氏定理（Bayes' Theorem）的使用，而此取向的貢獻者們，就被稱為貝氏們（Edwards et al., 1963）。

此定理闡述了先前所介紹的問題，亦即，如何考慮假設與其對立假設之間的競爭。給定的數據被視為改變假設為真的勝算（即相對可能性），這是與其對立假設比較之下。要應用貝氏定理，研究者需要在數據被蒐集之前，估計這些勝算。然後，數據可能在這些勝算裡增添平衡，這端賴數據在假設與對立假設下的相對可能性。為了簡化討論，我們把H當作奠基於某種系統模型（例如：溫室效應）的實質假設，而只考量一種對立——非H，即虛無假設（例如：溫度變化機率）。（貝氏分析可以更為複雜，而此處我們不考慮複雜的情形。）

我們使用以下的注解：$P(H/D)$＝在給定的數據D之下，H假設為真的機率；$P(-H/D)$＝在給定的數據D之下，非H假設為真的機率；$P(H)$＝H為真的事前機率（數據之前）；$P(-H)$＝非H為真的事前機率；$P(D/H)$＝給定H為真，數據發生的機率；$P(D/-H)$＝給定非H為真，數據發生的機率。

從貝氏定理得來的勝算比（Winkler, 1972, p. 412）：

$$(1) \quad \frac{P(H/D)}{P(-H/D)} = \frac{P(H)}{P(-H)} \times \frac{P(D/H)}{P(D/-H)}$$

也就是說：*事後勝算＝事前勝算×相對可能性*。

等式左邊的比率代表，在數據被蒐集*之後*，偏向假設H的勝算——*事後勝算*。等式右邊的第一個比率代表，在數據被蒐集*之前*，偏向假設H的勝算——事前勝算；最後一個比率，在H與非H相比的情況下，指出數據的*相對可能性*。此公式說，在給定的數據之下，偏向假設的事後勝算，等於事前勝算乘以，在H與非H相比的情況下，數據的相對可能性。

範例：溫室效應。　原則上，這是一個很棒的設計，因為它試圖解決先前討論到的男管家／女傭，以及溫室效應的詮釋問題。以溫室效應為例，假定理性的人們，在科學家的證詞被導入之前，相信溫室效應的勝算為2：1。現在，他的分析說，*如果不存在溫室效應*，他觀察到的年度上升溫度，具有1/100的機率。他所沒有提供的，而也是我們所需要的，是同樣上升溫度的機率，*如果溫室效應存在*。讓我們從帽子裡抽出一個數值，並假定這個機率是3/100。那麼，在溫室效應與非溫室效應相比的情況下，溫度數據的相對可能性會是3：1。把這個比率乘以偏向溫室效應的事前勝算（2：1），我們得到事後勝算為6：1。勝算能夠被轉換成機率〔機率＝勝算/（1＋勝算）〕。因此，在這個假設的例子裡，溫室效應的機率會是(6/7)=0.857。

貝氏統計效力測量值。　在這個範例裡，我們得到的（假設性）結論是，全球氣溫上升使得溫室效應存在的勝算，從事前的2：1提升到事後的6：1。我們也許會想，在這個例子裡，數據的力量指標是什麼——也就是，如何使用貝氏分析來測量數據效力的大小。在假設

H上的事後勝算，似乎不能產生合理的數據力量指標，因為這些勝算是數據與事前勝算的同時作用結果。較適合的指標似乎是，在偏向H上，數據D所帶來的*勝算變化*。這種變化的測量，僅僅是事後勝算除以事前勝算，從公式（1）看，這就是相對可能性：因此，研究者也許提出這個相對可能性，作為支持H（並且對抗非H）的數據強度測量值。

　　貝氏分析取向的困難點。　　在檢定兩個平均數差異的背景下，非H代表沒有差異的虛無假設，而$P(D/-H)$是通常的p值。假設H代表對立於虛無假設的系統性解釋，而$P(D/H)$是在那個假設之下，數據的機率。一個主要的問題是，$P(D/H)$通常是系統效果不同程度可能性的複合假設。每一個可能性的$P(D/H)$是不同的，而我們不知道怎麼權衡它們。[3]

　　另一個令人不安的問題，把事後勝算除以事前勝算，可能會不合乎數學規則。試想，如果H為真的事前機率$P(H)$是零。$P(H)=0$，喚起了引人入勝的議題。

　　不可能為真的假設：Philpott實例。　　一個令人好奇的爭論，針對一個曖昧不明的英國實驗，明確地闡釋了事前機率為零的議題。在1940年代後期，S. J. F. Philpott這位英國心理學家聲稱，有強大的證據

3　當假設H是二擇一的選擇時，貝氏分析過程就順暢多了。Mosteller與Wallace（1964）曾執行一項著名的貝氏分析，看看是Alexander Hamilton（H），或是James Madison（－H），寫了幾篇爭議性的*聯邦黨人論文*（Federalist Papers）。事後勝算非常偏向Madison。箴言8裡，我們對此研究會有更進一步的討論。

支持，心智作用時間常數（Philpott, 1950）為每秒40.76 *septillionths*（1後有24個0，10^{24}）。他的理由奠基（別擔心細節）於實驗對象完成一組演算問題的時間分配。他建構一個實驗比較，並主張如果組別差異的虛無假設被拒絕，唯一的選擇就是接受他的基本常數。然後，他刻意呈現需要拒絕虛無假設於0.01顯著水準的數據，並吹捧這是支持其提議常數的強力證據。

在一個有力的批評裡，信譽不錯的L. F. Richardson（1952）反駁，每一個組成過程等待時間的自然變異會比提議的常數要大，而測量誤差會使Philpott（1950）假定的調查陷入困境。以Richardson的意見而言，這個理論是如此地不可思議，以致於它值得一個事前機率*P(H)*=0。如果*P(H)*=0插入貝氏公式（1），那麼不可避免地，*P(H/D)*會為零。（唯一的漏洞會發生，如果*P(D/−H)*也為零，但那需要Pilpott的數據達到0.00000000…顯著水準。）換句話說，如果一個假設一開始就肯定是錯的，那麼不會有數據能使它更為可信。

在Philpott- Richardson的辯論裡，有禮貌的Richardson主張清晰且毫無疑問地正確──的確，Philpott的研究曖昧不明。但研究者應該要察覺，Richardson論辯的主線會變得有害，如果被不負責任的批評者隨意應用於新穎的假設。本質上，這個論辯說，「數據被詛咒了，你很明顯是錯的」──很難說是一種正常的科學態度。[4]因此事前機

4　「Maharishi效應」，這個有趣的例子，在數據方面（Orme-Johnson, Alexander, Davies, Chandler, & Larimore, 1988）與評論方面（Duval, 1988; Orme-Johnson, Alexander, & Davies, 1990; Russett, 1988; Schrodt, 1990），呈現了科學的開放觀與似乎是荒謬假設之間的衝突。此效應假設，戰爭、犯罪以及意外頻率的減少，直接導因於人們在地球的某個孤立角落，進行超覺靜坐的人數。

率，這個貝氏取向的核心，凸顯了單一實驗結果的脆弱性，當暢所欲言的批評者或陰謀者相信$P(H)=0$。

　　對不可能假設的貝氏回應。　貝氏們也許會回應說，事前機率應該奠基於邏輯或先前數據，而非僅僅是個人意見。無論如何，$P(H)=0$，是一個可以阻礙論辯的極端案例。在其他案例裡，事前機率所做的，是允許研究者達到其對$P(H/D)$的短暫的判斷，這變成是等待下組數據來臨的事前機率。長期來看，來自數據組D_1、D_2、D_3……的證據，基本造成了$P(H/D_1、D_2、D_3……)$，這是給定所有數據之下，假設的機率，匯合至一個一致同意的數值，不依賴剛開始對於$P(H)$的偏見。在箴言7到箴言9裡，我們會討論重複的研究檢定。對於單一研究的例子，貝氏取向提出，數據蒐集前後，*假設信念改變*的重要議題。

　　然而，話說回來，我們也許會想，是否信念的改變是一個效果大小的測量值。對立假設劇烈改變我們信念的研究，肯定具有影響力，而且是「強烈的」，但一個人可以在小效力有著強烈的信念，或大效力有著乏力的信念。信念的改變比較像是*關注力*，這在箴言8裡會被討論到。我們現在轉向效力量的測量。

3.2　效力量

原始效力量

　　把有爭議的機率擺一旁，要從單一顯著性檢定，量化結論力量，最明顯的選擇是原始的效力大小：在平均數差異的t-檢定案例裡，就

是觀察到的平均數差異量。從表面判斷，大效力比小效力更令人印象深刻與更重要。

原始效力量的一個優勢為，它被期待的值，不依賴用以執行顯著性檢定的樣本量。第二個優勢為，它直接表現出依變項的量尺單位，而沿著量尺的差異量，對研究者來說應該是具有意義的。

另一方面，以很小的樣本而言，研究者可以獲得大而明顯的效力，但卻不能夠拒絕虛無假設。換句話說，效力量應該伴隨著 p-值（這又跟樣本量與組內變異有關）。對於固定的n而言，組內變異愈小，觀察的平均數差異，在統計上就更為可靠。當然，研究者最終想要知道的是效力量測量值，歷經一系列實驗的一致性。

原始效力量測量值，也許有著一個更顯著的缺點。即使人們認為，研究者應該熟悉他的反應量尺，在心理學，情況通常是新量尺為了新的研究目標而發展，而沿著量尺的單位並沒有取得多大的意義。這需要一定的研究領域經驗，才能領會多大的量尺差異才是重要的。組間平均數差異要達到7-點量尺的四分之三，才是大的差異嗎？在一個新穎的反應時間實驗裡，2,500萬秒的差異值得重視嗎？新領域的單次研究（one-shot study），也因此遭受到效力量難以詮釋的論辯困境。

標準效力量

有鑑於此，概念上不依賴反應量尺的指標是需要的，這種指標就是標準化的效力量，定義為原始效力量除以反應量尺上分數的標準差（within groups）。因此，如果在一個21-點量尺上，實驗組平均數為

13，控制組平均數為11，而聯合的標準差（pooled SD）為3.0，標準效力量就是0.667。這種類型的標準化測量值，首先出現在檢定力分析（Cohen, 1962, 1988），此處，效力量需要與量尺脫鉤。

　　標準效力量為後設分析的貢獻者所偏愛（參看箴言7）。當結合有著不同反應量尺的研究時，與量尺脫鉤的特性特別占優勢。其他的無量綱（dimensionless）指標，像是相關係數r，也出現在後設分析家族裡（Mullen, 1989），並且可能更適合混雜的顯著檢定結合在一起所產生的結果。測量值r，慣例上是獨變項與依變項之間的皮爾森相關係數（Pearson product-moment correlation coefficient）。在兩組平均數被比較的案例裡，r 是「點雙數列（point biserial）」相關（Mullen, 1989, p. 96）。它的值與樣本量和標準效力量（或是組間t-檢定的t 值；　Rosenthal, 1991）有關。另一種可能的測量值為r^2——解釋的變異比例——但如同我們在箴言1裡所提到的，這傳達了過於悲觀的印象。

　　就像是原始效力量一樣，我們應該注意，標準效力量的值本身並沒有告訴我們虛無假設可以被拒絕。這種結果不僅僅依賴效力量，也要看研究的樣本量（Mullen, 1989）。然而，隨著社會科學專家逐漸遠離對單一研究的依賴，以及對虛無假設檢定的執著，效力量測量值會變得愈來愈普及。

　　一篇具有洞見的文章，標題為「令人印象深刻的小效力」，Prentice與Miller（1992）指出，心理學裡引人矚目且重大的研究結果，有時候來自於效力量小的研究。他們舉出兩種情況：（a）當獨變項的操弄為最小，以及（b）當依變項似乎很難被影響時。

　　第一種情況以Isen與Levin（1972）的好心情與利他行為研究為例。此處，在圖書館裡念書的學生，被偶然地給與一塊餅乾，隨後發現他們比那些沒有得到餅乾的學生，更樂於自發性地助人。（平均助人時間為實驗組69分鐘，而控制組17分鐘。）此研究發現使其論點簡潔有力，因為一小片餅乾對於利他行為的影響力似乎是瑣碎的。

　　第二種情況以Milgram（1963）著名的服從研究為例。Milgram的研究，同時有著似乎是小的操弄——一位具有權威形象的實驗者，告訴實驗對象繼續進行實驗——和實施明顯會造成生命安危的電擊於一位無助受害者。[5]這些研究的共同點在於，研究讀者根本不預期會有效果出現。（每片餅乾多工作52分鐘，不能轉譯為基本工資！）

　　我們提議，研究結果的論辯衝擊，是原始效力量除以「原因量（cause size）」的直接作用，這是一個我們稱為*原因效力*（causal efficacy）的比率。從小的原因變異所引起的大效力，是最令人印象深刻的；而從明顯大的原因操弄所引起的小效力，是最虎頭蛇尾且令人失望的。原因效力類似於冷戰軍事用語——「花的錢值得了（bang for the buck）」。

　　低原因效力的實例：糖精與癌症。　考量一個極低原因效力的範

5　Prentice與Miller（1992）並沒有引用Milgram（1963）的例子。他們主要關心的是小效果的矚目性，而，當然，Milgram的效果是大的。

　　低原因效力的實例：糖精與癌症。　考量一個極低原因效力的範例，有助於進一步了解這個概念。當研究者以老鼠為實驗對象，讀者群可能會嗤之以鼻，但這確實發生在糖精與膀胱癌的研究裡。食品與藥物管理局（Food and Drug Administration）很高興通過狄蘭尼修正案（National Research Council, 1979），禁止所有「已發現能誘發人類或動物癌症的食用物質」（chap.2, p. 10）。動物之所以囊括在此禁制令之內，是由於人類毒物實驗，實在是很難進行（隨機派人試毒？實在是沒得商量）。用老鼠做實驗容易多了，但要注意：罹癌率通常小到需要不切實際的大量樣本，才能可靠地論證小劑量毒物的效力。

　　在這種情況下所採用的研究策略，通常是使用適度的動物樣本量和誇大的劑量。最常被引用的糖精研究，使用這種策略（食品與藥物管理局，1973）。實驗老鼠的每日飲食糖精量為7.5%，連續兩年。到了實驗結束之日，23隻實驗組老鼠當中，有7隻罹患膀胱癌；而沒有吃糖精的25隻老鼠當中，有1隻罹患膀胱癌——這發現具有統計上的顯著差異。這項研究被頗負盛名的科學方（National Research Council, 1978）視為重要發現，卻被公眾方視為荒謬可笑。某位在汽水公司工作的仁兄（想要在他們自家生產的汽水裡保留糖精），計算實驗老鼠所攝取的糖精劑量，相當於一個成年人每一天要喝800罐汽水。這項研究在社論上被責備（「誇張的風險」，1979），部分是因為這樣大的攝取量，即使對汽水狂魔來說，都是十分可笑的，所以風險是被誇大的。此研究的反駁者這樣說，一位每天喝800罐汽水的成年人，早在罹癌之前，就會先死於內臟過度膨脹了。

困難，尤其是不同物種對不同類型癌症的敏感度，具有很大的變異性。然而，以老鼠為實驗對象的大劑量策略，並不是科學怪人的作法。科學界慣於以原因的強度，來考量系統性變異以及其如何產生效果。吸菸導致癌症最具有說服力的證據，不是來自於吸菸者比非吸菸者有著較高的癌症罹患率，而是與其他事物比較起來，系統性的癌症攀升率跟隨著吸菸率的增加（參看箴言9）。

生物統計學家把死亡率或罹病率，看成是毒物暴露率的*劑量反應曲線*。使用適當的機率量尺轉換方式[6]，曲線通常會變成直線。如果老鼠攝取糖精的劑量反應是線性，那麼高劑量的罹病率就能回推至通常劑量的罹病率。如果我們接受這個邏輯，並且把老鼠的結果視為有關於人類，那麼結論就是糖精增加了罹患膀胱癌的風險，但量不大。

線性假定是不穩固的，而我的論點並不是要辯護這個特別的案例。我引用此例，僅僅是要闡釋原因效力的概念，並且說明公眾對於明顯是小效力的研究結果是有多麼地輕忽。

客觀原因效力。　劑量反應研究的獨變項具有物理上的量化特質，所以原因量能夠被精準地指明（像是每天幾毫克）。此時，原始效力量就是實驗組對照控制組的死亡或罹病比。因為原因量與原始效力量都是客觀的量化指標，所以兩者的比率就能夠被稱作*客觀原因效力*。

6　最常用的*p*轉換是probit與logit模型。兩種轉換都是把*p*的「尾巴拉直」。為logit模型所設計的公式為ln[*p*/(1-*p*)]。

　　主觀原因效力。　　那麼我們要如何操作獨變項裡，*質性*（qualitative）變異的原因量，像是給實驗對象一片免費的餅乾？以其對利他行為的效力而言，我們不應該真的把一片免費餅乾視為經濟學上的餅乾價值。Isen與Levin（1972）假設此效力主要起因為好心情（mediation），而研究者想要能夠測量餅乾引起的好心情，相比於其他好心情誘發物，像是考試表現得到讚美，或在電話亭裡發現零錢。一種方法是，從實驗對象探出評分，並伴隨著*操弄檢視*（manipulation checks; Aronson et al., 1985）。這些評分被用作檢視，是否對象已經對獨變項（例如：好或壞心情）想要的操弄留下印象。應用這類評分於原因效力的評估，允許了效力量對照原因變項上*經驗*的差異（例如：在好心情7-點量尺上，每多一分就代表了利他行為10%的增加量）。這類指標可以被稱作*主觀原因效力*。要形成這類效力比率，效力量與原因量都應該是*原始平均差異*。

　　實例：投稿品質的判斷偏誤。　　為了說明，讓我們參考Wilson、DePaulo、Mook以及Klaaren（1993）的實驗。他們假設一群科學家，閱讀有重要標題（例如：預防心臟疾病）的瑕疵研究，會比那些閱讀無重要標題（例如：心痛）瑕疵研究的同僚，更可能在方法學上的嚴謹性上給出高分。六組在標題的重要性上有差異的研究被使用。每一位科學家在9-點量尺上，評比三個重要標題與三個無重要標題研究的方法學嚴謹性，以及感受到的重要性。

　　重要性的操弄（例如：心臟病對照心痛）確實給實驗對象留下了印象。重要標題研究所感受到的重要性平均評分為7.15，而那些不重

要標題研究為4.44，這產生了一個大的平均數差異為2.71。

在假設性偏誤的檢定裡，重要標題研究方法學嚴謹性的總體平均分數為2.91，而不重要標題研究為2.61，（統計上的顯著）差異為0.30。主觀原因效力為（0.30/2.71）＝0.11，這代表每上升一分重要性，就增加0.11分的方法學嚴謹性。這個係數應該要以原始回歸係數（raw regression coefficient）的觀念來詮釋。[7]這個0.11的主觀原因效力並不大，雖然與零有著統計顯著性的差異。它表明，即使最重要研究（評分9）與最不重要研究（評分1）一起比較，期待的嚴謹性判斷差異，只會是 [0.11×（9－1）] ＝0.88，比9-點量尺的1點還要小。（如作者所主張的，嚴謹性的判斷不應該被感知的重要性所影響。）

超乎預期的大效力量：Milgram研究。 仍然有著獨變項質性變異，無法被對象合理評分的案例。例如：在著名的Milgram（1963）

---

7 Judd、McClelland以及Culhane（in press）完全就回歸斜率而論效力量估計值。形式上，這等同我們稱之為原因效力的比率。然而，質性變項兩種情況的平均數比較上，情況必須進行「虛擬編碼（dummy coded）」（像是+1 vs. -1）。不管如何地不易察覺，這種方式不允許思考，情況在原因量方面不同的程度。原因變項在效力量的論述方面被忽略是異常的。

同樣的脈絡，比較類回歸係數，像是原因效力，和相關測量值，像是Rosenthal（1991）為了後設分析而推薦的r，是令人感興趣的。雖然社會心理學家經常把相關與回歸混淆在一起，其中卻有重要的差異。相關係數對所謂的人造「限制範圍（restriction of range）」是敏感的（Cohen & Cohen, 1983, pp. 70-72）：當變項X的分數分配，因為某種理由而截尾，X與其他變項間的相關於焉降低。然而，同樣的事情不會發生在線性回歸。截切不會對回歸線斜率（b）造成系統性的影響。

此觀點的關聯性在於，小原因量可類比限制範圍。Rosenthal的r，因此傾向於過小，每當獨變項只被有節制地實驗操弄。反之，原因效力測量值（假定線性）傾向於保持不變，無論原因量是小或大。

研究裡，穿著白袍的權威形象實驗者，告訴實驗對象繼續電擊鄰房哀嚎的人，其原因量有多大？此原因不具有物理性質，而要求實驗對象說出他們感受到的服從程度是不合常理的。雖然在這類案例裡，沒有方法給原因量附注一個數值，觀察到的效力量仍然可以拿來與有用的基線數值進行比較，它叫作期望效力量。研究者可以詢問感興趣的觀察者，他們期待多大的原始效力量，並且計算這些期望值的平均數。在Milgram的研究裡，一群學生被詢問，多大比例的實驗對象會實施最大電擊量。得到的平均估計值為1.2%，而實際結果是65%（Milgram, 1963）。

　　直觀上，觀察到的原始效力量與期望的原始效力量之間的差異，與結果的*驚訝性*（surprisingness）有直接關聯。在箴言8裡，我們定義*驚訝係數*（S），主要因為它與關注性有關，雖然它也被視為一種強度測量值。我們暫時不討論細節，在Milgram（1963）的例子裡，驚訝係數是1.28——此處1.0代表高度驚訝結果，而2.0是最大值。（如果期望的效力是0%，而獲得的效力是100%，最大值就會出現，反之亦然。）Milgram把探詢主觀估計值作為公關手段，但想像一下，對那些不這麼敏感的研究來說，實驗者探問特定研究讀者群的原始效力量主觀估計值，並非不合常理。

　　期望效力量就像是貝氏統計的事前機率。　這種使用效力量的方式，就像是貝氏統計的機率推論。期望效力量如同貝氏事前機率，而對任何給定的效力而言，不同研究者與評論者可能會有不同的事前猜測。優質研究所獲得的結果，會修正期望效力量至觀察到的效力量。

依靠複製研究，新數據可能強迫期望效力量進行更進一步的校正，依此類推。在理想的案例裡，期望效力量將匯合至真實效力量，獨立於原本的事前猜測。研究社群會知道要期待什麼，而驚訝係數會接近零。了解Milgram（1963）研究與相關實驗的人們，現在應該知道，權威形象事實上是非常有力的影響。富有經驗的觀察者，被要求預測聽從權威而傷害他人的比率時，將不再說1%，而是接近65%的比率。

3.3 信賴區間

到目前為止，我們討論了比較兩組平均數所使用的效果強度標準：機率與效力量。後者包含原始與標準化的平均數差異。如果我們也考量事前預期與原因量，那麼我們能夠支持進一步的變化，稱作貝氏事後機率或原因效力估計值。

另一種表達效果強度的方法是使用*信賴區間*。研究者這樣陳述，「有95%的信心，實際實驗效果會在A與B之間」。平均數差異的信賴區間如果包含零，虛無假設就會被保留（顯著水準為100%減去信賴水準）。當虛無假設被拒絕，研究者就能夠確信效果的*方向*，然後使用信賴區間去建立效果的可能範圍。信賴區間一直以來被推崇（Bailar & Mosteller, 1988; Cohen, in press; Tukey, 1991; 還有許多人等）作為*p*-值的替代，因為信賴區間給予更多的訊息：特別是，它指明了平均數差異與零離差的可能最小與最大程度。

它採用兩個數，較低界限與較高界限，去明定信賴的限制性。如果我們使用兩指標（two-index）總結性數值，可以選擇只使用信賴區

間，或是選擇*p*-值搭配效力量。另一種可能性是使用信賴區間於某種效力量測量值。

如同Tukey（1991）所指出的，當存在令人感興趣的測量基準時，建立於原始效力量的信賴區間特別有價值。在許多應用領域裡，新計畫或新治療法被評估時，研究者不僅僅想要知道接受者的平均進步程度是否大於零。更重要的是，進步是否高於某個經濟的、政治的、歷史的或實際考量的門檻。或者，一個比傳統治療花費較少或較少副作用的新治療法，研究者想要知道，是否這個新方法至少有著90%傳統治療法的效果。

在稍後的章節裡，特別是箴言7，涵蓋了後設分析的議題，我們分析每一個研究一個強度指標的列表，因此要依賴效力量。強調效力量策略並沒有要批評信賴區間的意思。的確，使用精明的圖示技巧，聯合地呈現多個研究的信賴區間（Tukey, 1991），使得每個研究有兩個測量值，並沒有喪失多少簡潔性。

在接下來的兩個章節裡，我們討論統計論辯的風格（箴言4）和偵查的工作（箴言5），然後再回到最後四項MAGIC標準。

箴 言 4

論辯的風格

研究者想要強而有力結果的渴望，會影響其研究結果的呈現。在箴言3裡所討論的效力大小指標，通常在敘述時會被誇大。然而，研究者在誇大與低估的傾向上會有所不同。p-值是最明顯的風格變化。儘管讀者被警告不要過度注意p-值，本章把注意力放在它們身上，因為它們在社會科學文獻當中無所不在。顯然地，誇大與低估的傾向也應用至其他強度指標。例如：有些研究者認為0.35的相關係數是「不大的」，而其他則標示為「大的」。甚而，研究者有著很大的餘地去選擇想要強調的結果面。如Rosenthal（1991）所指，「相當曖昧不明的結果，通常會在結論段裡變得順暢完整」（p. 13）。

4.1　狂妄、古板、自由及保守風格

想一想，研究者執著盼望中的顯著檢定情形。不看箴言2裡相當罕見的範例，接受虛無假設通常是一個模糊的結果，而能夠使研究被貼上浪費時間的標籤。另一方面，拒絕虛無假設，暗示存在使組別產生差異的系統性解釋因子。「是的，A組大於B組」，確實比「有可能A組大於B組，但這個結果並不確信」還要令人滿意。

研究者想要說出實質的東西是再自然不過的了。負面結果通常甚至不會被寫出來。學生可能放棄手邊的論文，就因為虛無假設無法被拒絕。教授、期刊編輯、手稿讀者，通常對接受虛無假設的結果不怎麼友善（參看Greenwald, 1975; Rosenthal, 1979）。因此，人們不顧一切地想要他們的結果出現統計顯著性。套用一句政治術語，研究者試

著對他們的結果施展「扭轉輿論」計謀。這尤其對接近顯著的結果為真，像是$0.05 < p < 0.10$。這就變成了把結果推向，或超越$p = 0.05$水準的拔河遊戲了。

狂妄風格

什麼樣的手段，可以讓急切的研究者主張結果看起來還不錯，而冷靜沉著的觀察者卻會說，它們的效果是微小或更糟糕的呢？至少有五種：

1. 使用單尾檢定。
2. 當有不只一種統計檢定可採用時，使用最可能產生顯著結果的那一個。
3. 包不包含「離群值（outliers）」，端賴何種情況運作地較好。
4. 當幾種結果同時被檢定時，聚焦於有著最佳p-值的那些結果——「轉移焦點」詭計。
5. 陳述確實的p-值，但拐彎抹角地說了一堆無關緊要的事。

經驗老到的研究報告讀者當然明白這些手段，而且也知道作者明目張膽地想要使無力的p-值聽起來是有力的。想要拒絕虛無假設的內在慾望，會使研究者想要誇張其結果，藉以平衡一下會被發現的風險，並不惜犧牲一點點個人的目前和長期名譽。這就像是一位被給予大量金錢的律師，要替客戶辯護其有問題的道德，所面臨的兩難窘境。仗著足夠的創意，幾乎任何客戶都可以被辯護，但薄弱的論辯，

最終會使這些努力指向他不過是一位訟棍罷了。這尤其會對科學研究者造成傷害，這也就是爲何，我們強調研究者要像一位誠實的律師。

我們把誇張每一個統計結果的論辯風格稱爲狂妄。無限制與不適當地使用這五種手段的研究者，會惹來懷疑與反對。

古板風格

生活會簡單一點，如果研究者使用「千萬別狂妄」手段。這暗示，完全限制住能增強拒絕虛無假設論辯的五種手段。的確，一些統計教科書與統計學講師，比較接近這種直白的告誡。逐步考慮這五種手段，最完整的對抗狂妄風格禁制令如下：

1. 絕不使用單尾檢定。
2. 只使用單一的、事先決定好的分析。
3. 絕不排除離群值。
4. 避免聚焦於特定有利的結果。
5. 嚴格地遵循固定的顯著水準，像是0.05，並且不分別接近顯著（像是p＜0.06）和完全不顯著的差別。

當這些禁制令一起出現時，效果就是使統計分析變成一套法規或道德規準，就像是公眾游泳池旁會出現的標語（絕對禁止狗或飛盤，違反者會被起訴）。統計教學作爲一連串的「不要」，可以是令人恐懼的。學生也會經常問這個問題：「我可以這樣做嗎？」好像從一位權威乞求許可，並且保證不會被起訴。這種思考統計的風格，只是從

過度狂妄的極端，反彈到另一個極端。我們稱它為論辯的古板風格。以Tukey（1969）的話語而言，這種取向視統計為一種*神聖化儀式*，摧毀了統計的偵查工作。

如同我們在本章以及隨後的章節裡所看到的，有時候離開古板風格是有理由的，而採用這些理由的學生，不應該有著「違反規定的不誠實罪惡感（Gigerenzer, 1993, p. 326）」。對於詢問「我可以這樣做嗎？」的學生，合理的回答是：你可以*做*任何你想做的，並且深思研究結果的潛在意涵。但是，請謹記於心，你呈現結果的方式會影響你的說服力。通常情況下，過於狂妄並不好，因為你不會想要如此浮誇，以致於喪失了使人信服的分析。（此時，可能又會有學生這樣說：「是的，那我可以做這個嗎？」這個時候，你應該把披薩拿出來，然後必要性地重複你的忠告。）

自由與保守風格

統計取向就在毫無限制的狂妄風格，以及令人窒息的古板風格之間游走。*自由*風強調數據的探索與推測。它更鬆一點、更主觀一點、更冒險一點。*保守*風比較嚴謹、更守規則、更小心。在統計學和政治學裡，任一種風格都可以被辯護，並且存在個別喜好差異。同樣在政治學裡，最成功的論據會同時滿足自由與保守者。這種情形會發生，當研究者的重要論述被保守程序所支持，因為在這種案例裡，自由風的標準也會提供擔保。反之，當自由取向產生虛無結果時，保守取向也會。

依據自由風檢定程序而被拒絕的虛無假設，卻被保守風檢定所接

受，那麼爭論就會出現。在這種情況下，講道理的人們會不同意。這時，研究者面對一個很明顯的兩難：「我應該依據自由風標準，宣告我的結果具有顯著性嗎？並且冒著被挑剔讀者批評的風險；或者，我應該用保守程序來謹慎行事，並且不多說什麼？」在接下來的幾個段落裡，我們描繪一些背景特徵，說明解決辦法傾向於這邊或那邊的理由與論辯手段。

4.2　單尾、雙尾及不對稱檢定

讓我們考慮組別平均數（A和B）之間，是否具有顯著性差異的 t-檢定。這種檢定通常以雙尾進行：如果 t 有大的正值（A顯然大於B），或有大的負值（B顯然大於A），就有理由拒絕虛無假設。拒絕區──許多被算作是拒絕虛無假設的結果──在 t-分配的正尾與負尾有著對稱的分割。以5%顯著水準而言，兩尾分別包含2.5%的 t-曲線區。

當理論上強烈期待組別差異會有固定的方向（像是A＞B）時，一些研究者與教科書作者認為，單尾檢定是可以被接受的，也就是專注於預測方那邊的拒絕區域（像是正尾上部的5%）。單尾檢定情形的實例，通常是研究者想要知道是否新的醫學或心理處置，或教育改進計畫（A），產生優於標準處置（B）的結果。因為只有A＞B的結果是令人感興趣的，也就是說，將能導致醫療或教育上的改革，所以只聚焦於 t-分配正尾上部，似乎合情合理。

如果數據確實落入正尾上部，那麼單尾檢定比雙尾檢定更自由。單尾的5%顯著水準，對應雙尾的10%顯著水準；因此，像是$t=1.80$、自由度36的單尾檢定（t-臨界值$=1.69$）顯著結果，到了雙尾檢定（t-臨界值$=2.03$）就不顯著了。具有自由風格的研究者，傾向於接受單尾檢定的結果，但保守風格研究者，就會對此結果皺眉頭了。

單尾與半尾檢定（one-and-a-half tailed test）

不論研究者的風格如何，單尾檢定的關鍵問題在於，如果結果落入「錯誤」的一邊。假設使用新的治療程序，實驗組A的確比控制組B還*糟糕*許多——糟糕到連雙尾檢定都可以拒絕虛無假設，並宣告新治療法顯著有害。如果你剛開始的意圖是使用單尾檢定，但遭遇令人吃驚的逆轉數據時轉向雙尾檢定，那麼你的拒絕區域就有了正尾上部5%與負尾下部2.5%。有了這樣的拒絕區，真正虛無假設被拒絕的機率就是0.075，而非名義上的0.05。這就有一點太吹牛了；宣稱的5%顯著水準具有誤導性。

我們挖苦地說這是「單尾與半尾檢定」，而同樣的情形也會發生，如果你剛開始意圖使用雙尾檢定，但發現數據呈現A＞B且無法落入正尾上部2.5%而轉向單尾檢定。這並非不常發生，因為研究者經常會發現，特定的期待方向是「明顯的」（例如：更多的刺激練習改進了記憶，或教育程度愈高的公民展現了更大的政治興趣等等）。事實之後誘發爭論的潛在棘手性，或多或少給單尾檢定帶來不好的名聲。

那麼到底有正當理由的單尾檢定，以及具誤導性的單半尾檢定之間的區別在哪？很明顯地，前者只關心一邊，另一邊留白。這就是說，除了有強烈的指向性假設之外，錯誤邊的結果無意義而能夠以機率事件加以排除的說法具有說服力。[1]

這種情況非常不容易被滿足，因為研究者善於編造錯誤邊結果的可能解釋。出現在錯誤邊的結果，很難就此輕言帶過以滿足純單尾檢定的需求。

不對稱檢定（lopsided test）

折衷t-檢定的兩種分支是可能的。考量在期待邊有著5%的拒絕區，而在假定的錯誤邊有著0.5%的拒絕區。奠基於期待方區域的檢定會是自由的，而錯誤方是保守的。這種檢定可以被稱作不對稱檢定。如果結果以雙尾$p < 0.10$落入期待方，或是以雙尾$p < 0.01$落入非期待方，就要宣告結果具有統計上的顯著性。這種不對稱檢定，使得虛無假設被拒絕的機率為0.055，接近明定的單尾與雙尾檢定，卻又融合了這兩種選擇的優勢。

1　另一種應用單尾檢定的考量為後設分析（Rosenthal, 1991）。這種技術，檢視同主題不同研究結果的強度與方向一致性。後設分析必須對研究方向的追蹤保持一致性。

4.3 應用於同一組數據的替代檢定

在許多情況下，替代檢定程序可應用於同一組數據，而研究者可能會混淆。現今，這種混淆被統計套裝軟體，像是SAS（SAS Institute, 1985），所放大，它包含太多替代檢定的結果，有些檢定很少人聽過。研究者要如何處理這不受歡迎的選擇自由？把各種檢定都跑遍，然後挑一個結果最好的，但如果只進行一個檢定，應該挑哪一個？我們不試著去編目每一種情況，但我們討論有關的議題。

我們區分三種事例：第一種涉及表達數據的不同方式；第二種，不同的計算公式應用至相同的數據；第三種，建構數據分析框架的不同哲學。

不同的數據表達方式

母數對照無母數檢定。 在簡單的獨立樣本平均數差異t-檢定情況下，可以論辯說，由於數據可能缺乏常態分配，寧可使用曼－惠尼（Mann-Whitney, 1947）或（同等的）威寇森（Wilcoxon, 1945）檢定——一種「無母數」程序，以等級次序來代替原本量化數值，而避開常態分配假定。有其他更複雜的無母數統計〔例如：超值檢定（Tukey, 1955）；也參看Cliff, 1993; Madansky, 1988〕。

為了應付非常態分配，而轉向無母數檢定的這個理由被削弱（Sawilowsky & Blair, 1992），因為t-檢定對常態分配假定的違反具有「抵抗力」（即不敏感）。比較多個組別平均數的F-檢定，也是類

似的情況。除此之外，無母數檢定也不擅長詳述結果細節（參看箴言6）。因此，在社會科學研究領域裡，通常偏愛母數程序。[2]一個標準例外會發生，當數據在一個簡單主要觀點上，有著過度的力量，而研究者僅僅想要以最直截了當的方式，陳述可接受的顯著性p-值。在這種例子裡，像是中位數檢定（參看Siegel, 1956）這種簡單的方法，就可以派得上用場。

原始對照轉換數據（組間分析）。　為了更好的論辯清晰度（箴言6），或補救分配當中的異質變異數，數據有時候被轉換成另一個不同的量尺；例如：每一個分數會被其對數給替代。原始數據與轉換數據的顯著檢定，通常在p-值上的差異並不大，而轉換版本會產生較為保守的結果。最安全的作法是，使用轉換過的量尺，如果它同質化變異數，雖然這創造了一個風格上的諷刺：保守分析者自然更傾向於保守顯著檢定，但可能對於使用轉換數據感到不舒服，因為新量尺的單位似乎不如原始量尺那般的「真實」。例如：很難理解用時間對數去解決問題，或把任務的錯誤數開根號。然而，藉由克制轉換，保守研究者不僅放棄轉換的其他優勢，也被更為自由的顯著檢定給纏住了。因此，他是自食其果（petard）。[3]

2　我對於這個多面向主題的簡要討論，是過度簡化的。可能在1990年代，無母數程序（Edgington, 1987）會因為電腦的普及而復甦。另一個無母數檢定可能復甦的徵兆，來自於統計學的發展（Cliff, 1993）。

3　對於如何選擇轉換的議題，請參看Emerson（1991b）。恰巧，如果你認為petard是信號旗，你就錯了。字典的定義是爆炸性裝置。

原始對照轉換數據（重複測量分析）。 在重複測量設計裡，也就是，在這種情況下，對象暴露於多種實驗處置，或被觀察不只一次實驗，轉換的助益就明顯上升。與組間分析的例子相反，F-檢定在重複測量設計裡，對潛在假設的違反高度敏感，而在這類案例裡，轉換可能是必要的。此處，不像是簡單組間案例，原始與轉換數據的p-值，可以有相當大的差異。如果研究者不熟悉這種重複測量設計的病狀，這類結果就會變得怪怪的。此處，等值化變異數的轉換量尺是受歡迎的，並且比組間情況還要具有急迫性。

時間對照速度。 在完成陌生任務所需時間的實驗裡，學習試驗要被測量好幾次，所以轉換就很重要。在早期的試驗裡，每個對象的時間變異會很大，但隨著對象漸漸學會這項任務，時間變異就會縮小。等值化不同試驗變異數的轉換通常是交互（reciprocal）轉換——把時間轉換成速度。我曾經看過一個很典型的例子，老鼠跑胡同以求得不同量的獎賞，這種情況的變異數相當異質（第一次試驗對照最後一次試驗的比為200比1）。當沒有獎賞效果的虛無假設在這些數據上被檢定時，p-值>0.90，當時間被轉換至速度而數據被重複分析時，p-值<0.01！在這個案例裡，速度是適當的測量，而時間是不恰當的。組內變異並涉及重複的情況下，這類研究設計的數據轉換，請參看Bush, Hess,以及Wohlford（1993）。

絕對效果對照相對效果

實例：使用侮辱手段的負面說服力。　當效果能夠以絕對或相對條件論述時，就可能會有矛盾出現。這類案例造成了文體風格上的難題。

讓我們以一個稍微簡化的實例（Abelson and Miller, 1967）作為開端。研究者想要檢定說服力的「自作自受效果（boomerang effect）」，也就是在這種情況下，說者不但沒有說服他的聽眾，反而使聽眾的態度遠離說者的立場。這種現象幾乎不可能發生在實驗室（laboratory）研究裡，那些受控制有禮貌的聽眾上。在實地實驗（field experiment）裡，狀況被設計成，說者以侮辱的方式呈現其論辯。[4] 這樣會產生自作自受效果，是此研究的假設。

實驗情境大概是這樣的，在公園的長椅凳上，實驗同謀者坐在一位可能的實驗對象旁邊，此時研究者以記者的形象到來，訪問公眾對公共議題的自發性意見。在得到參與的同意後，研究者邀請討論者在21點意見量表上，勾選他們最初的意見，然後輪流為其立場提供論據。在侮辱的情況下，同謀者在提出自己的觀點之前，嘲諷對象的意見。在控制的情況下，侮辱特徵被拿掉。六回合之後，再次勾選意見量表。

表4.1呈現，在每一種情況下，辯論前後平均意見分數與差異。負號指出遠離同謀者方議題的差異，也就是自作自受效果；正號指出偏向同謀者方的改變，是對其表達意見的順應。

4　在此實驗被執行的那段時期裡，對心理學實驗的道德憂慮，並不如現今普及。

　　侮辱組的確展現自作自受效果；對平均數有著−1.81的改變進
行t-檢定，虛無假設被拒絕，數值是$t_{23}=-2.16$。但是，無侮辱組如
何？傳統觀念（conventional wisdom）認為，當改變在實驗組與控制
組都測量得到時，研究者應該檢定實驗組*相對*於控制組的改變。這個
改變是−2.25，比侮辱組的改變−1.81還要大，但是t-檢定卻比較小
（$t_{46}=-1.90$），而且還不具有統計顯著性！聯合的組內均方（mean
square）為16.86，此處每組n＝24所產生的每一個平均數差異的標準
誤為0.838。其餘遵循標準t-檢定公式。

　　這裡發生了什麼事？乍看之下，這樣的結果似乎違反一般常識，
因為較大的差異居然產生較小的t。經驗老到的讀者會知道，這矛盾起
因於兩種改變之間的差異，比單獨而言，有著較大的標準誤。相對效
果在統計上，比絕對效果還要不穩，也因此需要更強的結果，來達到
相同的顯著水準。

表4.1　辯論前後的意見分數，有或沒有侮辱

	前	後	改變	t	p
侮辱組	5.44	3.63	*−1.81*	−2.16	＜0.05
無侮辱組	5.09	5.53	*+0.44*	0.52	n.s.
改變的差距： 侮辱vs.無侮辱			*−2.25*	−1.90	＞0.05
表注：組別平均數；n＝24。					

　　42%法則。　讓我們更詳細地解釋這個現象。考量2×2設計，欄

代表某種重要的比較或差異，而列是某個關鍵實驗條件的出席或缺席。研究者主要感興趣於，在關鍵條件的出席下（第一列），比較的差異（即欄效果）；他已把第二列視為控制組，並期待它所呈現的是沒有欄的差異。

現在，假設研究者分別對兩列進行*t*-檢定，並且發現第一列有顯著效果，但第二列沒有什麼效果。研究者會想要就此打住，宣告勝利，並把結果寫成稿件，但這會與當初納入控制組比較的邏輯牴觸。執行控制情況的要點在於，檢定實驗因子出席的效果超過其缺席效果的*相對性*主張。適合的檢定似乎是列與欄之間*交互作用*的檢定。

想像兩個*t*-檢定，$t(1)$與$t(2)$，分別在兩列執行。更進一步假定，交互作用*F*-值被轉換為*t*-值，稱作$t(*)$。（*F*的平方根產生$t(*)$）假定相同的聯合誤差項被用於所有的*t*-檢定，它可以被展示為：

$$(1)\quad t(*) = \frac{t(1) - t(2)}{\sqrt{2}}$$

這個單純的公式製造了矛盾的結果。交互作用檢定能夠導致接受虛無假設，也就是兩列的欄比較沒有相對性差異，即使第一列的檢定，$t(1)$，具有顯著性，而第二列，$t(2)$，產生零。在此例裡，等式告訴我們，交互作用檢定統計值$t(*)$，比第一列的簡單主要效果$t(1)$要小。這個等式創造了42%法則。[5]當一個子樣本平均數差異與第二個子

5　這個關鍵的百分比事實上是41.4%，但我把它進位至42%。熟悉銀河便車指南（Adams, 1980）的讀者，會認出宇宙狀態數值42。在亞當的未來小說裡，宇宙最強悍的電腦被設定去處理生命的意義以及宇宙一切的問題。在幾百萬年的深思熟慮之後，電腦指出「42」。

樣本平均數差異互相比較時，樣本數一樣，交互作用的t統計值會大於第一個t，這只有在第二個差異是反方向並且至少要有第一個差異的42%時才會這樣。

侮辱／無侮辱數據，是一個有害於42%法則的範例。回頭看表4.1。無侮辱組平均數改變分數和侮辱組平均數改變分數的方向相反，但它沒有達到42%[6]的絕對量〔(0.44/1.81)=0.243〕，這使得 $t(*)$ 小於$t(1)$。

風格上的難題。　當投稿這篇研究時，我面對風格上的難題。使用0.05顯著水準，侮辱組本身呈現顯著的自作自受效果，但當侮辱組與無侮辱組比較時，自作自受效果就不顯著了，儘管無侮辱組本身，並沒有什麼結果會削弱侮辱組的自作自受效果主張。

那我要怎麼做？我可以狂妄地說，無侮辱控制組的比較是不重要的。然而，期刊編輯與讀者通常不喜歡沒有控制組的實驗。我的選擇是，把侮辱組平均改變分數與零基線（$t=2.16, p<0.03$），以及無侮辱控制組平均改變分數（$t=1.90$, 雙尾$p<0.07$; 單尾$p<0.04$）同時比較。我使用單尾，是因為整個實驗的概念圍繞著侮辱的自作自受效果。（如果侮辱組發現正面的平均數改變，我就要把這份研究收在抽

　　這個有趣的數值，最先被指示（Feynman, 1965）為某種基礎物理量比率的指數，而最近（"Eggplant Flavor," 1992）突然出現在蔬菜花園裡。它也是傑基‧羅賓森（Jackie Robinson美國職棒大聯盟球員）的制服號碼。（不要太認真。）

6　實驗組（侮辱）與控制組（無侮辱）的效果是組內的，而非組間效果。然而，這並不影響等式的適用性。另外，請注意$t(*)$的自由度比$t(1)$和$t(2)$都還要大，這有一點點助益於拒絕關於相對差異的虛無假設——但有著合理的組別樣本量，這種優勢就會相當小。

雁裡了。）也有其他的選擇，像是滿足於雙尾的顯著水準0.07，或者更冒險一點，宣稱1.90的t於不對稱檢定的0.05水準是顯著的（參看本章單尾檢定的討論）。

我有個感覺，妥協式的統計檢定會用來解決這類明顯矛盾的情況。在任何的案例裡，了解42%法則的可能結果是重要的。

不同的計算公式

有些不同公式的顯著檢定達到相同的目標。它們之中有些會產生相同的p-值。其他的話，因為基本概念的關係，結果可能會不同。

平均數之間的差異：t-檢定與F-檢定。　當檢定兩個獨立組別之間的平均數差異時，是否使用（雙尾）t-檢定或F-檢定並不重要。兩者皆奠基於同樣的假定——等變異數假設與常態分配。幸運的是，它們不會產生有差異的結果，即使它們的公式看起來相當地不同。t-檢定與F-檢定，它們之間自由度的關係為$F_{1,k} = t_k^2$（k是兩組樣本的總數減掉2），所以t-值的平方會等於F-值。顯著值列表反映了這項事實，因此兩種檢定會產生完全相同的p-值。同樣的情況也發生在比例之間差異的臨界比（critical ratio）檢定（例如：男人同意此題項的比例，減去女人同意的比例），以及未校正的傳統2×2卡方檢定（此處，性別對照同意），它們也是兩種看起來不同的公式，卻產生相同的結果。

當然，有時候，當兩個顯著檢定有著看起來不同的公式時，它們就是不一樣。在一些情況下，不同的顯著檢定公式，會產生有點不一

樣的結果。有些可能涉及數據的「病狀」，也就是，某種關鍵限制性的違反。

對數線性分析裡的不同卡方公式。 我們此處提到的重要事例，對於心理學家而言，可能比較不熟悉，而對於要處理交叉分類表裡類目式數據的社會學家來說，就是家常便飯了。（在兩個向度的情況裡，這就是列聯表。）通常分析這類表裡所存在關係的方法是對數-線性分析（Fienberg, 1980; Wickens, 1989）。標準的對數—線性模型的適合度（goodness of fit）顯著檢定是卡方檢定（chi-square test），小的卡方值指出好的適合度。但有兩種不同的方法去計算卡方值：經常用在簡單雙向列聯表的皮爾森卡方，以及衍生自最大似然度（maximum likelihood）方法的卡方。這兩種方法通常產生稍微不同的值。

在兩種情況下，會使得這兩種方法的不同被注意到。一種情況就是，當兩個卡方值都非常大且高度顯著，但大小不一樣時。此處的差異相當無害，因為結論是一樣的：被檢定的模型被拒絕。

比較有趣的情況是，列聯表裡一個或更多的細格有著很小的期望值（小於1或甚至0.5），這種情況下，兩種方法的差異就會變大。許多基礎統計學教科書告誡我們，要注意當期望值小時的非精確（inexact）p-值，但到底期望值要多小，就看這本教科書的出版年份與作者了。此告誡的重點在於，計算出來的卡方值也許不能很好地接近卡方表裡的精確分配（exact distribution）。當兩個不同的卡方公式——皮爾森與最大似然度——給出差異的（但並不巨大）數值時，就是一些期望值確實太小的徵兆。在這種情況下，研究者會省去小期望值的細

格，再重新計算卡方。Duncan、Sloane以及Brody（1982）記載了這種處理方式的有趣範例。Wickens（1989）出色地討論了細格期望值太小的問題。

使用不同方式去架構一項分析

當可互替的公式意謂著分析哲學的不同時，就會引起相當大的差異。

結合多個實驗的p-值。　在箴言7所討論的後設分析程序裡，研究者想要結合同樣虛無假設下，多個獨立研究結果的p-值，創立一個單一的總括的檢定：例如：傳心術分數與機率基線分數的離差（Honorton et al., 1990）。結合p-值的最受歡迎程序是史托佛檢定（Stouffer test），由Mosteller與Bush（1954）所提倡，但存在七或八種替代法（Rosenthal, 1991）。為了建立論點，我們聚焦於其中一種有點年紀的費雪替代法（Fisher, 1946），此法需要總加對數轉換過的p-值。史托佛與費雪檢定產生不同結果是可預料的。

表4.2　兩種p-值結合法的結果：傷腦筋的比較

程序	來自於四個獨立研究的p-值	
	四個都是$p=0.15$	三個0.50，一個0.001
史托佛檢定	$z=2.07, p<0.02$	$z=1.54, p>0.05$
費雪檢定	$\chi^2=15.18, p>0.05$	$\chi^2=18.71, p<0.02$

史托佛檢定對一致的，即使是小的離差敏感（像是四個$p=0.15$的結果），而費雪程序對偶然的、極端的離差敏感（像是三個結果是$p=0.50$，而一個是$p=0.001$）。表4.2比較了這兩種檢定，在這兩種數據情況下的結果。（史托佛檢定奠基於臨界比，費雪程序奠基於兩倍p-值數目自由度的卡方統計值。）

當所有四個研究產生$p<0.15$時，史托佛檢定拒絕總括虛無假設（於0.02），但費雪檢定並沒有。當三個研究產生$p<0.50$，而一個達到$p<0.001$時，檢定的結果就反轉了過來；費雪檢定是顯著的（於$p<0.02$），但史托佛並沒有。如果研究者總是選擇產生最極端p-值的檢定，就會太狂妄了。使用傳統檢定（此處指史托佛）可以抵抗批評。然而，可能有理論上的理由，選擇費雪檢定於某些應用。例如：如果研究者相信ESP擁護者的說詞，傳心術是時隱時現的，而出現的時候總是令人印象深刻。使用費雪檢定聚集傳心術多個檢定的p-值，可能是比較罕見的例子。

替代檢定程序的結論

看了這些替代檢定應用於相同數據的案例，可能會有這樣的結論：通常，替代檢定之間不會有多少實際上的差異。偶爾（像是稍早討論的對數—線性案例），重要的不是替代方法之間的差異，重要的是其差異表明了數據的本質。在一些例子裡，當不同檢定確實產生不同結果時，其中之一經常是傳統檢定。在雙尾檢定對照單尾或不對稱檢定的情況裡，審慎的策略是選擇比較傳統的取向，但當有適當的邏輯依據時，也願意冒險前進。

4.4　有缺陷的觀察值

錯誤

　　幾乎所有的數據組都會包含有缺陷的觀察值。記錄裝置也許失效；回答者也許很明顯地看錯、誤解、錯答；樣本也許包括一個或更多個明顯不適合的對象（像是不懂中文）；實驗者也許弄糟實驗程序。情況愈是能明顯地製造錯誤，摘除這些不良觀察值就愈是沒有問題，[7]或是以新的對象代替這些有瑕疵的對象。

　　然而，情況也許並不明顯。研究者也許不確定是否對象17受到了藥物影響，是否對象34答錯問卷的題項，諸如此類。同時跑包含或不包含問題數據的統計分析是一個解決辦法。最開心是這兩種分析結果沒有（多大的）差別。[8]如果確實產生差異，保守策略是剔除那些幫助你拒絕虛無假設的可能錯誤，而那些有損你拒絕虛無假設的應該留下來。這是適當的謹慎手段，但有個代價。研究讀者無法注意到個別觀察值的古怪之處，因為它們無法被公開檢視。因此，研究者自己要

7　從精心設計的數據架構排除觀察值，有時候可能產生彆腳的統計分析。Cohen與
　　Cohen（1983）以及Kirk（in press），討論缺失值可能引起的問題，以及推薦的
　　解決辦法。

8　一般而言，當兩種分析都進行時，其中一種會呈現在研究報告裡，而替代分析會
　　呈現在腳注。在我的記憶中，這類腳注總是說，替代選擇沒有差異。當然，這是
　　研究者想要說的，而我也或多或少懷疑這些令人開心腳注的一致性。確實的措辭
　　應該要透露壓制不開心細節的合宜性。因此，當腳注讀起來像是「……包含（排
　　除）這些觀察值並不影響研究結論……」，它可能暗示，包含（排除）使p-值從
　　$p<0.05$改變為$p<0.15$，但研究者仍然下同樣的*結論*。風格上，保守的研究者——
　　相對於狂妄的研究者——會在這類腳注裡，使用更精確的措詞（例如：「……包
　　含……並沒有把p-值削弱到什麼什麼等等……」）。

認眞注意古怪的數據，高尙地拋棄它們，即使它們有助於你。請考量以下的故事，也許是杜撰的，但具有啓發性。

一位經驗老到的實驗者，正小心地檢查關於過重人們假設的實驗，排除一位對象數據，因爲他是個摔跤選手，它不應該被視爲眞正的過重，僅僅是「體積大」。

摔跤選手的數據，強烈地牴觸實驗者的預測。排除實驗者的蓄意偏誤，假使摔跤選手的數據支持實驗假設，人們可能會懷疑過重與體積大之間的區別是否有被建立。研究者可能沒有足夠警覺地去詳視有利數據的細節，而可能永遠也不會發現其中一個對象是摔跤選手。傳道很容易，但做到卻很難：做你自己最嚴格的批評者。

離群值（outliers）

我們已經以外在標準，像是失效的裝置，或選擇和處理對象的錯誤，來標示那些似乎不適當的觀察值。同樣惱人的是*離群值*（Tukey, 1977）──似乎是正常情況下所獲得的觀察值，但卻相當偏離觀察值的主體。讓我們考慮一項反應時間的研究作爲闡釋，在此研究裡，幾乎所有的反應時間都落入0.6與1.2秒之間，但不知爲何，突然冒出一個8.5秒的時間。是研究對象在作白日夢嗎？他錯過了開始訊號？我們永遠也不會知道。但很明顯地，這樣的離群值扭曲了整組觀察值的平均數和標準差。[9]這個問題在反應時間研究裡是如此地常見，以致於

9　統計學家以*穩固性*（robustness）來代表平均數與標準差，被一個或更多的離群值所影響的程度。不易被離群值所扭曲的集中趨勢測量值（或變異等等），被稱為穩固統計值（Hoaglin et al., 1983; Tukey, 1962）。

認知心理學家發展了各式各樣的處理方法：例如：使用「截尾平均數（trimmed mean）」（Bush et al., 1993; Wilcox, 1992）而非原始平均數，或把離群值完全排除在整個數據組之外。Ratcliff（1993）道出了各種可能的處置手段。

一般建議

　　討論各種如何修補離群值問題的方法，將會使我們過於離題。關鍵是，除了反應時間研究，大部分的心理學與其他社會學研究者，一直以來沒有正視如何處理離群值的問題——但他們應該要面對這個問題。唯恐過於狂妄而反對做任何事的普遍保守心態，並不總是一個好的選擇。什麼都不做與做點什麼，都是一個選擇。

　　不處理離群值，一般意謂著容忍更多的數據噪值，也就是，具有較低的檢定力，較少去拒絕虛無假設。然而，在任何具體的案例裡，什麼都不做策略，不是幫助就是有損研究者想要拒絕虛無假設的渴望，這要看離群值（一個或更多）的位置。因此，研究者想要避免的是特定目的地處理離群值，使得處理方式在研究與研究之間突發奇想地不一致。研究者應該要發展一致性的策略，應用至所有給定類型的研究。這個建議導致了艾貝爾森的第三條金律：*嘲弄常規千萬不能只有一次*。[10]換句話說，不是持續地緊跟常規程序，就是更好地以一致的方式違反常規，如果見多識廣的考量提供了這麼做的好理由。這個風

10　發展一個新的統計學常規，需要一則權威式的明確聲明，或含蓄的協調共識。前者通常由著名期刊裡的方法學文章（例如：Clark, 1973; Green & Tukey, 1960）來達成。後者由固定決策之應用例證的逐漸擴散來實現。

格一致性的建議，不僅僅應用於離群值的處置上，也可廣泛運用至其他方面。

4.5 同組數據裡的多重檢定

當多重檢定於同組數據或一系列研究裡被執行時，風格議題就無法避免。如Diaconis（1985）所提，「多重性是數據分析程序裡最顯眼的難題。粗略地說，如果足夠多的不同統計值被計算，其中有些必定會呈現出結構（p. 9）」。換句話說，隨機模式會好像包含某種系統性，當以許多特定方式去詳加檢視時。如果你觀察夠多的鵝卵石，必定存在一個看起來像人臉的石頭。知道了這一點，如果你應用極端嚴格的標準來指認刻意雕琢的人臉，你可能會錯過整個復活島（Easter Island）的人頭像證據。

設定錯誤機率

我們從第一類型錯誤率的觀點來討論多重性的議題，也就是，假設性真實虛無假設（true null hypotheses）會被拒絕的比例。傳統的0.05顯著水準，表示每100個真實虛無假設的檢定，顯著錯誤會有5個——錯誤率為100個裡面有5個。這聽起來很精確，但迴避了每一個虛無假設所涵蓋範圍的問題。一個虛無假設可以被限定於一個平均數、兩個平均數或幾個平均數的單一檢定——或者，它能夠應用至同一個研究裡的每一個任何檢定，或整個一系列的研究。

Manny Powers，靈媒。　假設有一位研究者對靈媒（稱他為 Manny Powers）的超感官知覺感興趣。研究者對靈力執行40個研究，每天一個研究。每一天，靈力於五種不同的ESP任務上被檢定（傳心術、預知力、隔空移物等等）。目標是發現靈力作用的情況，操作定義為，在特定天的特定任務上，表現的比機率所期待的要好。

研究者應該怎麼指明0.05顯著水準的意義？不相信任何ESP表現形式的懷疑論者，會指明0.05的顯著水準要建立於每一天的每一項任務上，所以會有200個機會去拒絕虛無假設。因此，平均上，會期待有10次（0.05×200）虛無假設會被拒絕。換句話說，會有約10次機會，在某項特定的任務上，超感官靈力的表現「比機率要好」。狡猾或自我欺騙的研究者，可能只聚焦於這10次左右的成功，把大概190次的失敗擺一邊——*轉移焦點詭計*。（公眾對於失敗次數的無知，被稱作*抽屜問題*；Iyengar & Greenhouse, 1988; Rosenthal, 1979。）

考慮把這整個一系列研究視為一個單元，200倍的錯誤率實在太高。為了達到整個一系列研究裡每100次只有5次的錯誤率，研究者必須把每一個顯著檢定的顯著水準設定為0.05/200或0.00025。這種依據檢定數目而校正顯著水準的程序，稱為邦弗朗尼（Bonferroni）校正法（Emerson, 1991a; Miller, 1981）。很顯然地，這會使任何特定場合的ESP更難以被主張。

然而，如Duncan（1955）以及其他人所抱怨的，這麼保守的程序等於是懲罰有雄心壯志要跑如此多重複檢定的研究者。較懶惰的研究者，也許在Manny Powers實驗只進行一天一次的五項檢定，研究依據

相同的邏輯，把每項任務的顯著水準設定爲0.05/5或0.01。最懶惰的研究者，只在一天使用一項任務，使用0.05的顯著水準而不進行任何校正。

　　策略的左右爲難。　辯論風格的古板與狂妄，在此處就赤裸裸地顯現出來。當深思一系列研究的顯著檢定策略時，每個研究又還包含多個檢定，最令人窒息的保守作法就是設定錯誤率爲每100個系列（series）有5個可能的錯誤。這使得任何一個檢定的顯著性宣告門檻被極端地提高。在另一個極端方面，最寬鬆自由的策略是建立每100個檢定（tests）有5次錯誤的機率，這允許了眾多的可能錯誤宣告。任一種極端策略都不特別吸引人；最佳辯護論據都在依靠另一個極端的愚蠢性。

　　對於這種策略的兩難並沒有統一的答案，而不同的常規作法緊跟著不同類型的分析。在設計去檢定兩個或更多主要效果，以及一些交互作用的多向變異數分析裡，標準作法是應用相同的顯著水準，通常是0.05，於每一個效果，忽略檢定的增生。這種極端自由的作法與其他案例裡較爲保守的實務並不一致，但大多數研究者想都沒想就遵循這個常規。如果眞的要爲這種策略提出辯護，大概有兩個重點：第一，多向設計通常只在先前研究建立了需要研究的現象之後才執行；因此，總體無眞實效果的虛無假設危機會比它通常情況下要來得小。第二，研究者通常只對一小撮特定的效果感興趣；如果變異數分析表格呈現許多線條時，四散的效果加上感興趣的效果，可能很容易就擊敗0.05的顯著水準，但研究者不應該竭盡全力去詮釋它們。在執行研

究之前，建立清楚的分析焦點，可以削弱多重性議題的怪異。

多組研究的聚焦檢定。　衝突的標準也存在於多重檢定應用至許多組別平均數的主要效果上。當一個效果有幾個自由度時，原始*F*-檢定就被稱作*總括*（omnibus）檢定。它檢定沒有一個平均數不同的總體虛無假設，那麼對立假設就說其中有平均數會與其他平均數有所不同，所以這個虛無假設是不明確的。虛無假設可能以很多方式被拒絕，其中沒有一個被事先指明。指明特定的對立假設，可能涉及了計畫比較——*計畫*（planned）是因為它們應該在數據被檢視之前被指明，而*比較*（contrasts）是因為它們涉及平均數差異的模式（例如：線性比較，此處組別平均數A、B、C等等，從左至右等量增加）。因為計畫比較通常比總括檢定更具有檢定力，它們傾向於產生更強的*p*-值來拒絕虛無假設。它們也比較具有清晰度（如箴言7所討論的）。

然而，當不尋常的比較被選擇時，又會引起風格的議題，因為強而有力的*p*-值可能有著論辯可靠度的代價——批評者也許並不相信，這看起來古怪的比較，真的是計畫的。反之，它可能像是研究者的狂妄作法，無論如何試著要找出恰巧發生在數據裡的某種模式。與我們的第三條金律一致，比較背後的理由一定要清楚，並且經常被使用以取信於人。作為退路，也有適合*無計畫性比較*的顯著檢定——薛費檢定（Scheffé, 1959）——但它相當地保守。

一些*多重比較*（multiple comparisons）有著適度保守的傾向，多重比較就是在一組平均數裡，每一個平均數彼此之間互相比較，以決定哪一對平均數應該被宣告具有統計上的顯著差異。杜基檢定

（Tukey, 1953）是此類多重比較程序的領頭羊。如果在一系列的實驗裡，每一個實驗都有幾個組別，總體虛無假設總是為真，那麼杜基檢定平均上每100個實驗會犯下5個錯誤的顯著性宣告。在每個比較與每個系列錯誤率之間，每個實驗錯誤率似乎是一個合理的妥協。

　　兩個超級自由的程序——多重t-檢定與鄧肯（Duncan, 1955）檢定——奠基於每100個比較的錯誤率，在統計學家當中有著非常壞的名聲。薛費（Scheffé, 1959）在他的具有權威性的變異數分析書籍裡有著這樣的描繪，「我沒有囊括鄧肯的多重比較法，因為我無法理解其辯解（p. 78）」。即使是中間路線的紐曼—柯爾檢定（Keuls, 1952; Newman, 1937），把錯誤率設定為100個裡有5個實驗，也違反了保守的識別力（Ramsey, 1981）。理由是當紐曼—柯爾檢定，確實在一個給定實驗裡產生錯誤宣告時，它可能傾向於產生數個——也因此在100個實驗裡，與杜基檢定相較之下，會有較高的錯誤總數。

　　不同的多重比較檢定如雨後春筍般地冒出（參看Hochberg & Tamhane, 1987）。也許是因為新檢定所產生的困惑，不同的心理學分科，在多重比較檢定自由度的容忍程度上會有所不同。社會心理學家，為了某些我已經遺忘的理由，特別放蕩不羈地使用多重t-檢定。[11]我個人的觀點是，採用多重比較檢定的決定，應該或多或少帶有保守的態度。這就是多重性的代價。如果研究者覺得杜基檢定過於保守，他應該要深思，完成每一個平均數的配對比較是否必要。也許他真的只需要關心一小撮特定的差異。或許有更好的方向，那麼他可

11　有智慧的社會學家應該研究這個！常規與研究次文化的關係。

以應用一個具有意義的比較。概念上聚焦，不僅有助於簡化風格上的兩難問題，也導致更清楚的研究與更清晰的理論。

4.6　陳述與詮釋p-值

文字遊戲

鋌而走險的研究者，對於幾乎是顯著的結果像是$p=0.07$，可能以繞過傳統0.05界限的方式來談論這個結果，或合理化這個無法拒絕的失敗。

典型的論辯花招。　試圖達到這類論辯功績的語句有：

- 結果顯著於0.07的水準……。
- 結果具有邊緣顯著性（$p=0.07$）……。
- 雖然結果沒有達到傳統的0.05顯著水準，它卻高度暗示……。
- 由於對象數少的關係（或低檢定力），結果剛好錯過了0.05的顯著水準。儘管如此……。

這些言詞手段雖然並非完全不合理，但多少是一種防衛性論辯，暗示了一種含糊其詞的嗜好。（特別注意，一開始就提到*傳統的*0.05顯著水準，好像該責怪的是傳統而非結果。）另一方面，0.05水準是武斷的標準，而$p=0.07$與$p=0.05$之間並不真的具有多大差異。作者到底要做什麼？

人之常情告訴我們——作者不怎麼想要多了解一下情況。丟出檢定統計值與p-值=0.07。聽任聰明的讀者自己去鑑別錯過的結果。

「傾斜與暗示」的結果。　有趣的是，杜基這位發明適度保守多重比較程序的學者，最近（Tukey, 1991）發表了一個令人震驚的激進提議。他建議為比0.05要弱的某些基準水準創造新詞。他的出發點在於，虛無假設永遠不會逐字地為真（也參看Cohen, in press; Schmidt, 1992）。因此，在檢定兩個平均數差異時，所謂的接受虛無假設，僅僅表示不想要猜測真值平均數差異的方向。如果雙尾p大於0.05，但小於，假設是0.15，研究者可能至少會想要猜測，觀察到的差異方向為真。杜基建議，在這個案例裡要說，A與B之間的差異*傾向*（lean）於建設性（陽性，positive）的方向。對$0.15 < p < 0.25$而言，他提議說，這*暗示*（hint）了建設性方向的存在。想像使用令人藐視的0.25顯著水準，實質化研究者的結果！奇蹟永遠不會停止嗎？

然而，在我們歡慶可以出版那些無法擊敗0.05水準的鬆散研究之前，先暫停一下。杜基（Tukey, 1991）並沒有權威性地指出，使用0.25作為新的拒絕虛無假設顯著水準。暗示就只是一個暗示而已，別無他意。不存在很確定的東西。反之，他告訴我們要停止對待統計檢定為二類目決定程序，取而代之的是使用文字變化，指出不同程度的不確定性。

重製性與檢定力：真正的問題

研究者也可以設想有信心的語意，而非懷疑的語句。在一篇具有

挑戰性的文章裡，Greenwald, Gonzalez, Harris, 以及Guthrie（1993）
指出，如果兩組差異的研究達到$p<0.005$，那麼重製此研究產生$p<$
0.05的機率大約是0.8。Greenwald et al.因此建議，重製性的標籤能夠
附加於0.005的p-值。（這個結果假定，第一個研究的效力量是重製研
究效力量的最佳估計值。）是的，我知道這整件事聽起來怪怪的，因
為如果原始研究有著如此強大的$p<0.005$，複製一個$p<0.05$研究的機
率，怎麼會只有0.8？

　　複製謬論。　讀者被這個衝擊所導致的直覺困惑，來自於*複製謬
論*（Gigerenzer, 1993），這是一種統計顯著性結果重製性的過度自
信。接下來的思想實驗，可以幫助矯正這個謬論。想像一位執行兩組
差異研究的研究者，發現t-檢定的結果為$p=0.05$。他以全新樣本（每
組相同的樣本數）來重製這個研究，並再次產生顯著結果於0.05水準
的機率有多大？先給出一個直覺性的答案，然後再研究接下來的分
析。

　　一半的時候，從第二個研究所觀察到的效力量應該要大於第一
個研究，而一半的時候會較小。因為第一個觀察到的效力量只是剛好
足夠去獲得一個0.05的p-值，任何比較小的會產生一個無顯著的$p>$
0.05。此分析因此產生一個期待的50-50再現性，遠低於一般的直覺。
心理上的過度自信會升起，因為一旦你發現一個顯著性的結果，你會
對自己說，「啊哈！被我抓到了，這就是真實，沒有問題了！」但這
讓你錯誤地以為機率的影響消失了，因為顯著結果的類目式宣告已達
成。請記住，當我們懷疑機率解釋時，我們僅僅是說，*全部*以機率作

爲理由是不充分的。然後，*除了機率效果之外，我們還主張系統效果。*

　　檢定力與一廂情願的實驗者。　顯著檢定拒絕虛無假設的機率稱
爲*檢定力*（power；Cohen, 1988）。更多的實驗對象，或透過增加的
原因量所增強的效力量（箴言3），以及／或者藉由降低機率因子的
影響力，這些都能夠使檢定力升高。很久以前，Cohen（1962）批評
心理學研究的檢定力太小（平均上大約0.42），而情況至今一直沒有
改善（Cohen, 1990）。這引起了自由風與保守風結果呈現的議題。它
關乎*實驗設計*的風格，而我們也許可以稱此方面的極端爲*警惕對照一廂
情願*。估計研究需要多少樣本量以獲得足夠檢定力（Cohen, 1988）的
研究者，是很警惕地想要預防不確定的結果。另一方面，一廂情願的
研究者，假定有一隻神聖之手，正在導引著他的研究，並一頭栽入迷
網之中。

可笑的顯著性檢定

　　執行顯著檢定的風氣是保守風格的特徵，然而已經深入到有時候
分不清楚是否必要。在一些背景下，執行顯著檢定的確可笑（Cohen,
in press），更不用說呈現其結果。例如：如果樣本以中位數分別其
高分與低分組，看不出爲何要執行*t*-檢定來呈現高分組顯著與低分組
有差異。一個比較難以捉摸的情況，來自於隨機分派實驗，如果其中
一個組別有著較聰明或較快（或諸如此類）的對象群集。在這種情況
下，學生傾向於去檢定組別之間的顯著差異。但因爲此處的虛無假設
爲樣本隨機抽樣自相同的母體，這在定義上爲眞，並且不需要數據。

此處所發生的事是，這種機率結果不時出現，而好死不死出現在這時候。如艾貝爾森的第一條金律所言，機率如波。研究者可能想要校正這組的幸運優勢（例如：使用共變異數分析），但顯著性檢定與此決定無關。

不需要嘈雜的p-值

與此同時，心理學裡一些特定的分科（以及其他社會學與自然科學），盛行一種風氣，也就是實驗結果應該清楚到完全不需要統計檢定。讀者僅僅需要檢視結果的圖示，而恰當的趨勢，或跳躍，或忽上忽下就會很明顯。如行為學派學者B. F. Skinner（1963）寫道，「……在行為分析的實驗裡……統計方法是不必要的……當一個變項被改變而表現的效果被觀察到時，證明統計上的顯著改變已經發生，是沒有道理的。」（p. 508）

我對這個立場頗有同感。沒有什麼事會比充斥著義務性$p < 0.001$的研究報告還要令人感到單調乏味，這些可以想見的主張，包含公然明顯的與練習或能力有關的進步表現。另一方面，偶爾會發生「明顯」的結論是錯的。對圖示的外貌很容易會起過度反應。例如：存在很強的傾向去感知隨機時間序列有著大約上下循環的規律（Abelson, 1953），或發現個別時間序列之間的神祕協調現象，如「Maharishi效應」（Orme-Johnson et al., 1988）。

研究報告能夠以不同的方式，避免以雜亂的p-值對明顯的現象進行過度的說明。最令人起疑的方式是，在一開始就為主要的結果給出

幾個p-值，然後僅僅以視覺圖示法聚焦其他數據特徵。觀察敏銳的讀者會警惕這種具有潛在誤導性的作法。謹慎的研究者會自問自答：「如果必要，我要如何表達每一個主張的統計顯著性？」報告內容不需要充滿雜亂的p-值。可以在相關段落的一開頭，就注明每一個顯著性主張皆有$p < 0.05$，或更好。

4.7　最後的分析

大部分對於$p < 0.05$的爭吵是不必要的。即使風格上的爭論永遠不會完全消失，研究者之間低度的風格不一致是可容忍的——甚至可以互相適應。研究結論的出現不是單獨研究可以做到的，而是累積重製的結果。在這個累積的過程裡（箴言7和箴言9裡會提到），自由與保守風格的差異會逐漸抵消，而如果研究團體學會如何取捨研究設計與如何聚焦統計檢定，累積的速度就會更快一些。

箴言 5

察覺可疑之處

　　有時候，表面上看起來不錯的統計證據，最終卻證明是有瑕疵的。總的來說，有兩種方式使得奠基於明顯有說服力的論據，在進一步檢視之後，可能失掉其影響力。第一個可能性是數據被不當地處理，或誤用統計分析。第二個可能性是在研究程序裡，發現某種人為加工，像是研究者所下的具體結論，也許在邏輯上無法被觀察到的比較所擔保。在本章裡，我們強調第一種情況——面目全非的統計——而把人為加工的處置，放到箴言9裡作為反論。

　　經驗老到的數據處理者，好像有著敏感的嗅覺，可以嗅出奇怪特徵的數據與統計總結。古怪的模式，不尋常，或巧合，通常是某事正在發臭的線索——記錄數據時所發生的錯誤，計算錯誤的統計值，背離假定與特定類型分析的常規，或是在不尋常的案例裡完全地假。在本章裡，我們呈現一些常見類型的統計怪異性，希望透過實例，鍛鍊讀者發現與分析劣品的技巧。根據數據窺探者所能夠尋找的線索類型，來產出錯誤的分類清單。這些線索可以被用來檢查研究者本身，或他人的研究結果。

　　我們的診斷主要關於充滿細節的學術研究報告，而非經常出現於報章雜誌裡的概略新聞故事。如果要偵測大眾媒體裡，常見的統計錯誤或騙局，請讀者參考其他來源（例如：Huff, 1954; Maier, 1991; Tufte, 1983）。

5.1 怪異的觀察值分配

要窺探數據組裡的古怪，有一種強而有力且簡單的方式，那就是製作觀察值的分配圖——也就是，每一個分數的發生頻率。研究者可以使用直方圖（histogram），或杜基（Tukey, 1977）的莖葉圖（stem-and-leaf procedure）。

尋找離群值、低谷及傾斜

大部分隨機過程的重複連（repeated runs），產生滑順的單峰結果分配。通常，看起來奇怪的分配會出現，因為越軌的過程引入至一般樣貌分配的生成，好像是不墨守成規的矮精靈，加入了數據生成的過程。術語合成分配（compound distribution），或混淆分配（contaminated distribution）（Hoaglin et al., 1983），指的是混雜了隨機過程的分配——一個規律的過程產生了大部分的觀察值，混雜了越軌過程的其他觀察值。合成分配的可能樣貌，端賴規律過程與越軌過程之間的關係。如果越軌過程比規律過程有著較大的變異，那麼從分配主體分離出去的觀察值就很可能會出現。這種芽變被稱作離群值。如果越軌過程有著足夠數目的觀察值，並且有著明顯高於或低於規律過程的平均數，那麼導致的合成分配就會有雙峰，以低谷或傾斜為分隔。[1]

---

1 除了混雜，還有另一種常見的現象可以產生分配裡的低谷與傾斜。惡作劇的矮精靈除了混雜越軌觀察值與規律觀察值之外，也可以選擇移除或抑制規律數據的分組。這產生了所謂的設限分配（censored distribution）。例如：在舊美分分布的年代上，從1941到1945年有著很大的傾斜——因為第二次世界大戰銅的軍事需求。

　　離群值、低谷、傾斜的樣貌，表示越軌過程的存在，並且想要一番解釋。許多越軌過程的出現是無害的，像是當對象在一系列的規律回答中，感到疲勞或分心。其他就暗示了較為有害的原因，如我們接下來要介紹的實例。第一個例子恰巧不是來自於實驗研究，而是來自於自然發生的投票數據。

　　實例：有蹺翹的投票總數。　在1969年與1971年民主黨康乃狄克州紐哈芬市（New Haven, Connecticut）市長初選裡，敵手都是相同的：有改革意圖的候選人對上現職的市長。與1969年的初選相比之下，更多的人在1971年裡的初選投票，這反映了一個更為緊張激烈的選戰，在特定的選區裡，欺騙與誤計是顯著的。謠傳說政黨忠堅份子，提交不在場的死人選票。對於投票機的紀錄也有爭論，這與一些選區是否都計算了三個投票機的紀錄有關。

　　表5.1a呈現了1971年對比1969年在30個選區的全部投票比率。在表5.1b裡，這些比率以莖葉圖（Tukey, 1977）排列。在垂直線右邊的每一片葉，代表了一個特定比率的最後一位數，有著左邊的莖來呈現其之前的位數。

表5.1a　1971年對比1969年在30個選區的全部投票比率

選區	比率	選區	比率	選區	比率
1	1.11	2	1.18	3	1.04
4	1.59	5	1.15	6	1.23
7	1.35	8	1.00	9	1.27
10	1.15	11	1.20	12	1.20
13	1.22	14	1.26	15	1.24
16	1.28	17	1.03	18	1.08
19	1.11	20	1.04	21	1.09
22	0.70	23	1.10	24	1.09
25	1.20	26	1.05 .	27	1.12
28	1.11	29	1.17	30	1.09

表5.1b　表5.1a裡比率的莖葉圖

		外圍（outer fence）＝1.61
1.5	9	
1.5		
1.4		
1.4		內圍（inner fence）＝1.415
1.3	5	
1.3		
1.2	678	
1.2	000234	上中心（upper hinge）＝1.22
1.1	5578	
1.1	01112	中位數（median）＝1.135
1.0	58999	下中心（lower hinge）＝1.09
1.0	0344	
0.9		
0.9		
0.8		內圍（inner fence）＝0.895
0.8		
0.7		
0.7	0	外圍（outer fence）＝0.70

注：杜基的術語*中心*（hinges）很接近*四分位數*（quartiles），但對於小樣本也許就不同了。在Tukey, Mosteller, 以及Youtz（1991）的文章裡，術語*四度數*（fourths）被使用。*級距*（step size）是中心間差異的1.5倍。超越每一個中心之後，會有第一次，然後第二次區劃的級，這定位了內與外*圍*（切）。超越圍（fences）的數據是離群值或極端離群值。參看Tukey（1977），或Hoaglin、Iglwicz以及Tukey（1986）。

　　每一條莖出現兩次，因此可以分類相伴的葉，從0-4到5-9。這樣能夠清楚表達某些分配，就像此例。這種顯示，類似於展示分配的直方圖，但它是垂直而非水平，並且保留了直到最後一位數的訊息，而非把數據一股腦兒堆疊至分類區間裡。

　　我們可以看見，有一個異常高的和一個異常低的比率。高的那個來自於選區4，顯示1971年的投票可疑地比1969年要多。低的那個來自於選區22，表示1971年的投票有著重大的減少。兩者皆令人起疑，因為其他選區增加的投票相當地具有同質性，並且也沒有重大的選民轉移或選區重劃。

　　當然，每一個分配都有其最高與最低觀察值。我們需要有條理的程序來決定，是否極端值是如此地偏離分配主體，以致於有正當理由可以下結論說它們來自於越軌程序——不同於生成此分配其他值的規律程序。杜基（Tukey, 1977）發展的用來指認這類離群值的方法注解被寫在表底。此處，一個可疑的數據點位於此分配底部的「外圍」，而另一個非常接近此分配上部的外圍。兩者皆被視為是如此地離群，以致於需要一個特別的解釋。

　　果然如此，這兩個離群值的確有著非常堅實的解釋。選區22的低

比率是因為隔天早上才發現，原來三個投票機之中，有一個紀錄被遺漏了。改正之後，比率變成1.05。一年後，醜聞爆發，與死人會投票有關。這種詭計就發生在易受懷疑的高投票比選區4！

關於此例，令人震驚的是，數據分析者完全不曉得康乃狄克州紐哈芬市的政治怪癖，僅僅藉由指認表5.1b裡的離群值，居然就能嗅出這兩個選區很可能有怪事發生。

實例：千里眼測驗。　一種不同類型的奇特數據分配，來自於箴言2裡Pearce-Pratt的ESP研究。實驗者Pratt，把符號卡一張接著一張翻轉蓋住。著名的千里眼Pearce，坐在100碼（其中一個系列是250碼）距離外的建築物裡。在翻轉完了一副牌之後，Pratt寫下符號的串列。距離遙遠的Pearce記下他的符號印象，而隨後兩張清單被第三方進行符號比對。每一個符號都是五種可能性之中的其中一種，所以成功配對的機率是20%。

在35天裡，每一天有50次試驗，報告的總體成功率為30.1%，p ＜0.000000001。然而，成功率具有高度的變化，也就是批評者Morris Hansel（1980）所描述的雙峰分配。

Hansel（1980）發現，這種情況是可疑的。有些天產生了高達40%的正確率，而其他天卻只有15%。為什麼？審視在杜克大學校園裡的實驗位置，他假設這是一個精心策劃的詐騙。根據Hansel的說法，Pearce這個接收訊息者作弊。在許多天裡，當試驗開始時，他溜出另一棟建築物，躲藏在Pratt辦公室附近的大廳，站在桌子上，他能夠透過開啟的氣窗看見Pratt的符號卡。在記錄了一些或全部他所看見

的符號之後，他離開藏身之處，並假裝從另一棟建築物進來。在他的符號清單上，他確保不要過於完美，但除此之外，還要產生有力的「數據」。背對著氣窗的Pratt是無辜的。

在表5.2裡的莖葉圖分配，比Hansel（1980）想的還要古怪。注意分配裡10的正確答案處有一個明顯的低谷間隙；分數10、11、12從來不曾出現。如果此分配的生成過程是p=0.2的二項式分配，那麼10會是最有可能出現的結果，11與12也不會差太遠。此數據明顯地被分隔為兩個不同的群集，一個屬於成功的天數，而另一個不是。ESP的辯護者通常把雙峰分配歸因於精細脆弱的超感官知覺過程，容易被疲勞、分心或懷疑態度所打斷，產生等於或低於機率程度的表現（例如：Bem & Honorton, 1994）。這個事後解釋的論據並不怎麼具有說服力，因為沒有獨立的證據顯示這些不利情況曾出現過。

表5.2　Pratt-Pearce ESP數據的莖葉圖：每50次試驗的成功次數

2	4
2	333
2	0000001
1	89
1	677
1	445
1	3333
1	← 注意這個奇怪的低谷間隙！
0	8889999
0	6
0	55
0	3

如果某些天的表現歸因於機率，有七個8和9，但沒有任何一個10、11或12是很奇怪的；而如果一些天系統性地比機率還糟糕，為何它們不更明顯一點？

如果Hansel（1980）的詐騙假設是正確的，此奇怪分配的推測原因可能如下：Pearce寫下他對卡片的真誠猜測，希望他能夠表現地比機率要好。在偷窺了Pratt的牌之後，他很快地增加他的分數。如果至少比平均要好──10或更多──他改變了3至8之間的回應，而使他的分數更為動人。如果是9或更糟，就留著，內心估算著不需要這麼多的改變，而改得總是比機率要好會令人起疑。

在建構這個複雜的推想之前，我曾考慮表5.2裡的分配低谷僅僅只是一個僥倖。畢竟，機率如波。我們需要對此分配裡所出現的低谷進行顯著檢定。事實上，至少存在一種這樣的檢定（Wainer & Schacht, 1978）。細節在此處並不重要，但當低谷檢定應用至目前的數據時，檢定統計值 $z=5.81$，這具有異常高的顯著性。換句話說，即使事後才注意到低谷，我們也能夠很有自信地說，此低谷不是一個機率僥倖。

有時候，低谷並不完全；分配的少數區數量很少，但不是零。也存在傾斜檢定，用來檢定傾斜是否可以合理地歸因於機率（Hartigan & Hartigan, 1985）。如果一個顯著的傾斜被發現，那麼兩種個別生成程序的混雜就很明顯。

然而，這種檢定相當複雜。對分配窺探的渴望，有利於新統計技術的發展，而這些技術可以強化我們靠肉眼檢視分配所作的推論。光靠外在樣貌會冒著沒有發現機率如波的風險。這些特徵也可以應用至

其他兩種分配異常，*斷崖*與*尖峰*，稍後會討論到。

當低谷或傾斜是一種假定

　　把察覺可疑擺一邊，低谷與傾斜，也可以是假設所期待的表現。以下介紹兩個這種範例，而無疑地還有更多。

　　實例：特性的雙峰分配。　Gangestad與Snyder（1991）假定，有一群人天生就在「自我監控（self-monitoring）」（Snyder, 1974）的人格特性上明顯較好。他們主張，要不是環境影響與測量誤差模糊了這種特性的表徵，其在人群裡的分配會是不連續的。觀察到的自我監控測量值分配應該是雙峰的。文章裡呈現一個像是傾斜檢定的分析，而結論有利於他們的假定。

　　實例：閱讀困難是明顯的本質嗎？　第二個例子有關於教育政策，據估計，學習障礙兒童大約占了整體學齡兒童的15%。一直以來有這樣的一個爭論（Rosenberger, 1992），被診斷為「閱讀困難（dyslexic）」的兒童是否為一個獨立的群體。

　　Shaywitz、Escobar、Shaywitz、Fletcher以及Makuch（1992）累積了幾百所學校用來診斷閱讀困難學童的測驗分數，並在分配裡尋找傾斜。理由是，如果閱讀困難確實是一個獨立的情況（不是你有，就是你沒有），一個明顯的傾斜會區別閱讀困難與常態。研究者發現的是一個滑順的分配，沒有可分辨的傾斜，並且下結論說，閱讀困難無法被視為是獨立的特徵。反之，它必定是一個在程度上有所不同的情況，像是有些人比其他人有著較多的閱讀困難。

這個分析也許會被視爲具有誤導性。詮釋的潛在問題來自於測量誤差。廣泛被接受的閱讀困難診斷分數，用於Shaywitz et al.（1992）研究裡，由整體IQ分數與一個特定閱讀測驗分數之間的*差異*所構成。在兩個彼此相關的能力測驗分數差異上，測量誤差特別明顯（Cohen & Cohen, 1983）。爲了了解測量誤差的效果，想像一個具有「眞正」閱讀困難傾向分數的分配，其中有個傾斜。如果測量誤差的變異夠大，那麼分配裡的傾斜就會被隱蔽。

這個例子告訴我們，即使觀察到的分配具有低谷或傾斜，暗示著潛在程序的混雜，但反過來說並不一定站得住腳。無法發現低谷或傾斜，有可能是測量誤差所造成的。

斷崖

有的次數分配從一邊一直累積到另一邊，到達高點，然後就突然完全斷掉。這種類型的分配稱作J形（J-shaped）分配。在右尾（upper tail）有著很少的觀察值。當我們從右尾往左移動，次數一直增加，直到我們達到分數爲零的眾數。沒有分數低於零，所以我們或許可以說，在零的地方存在一個斷崖。

注視時間的分配。　以嬰兒對成人臉蛋產生微笑反應的研究爲例。假設每個臉蛋呈現2分鐘，而嬰兒盯著臉蛋的時間量被記錄。當所有嬰兒的注視時間分配被生成時，零時（即，沒有注視）經常出現。因爲負數時間是不可能的，所以造就了斷崖。

免責聲明。　以下兩個範例沒有注明出處，因爲我只是透過無名

氏公眾論壇才接觸到這些訊息。儘管如此，它們具有足夠的趣味性來作為說明範例。

範例：同組與別組之間的評分差異。　在上一個範例裡，位於零的斷崖有著很明顯的解釋：負數的注視時間是無意義的。因此，這個斷崖即使很吸引眼球，但並不可疑。在一些其他的案例裡，負分數是可能的，但居然永遠不會（或幾乎不曾）發生，而零分卻相當常見。這就是偵查工作的理由。

「社會認同理論（social identity theory）」（Tajfel & Turner, 1986）的領頭羊研究發現，大多數種族與民族的成員，會視其所屬為較優秀團體。這提供了一個診斷是否有種族或其他偏見的好方法，因為當直接問到別組的負面特徵時，許多回應者居然會抗拒表明其刻版印象。

例如：當白人被要求在7-點量尺上評比不同組別的「勤勉」正向特徵時，通常白人的得分比黑人要高，這符合刻板印象。然而，這些評分有一個令人好奇的屬性。如果研究者把每一位回應者對白人與黑人的評分差異計算出來，那麼此差異分配的左尾（left-hand tail）會有一些零分，但沒有負分差異！這也就是說，在零的位置有一個斷崖：一些白人願意視黑人同白人一樣勤勉，但不會比白人還要勤勉。如果在無自我意識（self-consciousness）的狀態下評分，測量誤差就會使分配有著包含負分差異的滑順尾巴。斷崖暗示，集體上，具有種族包容度的白人，藉由高度自我意識規範，來表達其平等主義。

尖峰

中央眾數的尖峰，是另一種暗示奇怪事物正在發生的分配特徵。像是常態分配這種滑順分配，通常涉及「鐘形（bell-shaped）」曲線。此形的重要特徵為，分配的中央部位是圓滑狀的，就像是美國東部小山的側寫，如阿第朗達克山脈（Adirondacks）。與此對比的是洛磯山派（Rockies），有著陡峭幾乎是錐形的尖峰。當一個分配具有這樣的形狀時，一個可能的解釋就是，此分配裡越軌過程在規律過程的眾數位置，貢獻了額外的觀察值（而非尾端的離群值）。也可能此分配真的是鐘形，但有著很小的標準差。

要區分這兩種可能性，我們需要考量次數分配中央尖峰兩側的*斜坡*。就像是一條滑順的滑雪道，頂端是陡峭的，但在一個關鍵點——「拐點」——之後開始逐漸平緩。在一個（幾近）常態分配裡，拐點是離尖峰（大約）1個SD（標準差）之遙的地方。如果研究者有著此標準差的適當估計值，就能評估是否此尖峰過於陡峭與窄小，因而暗示了一個越軌過程。實例可以讓我們更清楚明白這個道理。

實例：大停電與嬰兒潮。　在1965年11月10日剛過下午5點時，大停電襲擊了部分加拿大與新英格蘭區，以及大部分的紐約大都會區。辦公室與公寓大樓的電梯停擺；地下鐵停駛；黑暗街區與無法運作的紅綠燈阻礙了交通。已經到家的人們在黑暗中度過漫漫長夜。

在隔年的八月，一位新聞記者恰巧在紐約表維醫院（Bellevue Hospital）的婦產科，他注意到一個不尋常的活動量。他好奇地詢問

護理師，是否最近的嬰兒出生數有著比平常要多的量。她同意這個說法。在討論這個事實時，記者想起了大停電剛好在9個月之前。在嗅到了令人感興趣的故事之後，這位記者聯絡了紐約地區的幾家醫院，而全都確認了高出生數。

這是星期一的情況。到了星期二，紐約地區醫院的出生率依然高。報紙刊登的圖表顯示，這兩天的嬰兒出生數遠超過期待的年出生率，而任何有統計基礎的讀者，會發現這個超過量具有統計上的顯著性。新聞媒體流傳著一個故事；紐約客發現大停電是一個增產報國的好方法。

到了星期三，生產數明顯地下降，而在星期四與星期五，生產數平緩了。接下來的故事說，這個下降趨勢就是大停電性愛饗宴的最佳證明，因為這個時間間隙剛好超過了9個月。

我知道，這個迷人的假設信念並沒有經過系統性的調查研究，但我回憶當時新聞爆發時的非正式對話，都指出這個現象被廣泛地接受。（幾年後，我詢問一班大學生，他們之中有多少人相信，紐約大停電的9個月之後有超量的出生數，而大約四分之三的學生舉手。那些沒舉手的並不是不相信——他們只是聽都沒聽過這件事。）

然而，一位深思熟慮的統計學家（匿名）懷疑這整件事，因為降低的出生數對他而言似乎是太突然了。斜坡的拐點發生在星期三，就是關鍵星期一的兩天之後，這意味著人類孕期的標準差為2天。然而，這位統計學家知道，從受孕到生產的標準差大約是一個星期。

　　為了發現分配裡奇怪尖峰的原因，這位統計學家尋找比較數據。他從紐約地區的大型婦產科醫院蒐集出生紀錄，時間從關鍵的9個月標的前後延伸好幾個星期，而明顯一致的模式浮現了。在每一個星期一與星期二，出生數超過了每星期平均，而在每一個星期五、星期六以及星期天，出生數低於平均。新聞記者聚焦的那個星期所浮現的模式，與平常時間的模式並沒有顯著性差異，而且沒有可靠的證據指出，在標的星期裡的出生數比較多。這位新聞記者只是偶然撞見通常的星期內（within-week）趨勢，並謬誤地把出生數據與大停電聯想在一起。（請注意，他的錯誤落入缺乏比較的類目裡，這在箴言1裡有討論過。）

　　也許你會想，為何會存在星期內趨勢？為何婦女會偏好在星期幾分娩？在與婦產科醫師討論之後，一個貌似合理的解釋浮現了。在不是無足輕重的引產或剖腹產手術案例裡，醫生傾向於在一週剛開始的時候安排手術，而非週末。那一個關鍵週剛開始的過量出生數，其實與醫生想要在週末休息的需求有關，而不是大停電所帶來的催慾效果。

5.2　發生不可能的分數

　　我們現在轉向源自於原始分數編碼錯誤所引起的問題。數據組裡有一些缺失值是常見的現象。電腦數據分析軟體，像是SAS，會適當地處理缺失數據（不是拋棄有缺失值的對象，就是以估計值來代替缺失值）。使用者要在缺失值上注記一個給定的編碼。在SAS裡，句號

（.）是適當的編碼，但為了不知名的理由，缺失數據指標可能不會在它應該在的位置。

　　一個常見的錯誤是，應該放句點的位置卻留了白。這些留白一般會被轉譯成零分。如果零是一個使用中的可能測量值，那麼這些偽造值很可能不會被察覺。如果，很幸運地，零是一個不可能的分數，那麼只要簡單地檢視數據分配，就能夠發現錯誤。如果這是他人的數據，你通常無法這麼做，但如果是自己的數據，你應該每次都要這麼做。

　　當處理來自於研究調查組織，像是GSS（Davis & Smith, 1991）的數據時，也可能會有類似的問題。缺失數據通常被指定為回應範圍外編碼。例如：回應者的教育程度以入學年數來編碼：08是完成基礎教育、12是完成高中教育、16是完成大學教育、20是完成博士教育，而居中的數值代表部分完成。如果回應者沒有回答教育程度問題（或訪談者重新編碼），這就會被編碼為99。很顯然地，所有的統計分析程序，應該被告知要把99s視為缺失觀察值。想像把99s與12s和16s一起平均，取得入學年數平均數的災難；或是教育與其他像是收入變項之間的扭曲相關，每一個變項均被99s的偽造數值給汙染了。

　　預防這種錯誤的方法，就是在檔案被編輯之後，檢視編碼的分配。如果有99s，改正它們！如果99病毒還是存在於你的數據組裡，你還是有機會透過奇怪的平均數、奇怪的變異數或奇怪的檢定統計值來發現它們——但走到這一步，所冒的風險就太大了。

5.3 奇怪的檢定統計值

可疑的事情不僅僅會發生在原始數據裡，也經常出現在總結統計值或統計檢定的結果。我們囊括幾種可以應用於這些量數的診斷方法。首先，我們處理虛無假設檢定，此處，檢定統計值，像是過大或過小的t或F，是吸引眼球的原因。

巨大的檢定統計值

當研究者渴望拒絕一個虛無假設時，他會歡迎大數值的F，或卡方，或任何需要的檢定統計值。F-值為10或20是受歡迎的原因。但當電腦輸出告訴你F-值為500時，請先暫停慶祝。在心理學研究裡，這麼大的F-值是相當罕見的，除了過分明顯的關係（像是大樣本裡，男性平均身高與女性平均身高的差異）或強大的實驗操弄。

為了讓讀者感受一下什麼是巨大F-值，我們首先要注意的是，大樣本傾向於產生較大的Fs。對於任何給定的效力大小而言，F的平均值大約與每組的樣本數（n）成比例。可以用標準效力量（箴言3）來詮釋F與n的比率。很容易就可以看出來（例如：Rosenthal, 1991, 公式2.14），比率（F/n）大約等於效力量平方的一半。

在後設分析裡，效力量測量值為1.0是不常見的，1.4是很稀少的，2.0是非常罕見的。[2]這些陳述能夠被轉譯成，「F/n為0.5是不常見

2　讀者可以試試看以下的習作。在你感興趣的研究期刊裡，找三或四個後設分析研究，每一個研究都使用標準效力量測量值，然後依據1.0、1.4、2.0的標準，表格化效力量出現的百分率。我從*Psychological Bulletin*找到了三篇文章：Oliver與Hyde（1993），性態度與性經驗的性別差異；Roese與Jamieson（1993），

的，1.0或更大是很稀少的，而超過2.0是非常罕見的」。換句話說，如果你有一般大小的n，像是25，F-值為25會令人驚艷，而F-值為50意味著，如果不是一個錯誤，就是一個連小孩都能事先預測到的結果。為了查核錯誤的可能性，研究者可以利用盒鬚圖（boxplot; Hoaglin et al., 1991; Tukey, 1977）來檢視觀察值的分配，以便確定各個組別看起來彼此之間極度地不同，如同巨大無比的F所暗示的那樣。

　　對於許多過度膨脹的Fs而言，有一個可能的解釋。這與F-檢定裡的正偏誤有關，當那些被檢定之外的變項貢獻更多的變異於F-檢定的分子而非分母時，這種偏誤就會發生。典型的案例如下：兩種教育計畫被比較，計畫A施予幾所隨機學校裡的隨機學童，而計畫B以同樣隨機分派的方式施予其他學校的學童。假設統計分析比較的是計畫A與計畫B的全體學童，沒有把學校考慮進去。如果學校彼此之間的分數具有系統性的差異，而原因與被檢定的計畫無關，那麼F-比率可能就會被人為地放大到相當可觀的量。

　　這類案例會被許多偽裝所掩飾，共通點是觀察值彼此之間並不完全是相互獨立的（Kenny & Judd, 1986），獨立性是F-檢定統計模型的必要假定。類似個案群聚成一團（例如：同一間學校裡的學童），在統計分析裡就要以團為分析單元（參看Kirk, in press）。

以虛擬測謊器（bogus pipeline）技術誘取對象的真實回應；Polich, Pollock, 以及Bloom（1994），P300腦波與酒精成癮的關係。在第一篇文章裡，8%的效力量測量值高於1.0，只有2%高於1.4，而0.2%高於2.0。在第二篇文章裡，13%超過1.0，而在更高階段就沒有任何測量值。第三篇文章有7%高於1.0，而3%高於1.4。

當卡方或其他檢定統計值變得異常巨大時，以下的解釋都有可能：不是測驗極端地無趣，亦或是發生數值錯誤，就是測驗具有概念上的偏誤。普遍性的規準是，當你的檢定統計值變得異常巨大時，別高興過了頭。要有懷疑的精神！

與數據不搭的檢定統計值

實例：學生的政治影響力（以及對t-檢定的影響）。　有時候，一個檢定統計值並不是非常地巨大，但卻似乎比它應有的要大。考量表2.1的實例，表裡是參與者與非參與者，在校園示威遊行裡，於自由-保守量尺上的自我評分平均數差異。我們並沒有在箴言2裡，說明這些數值是修訂後的版本。原本由學生所計算的數值被呈現在表5.3裡。平均數差異在兩個表裡都是一樣的，但此處的t-值卻巨大許多。

當我剛開始在一個更大的表裡看見這個結果時，我忍不住多瞥了一眼。平均數之間的差異為0.02。如同在箴言2裡所提，如果參與組裡29分之1的人，自我評分為2而非3，那麼平均分數會降低1/29（0.034），翻轉了參與者與非參與者之間的差異方向。

表5.3　校園示威運動參與者與非參與者開放主義自我評分平均數

參與者（N = 29）	非參與者（N = 23）
2.72	2.70

表注：7-點量尺，1＝非常開放，7＝非常保守。

t（50）= 5.56，p＜0.0001。

　　然而，t-值被計算出來是5.56，p＜0.0001。思考一下！t的公式有這麼敏感到一個分數的微小差異就能使5.56降到一個負值嗎？

　　當被告知此處的平均數與t-值不可能一致時，創建此表的學生說：「嗯，也許t-檢定的假設被違反了。」這個表面上貌似合理的回答，讓那週的統計101課程多了一個不及格的標誌。滿足t-檢定的假設（常態分配，變異數同質性），能夠確保 t 與其表列p-值的關係。如果假設被違反，p-值會被稍微扭曲。但此處t-值本身在算術上就令人起疑，而算術法則並不依賴變異數同質性。不可能一個有著分子為0.02的t-比率，在此情況下會變成5.56。[3]不出所料，這位學生最終發現了一個數據輸入問題，重新計算的t-值為0.07。

　　以絕對量而言，此處的錯誤是大的。在其他案例裡，從分析到再分析的相對檢定統計值大增量是個線索。我稱此為「奇異恩典效果（Amazing Grace effect）」。

再分析檢定統計值的急劇增加量

　　福音歌曲「奇異恩典」，歌詠一位罪人奇蹟似地得到救贖。主調是「我曾迷失，但我現在找到回家的路」。當我看到一個極糟糕的統計狀況，奇蹟似地被轉變為凱旋而歸時，我就會想起這首歌。

　　事情是這樣發生的：研究者急切地尋找0.05水準的顯著性結果，

3　有人或許會說，t-比率可以有任何巨大的值，即使分子小如0.02，只要有更小的分母就行。然而，此處的評分是7-點量尺的整數，平均數在其中。給定這些平均數，每一個組別裡必定存在必要的變異。事實上，分母無法低於0.129，而t-比率無法超過0.22。

但所有感興趣效果的檢定都離顯著性還很遠。然後，他重新排列數值，或重新概念化一個比較，或以其他方式進行一項F-檢定，而突然奇蹟似地，他得到了一個拒絕虛無假設的救贖。有了這個救贖在手，如重生般的研究者現在可以宣告一個重大結果了。

但所有感興趣效果的檢定都離顯著性還很遠。然後，他重新排列數值，或重新概念化一個比較，或以其他方式進行一項F-檢定，而突然奇蹟似地，他得到了一個拒絕虛無假設的救贖。有了這個救贖在手，如重生般的研究者現在可以宣告一個重大結果了。

實例：好心情頓化了心智嗎？　奇蹟似地拯救了一個虛無結果，發生在下面一篇耶魯論文初稿，這篇研究企圖檢定心情與動機的聯合效果，對判斷敏感度的影響。

先前的研究者（Worth & Mackie, 1987）發現，好心情的人們傾向於具有較低的判斷區別性。然而，這篇論文的學生注意到，在先前的研究裡，對象想要在實驗任務上表現好的動機大概很低。他想要探索，好心情的相對認知遲緩會消失，如果執行實驗任務的動機處於一個比較高階的狀況。

據此，他在低度與高度動機情況下，引發中性或好心情，對象被隨機分派至四個可能組別。心情以影片或音樂來操弄，而動機以結果對學生群體的顯然不同重要性來操弄。實驗任務是評分演說的論據品質，實驗者設計演說裡的乏力與強力論據。每一位對象的好壞論據評分平均數之間的差異，當作是敏感度測量值。表5.4呈現了四個組別裡，敏感度測量值的平均數。

　　這位還是學生的實驗者在呈現這些結果時，發現了一個支持其假設的微量暗示。在低動機的情況下，好心情組比中性心情組顯露了較少的敏感度，而在高度動機情況下，好心情組比中性心情組更為敏感。當然，這些心情效果看起來很小，所以要進行顯著檢定。此處的虛無假設可以是，在高度與低度動機狀況下，中性至好心情的優勢是一樣的，也就是心情與動機之間不存在交互作用。這位學生希望能拒絕虛無假設，但哎呀，F-比率結果為$F(1, 76)=0.14$，離5%拒絕區的3.96還有很遠的距離。

表5.4　論據品質評分的敏感度平均分數

心情	動機	
	低	高
中性	1.00	3.05
好	0.50	3.10

表注：細格樣本數為20。組內均方為10.83。

　　以這些數據來宣告系統性的交互作用真的是太狂妄了；事實上，研究者甚至無法自信地說，兩欄裡好心情與中性心情之間的差異方向能保持不變，如果對象換新的話。（即使只考慮低度動機組平均數1.00與0.50差異的t-檢定值，也只是非常微小的0.48。）

　　在沮喪之下，這位學生突然想到一個重新審視的方法。他主張，判斷的敏感度是最低的，當對象是具有好心情與低動機時，而任何這些條件的改變都會帶來進步。據此，他計算好心情-低動機之外另三

個細格平均數的平均，然後與好心情-低動機的細格平均數進行*比較*（Rosenthal & Rosnow, 1985）。奇蹟似地，這個比較的F-檢定產出$F(1, 76)=4.91$, $p<0.05$，而這位學生認為他的主張被支持了。好一個奇異恩典！

這裡到底發生了什麼事？只是稍微把研究者的假設焦點轉換一下，F-比率怎麼就從0.14暴增35倍至4.91？探索研究者的救援程序是必須的。

回顧表5.4，我們看見了他把0.50與1.00、3.05、3.10這三數的平均值2.38進行比較。此1.88的差異顯著於5%水準。但是，2.38很明顯地占了高動機平均數3.05與3.10的便宜。常理告訴我們，這位學生運用巧妙的統計手法，利用動機主要效果的優勢，去做出涉及心情變項的不合理主張。

我想趕緊說明一下，並非所有的統計救贖都是虛幻不實的。在箴言4裡，我們指出，反應量尺的轉換有助於產生驚人且合理的效果，而在箴言6的2×2設計範例裡，我們鼓掌歡迎一個細格平均數與其他三個細格平均數之平均數的比較。目前我們可以確定的是，許多古怪的統計救贖，隱含了詐騙的成分。

過小的統計值

過小的統計值也是診斷可疑之處的線索，但比起過大的統計值就顯得較不起眼。例如：假設有四個組別，每組10個對象，組間差異的檢定值為$F_{3,36}=0.005$。這麼微小的F是很特別的，如果你停下腳步去思

考它。但是，也很容易就錯過它，也許把它誤認為*p*-值，或僅僅是把它標示為＜1，所以不顯著。然而，它指出這四個組別的平均數幾乎完全一樣，好像某人竄改數據以支持虛無假設。

我們如何檢定是否*F*太小，而這樣的結果暗示著什麼？藉由電腦輸出的*p*-值高於0.95（或更嚴格0.99），就能判斷*F*明顯過小。當你這麼做的時候，你正在使用*F*-分配的左（lower）尾而非右尾。如果你不是使用電腦，或程式不會輸出左尾的正確*p*-值，那麼你能夠做的就是反轉自由度，並且參考*F*統計表來指認*互逆的F*。在我們的範例裡，你會得到互逆的$F_{36,3} = 200$。在36與3的自由度之下，這個值超過了表列26.45的1%。因為互逆F顯然過大，所以原始F就會顯然過小。（有著非常少的自由度於分母，表列*F*-值就會變得相當大；因此，*互逆F就具有相當大的量來達到顯著性。*）

對於微小的*F*而言，有兩種主要的詮釋。它可能只是一個僥倖，或（更令人感興趣的選擇）是實驗設計裡，一個具有特色的出軌行為。對於僥倖（機率結果）沒有什麼好說的。當虛無假設大概為真時，過小的*F*可以偶然出現，就像是過大的*F*偶爾機率地出現那樣。微小F的單一現象，可以被視為僥倖而忽略不計，但過小F_S的一致性模式，很可能指向一個設計瑕疵。

過小F_S的群集，暗示負偏誤的出現，也就是說，*F*比率的分子均方有著系統性的傾向小於誤差均方。這類負偏誤會發生，當某個系統因子對誤差項貢獻了許多變異，而非對*F*-檢定的分子。

實例：老鼠！　我親戚Robert M. Abelson，曾推薦以下的範例，

內容大致來自於一位緬因大學的學生論文：使用老鼠為實驗對象，比較三種不同增強程序於壓桿反應的效果。為了這個研究，研究者準備了五個鼠窩，每個窩有六隻老鼠。請注意，來自於不同窩的老鼠差異相當大，他想辦法平衡來自於鼠窩的偏誤：他隨機分派來自於同一窩的兩隻老鼠於每一種情況。反應數據以F-檢定進行分析，三種情況為組間因子，而對象（每種情況10隻）為組內因子。窩在分析裡被忽略，因為實驗者覺得他把它平衡抵消掉了。事實上，他很有自信地認為，鼠窩偏誤已經被消除了，所以無須記錄哪一隻老鼠來自於哪一個窩。

然而，當他執行F-檢定時，他發現三種情況的F，根本連顯著性的邊都碰不到；事實上它遠低於1。他分析幾種不同版本的反應測量值，都得到相同的結果。絕望中，它修訂實驗操弄，試著使其更強，並且重複整個研究，而老鼠來自於五個新窩。再次，產出的F_s如針頭般地小。

問題在哪裡？顯然，鼠窩對反應測量值變異有著巨大的貢獻，這個變異進入了情況內（within-condition）平方和（因為不同的窩，都有呈現在每一個情況裡）但沒有進入情況間（between-condition）平方和，因為研究者小心翼翼地在情況間平衡抵消了其表現。結果是，在F-比率裡有著巨大的負偏誤，掃除了系統性情況間效果表徵自己的機會。藥方在於雙因子（情況對照鼠窩）設計。哎呀，研究者無法這麼做，因為他已經不知道老鼠來自於哪個窩了。諷刺地，要是研究者隨機分派老鼠到情況裡，並且不平衡抵消鼠窩的影響——使鼠窩的變

異同時放大情況間與情況內平方和——他會得到較好的境況。這似乎是矛盾的，因為他沒有控制已知變異的來源。的確，這導致F-檢定的檢定力不足——但至少它已經脫離了負偏誤的境況。

　　一個在概念上類似的案例會發生，當不同技巧或能力程度的對象，被小心翼翼地配對至各個實驗情況裡，然後以常規t或F檢定進行數據分析。在這些例子裡，外來的平衡因子明確地被研究者所指認（雖然被錯誤地處理）。更陰險的案例裡，重要但未知的變異來源，不知不覺地平衡了跨實驗情況。這特別容易發生，當對象以等量小組被分析，並且隨機分派整組至實驗情況時。一些意料外的因子，像是座位或特定的終端機，可能在每組裡貢獻反應變異。（例如：靠窗的位置得分比較糟糕，因為有外部干擾。）

　　不經意地平衡了跨實驗情況，引進了傾向於使檢定實驗情況的F-值過小的偏誤。這類因子很容易在實驗設計裡被忽略，但微小的F_s應該成為研究者檢視這種現象的線索。如果完美的平衡因子能夠被指認，那麼就把它納入分析。另一種選擇是，在未來的研究裡，讓因子隨機散布於情況之間，而非平衡它。

過於完美的模型

　　到目前為止，我們一直在處理虛無假設統計檢定的議題，此處，研究者希望透過利於自己的統計手法來拒絕虛無假設。存在另一種統計檢定的運用方式，此處，研究者試著使其數據配合一個具體的量化

模型。F或卡方統計值標誌著數據與模型的*離差程度*。[4]這裡，研究者喜歡看見小的檢定統計值。

如果統計值不僅僅是小，而是非常小，也許就存在令人起疑的原因。模型配合的好是不錯，但配合地過於完美就超出了期待。「竄改」或選擇性地扭曲數據，以便使理論看起來不錯，是過小檢定統計值的一個可能解釋。

實例。孟德爾（Mendel）豌豆實驗。 一個令人震驚的數據竄改控訴，有關於基因學先驅Gregor Mendel，他的豌豆實驗，以建立顯性與隱性基因的遺傳角色而被認可。

例如：把高植株與矮植株交叉繁殖，每個子株都是一個混種，具有一個高的基因和一個矮的基因；因為高是顯性，所以所有植株都會是高的。交叉配對這些混種，會產生四種或然率相同的基因型——高／高、高／矮、矮／高以及矮／矮——只有最後一種產生明顯的矮株。這個簡單的模型因此預測了，在混種父母的後代當中，會有3：1的比例出現顯性特徵。從這種繁殖所觀察到的相應次數，能夠與卡方檢定3：1的期待比進行比較。

孟德爾發表的數據，被著名的統計學家費雪（Sir Ronald Fisher, 1936）所質疑。他注意到，為一大群結果所計算的卡方值過小（即，$p > 0.90$）。這個研究預測，黃種子對照綠種子的植株比為3：1。此數據為：（黃，6022；綠，2001）。此處的卡方為0.015，自由度為1，對應$p > 0.90$。這些證據對於Fisher而言，實在是好到難以置信，導致

4　這種策略的系統性論述，由Judd與McClelland（1989）提出。

他認為孟德爾或其助理，在呈現其數據時可能搞錯了什麼。

　　一個較為友善的解釋由Olby（1985）提出。他注意到，次數的紀錄隨著時間而累積，與不同批的植株有關。停止點是不一樣的，而這使得Olby猜測，當足夠的累積量達到時，孟德爾就停止研究。雖然並不是故意而為，這種程序當然會有偏誤，因為你可以一直等到事情看起來很符合模型才停手。

　　儘管有此犯規，孟德爾的理論還是為真，所以他的偏誤可以被原諒。在孟德爾做實驗的那個年代裡，統計複雜度是低的，而卡方檢定還沒有被發明出來。想像這個兩難，當120株幼苗預測的結果是90：30，但實驗結果是98：22，這個比例超過了4：1，而非預測的3：1。現今，我們可以執行卡方檢定，得到自由度為1的卡方值2.84，$p >$0.05，並且高興地移至下一組數據。但是，孟德爾和／或其助理無法精確鑑別樣本量的機率效果有多大。他知道不能信任小樣本，但沒有足夠的信息，使他可以不信任「見好就收」的策略。

5.4 類比統計值之間的不一致

　　研究報告時常包含批量的顯著性檢定：t_s與F_s，通常在不同的依變項上，或在不同的子群對象上。在這種情況下，一些簡單的一致性檢視，可以提供可疑之處的線索。

　　一致性原則的明確陳述，將有助於這類偵探過程：

　　原則1：當自由度保持不變時，t（或F）的絕對量愈大，p-值就愈小。這個原則不證自明。它所說的不過是，你走得愈遠，分配尾端的

區域就愈小。但是，研究者還是有可能在研究報告裡，發現這個原則
被違反。

我在1992年為著名的社會心理學期刊審稿，其中有一篇稿件[5]
包含了以下奇怪的陳述：「……『測量1』浮現可靠的交互作用，
$F_{1,66}=5.25$，$p<0.001$，而『測量2』，$F_{1,66}=5.75$，$p<0.05$……。」很
明顯存在一個錯誤。當兩著皆奠基於同樣的自由度時，一個5.75的F-
值所產生的p-值，不可能比5.25的還要弱。第一句話應該是$p<0.05$，
而不是$p<0.001$。

我們的第二個原則比較不明顯。

原則2：兩個或更多個別平均數差異的t-檢定，奠基於相同數量的
觀察值，以及相同標準誤時，這時t-檢定的絕對量，應該與平均數差
異的絕對量成比例。此原則遵循t-檢定的概念（與公式），因為t-檢定
值就是平均數差異與其標準誤的比率。[6]

表5.5　三組實驗的結果：任務愉快度的平均評分

	組別		
	控制	$1	$20
平均評分	−0.45	＋1.35	−0.05
差異		（1.80）	（1.40）	
t-比率		2.48	2.22	

5　作者的身分不會被披露。

6　當應用的是F-比率而非t-比率時，原則是，具有相同錯誤項（error term）的兩個
　　F-比率，應該與各自平均數差異的平方成比例。

實例：就是那個$1/$20研究。　讓我們再次考量箴言2裡
Festinger與Carlsmith（1959）的實驗，看看此原則是如何被違反的。
請回憶不和諧理論的預測：被給與$1的對象，被要求要告訴參與者，

無聊的實驗任務是有趣的，居然在稍後的愉快評分裡，給出的平均評
分要比$20的要大。「任務是有趣並使人愉快」的平均評分，於−3至
＋3的量尺[7]，$1是＋1.35，而$20是−0.05。$1與$20這兩組理論上的
預測差異t-檢定，作者給出的值是$t=2.22$（$p<0.03$）。研究者也執行
一個控制組，此處，對象被詢問任務的愉快度，而之前並沒有被要求
要告訴任何人關於任務的情況。控制組的平均數是−0.45，而$1與控
制組之間差異的檢定為$t=2.48$，$p<0.02$。（在這篇文章被發表時，多
重比較程序尚未被發展，而在一群平均數之間進行自由風格的多重t-
檢定被廣泛地實行。）

在表5.5裡，基本的量化陳述被比較。根據原則2，2.48與2.22
的t-值比應該與1.80和1.40的差異比一致。但是(2.48/2.22)=1.12，而
(1.80/1.40)=1.29。這裡發生了任何統計上的欺騙行為嗎？

作者沒有提供組內變異，所以我們無法重新計算所有的東西。我
們必須使用原則2來重新詮釋。如果我們接受這個平均數差異是正確
的，並把我們的審視導向t-檢定，我們導出不是$1與控制組之間差異
的$t=2.48$應該更大，就是$1與$20之間的$t=2.22$應該更小。因為很難想
像研究者用犯錯來削弱自己的論點，我們的最佳猜測是2.22應該要較

7　譯注：此處的量尺範圍與箴言2所提有些微不同，可能是誤植。

小。一個簡單的修正策略就是，降低t-值以符合原則2的需求。這產生了一個修正 $t=2.48×(1.40/1.80)=1.93$，這對於任何的自由度而言，都不會在（雙尾）0.05水準具有顯著性。因為這個 t 與關鍵的\$1與\$20情況之間的理論差異有關，無顯著的t會給研究者帶來論辯上的煩惱，所以1.93被膨脹為2.22是想像得到的。

　　然而，在我們以欺騙作為解釋之前，一個更為溫和的原因應該被考量。檢視原則2，我們知道，必要假定是兩個t-比率皆奠基於相同的標準誤。現今，在一個多組別研究裡，計算多個t-值（或執行多重比較檢定），使用聯合組內均方（pooled within-group mean square）作為所有平均數與平均數差異標準誤的基礎，是常規作法。這種作法保證滿足原則2所需要的必要假定。然而，當Festinger與Carlsmith（1959）發表研究時，聯合誤差項的使用尚未普及。他們應該是使用[8]了\$1與\$20各自組別裡的評分變異於組間差異的t-檢定，而\$1與控制組裡的評分變異於另一個t-檢定。前者t（2.22）大於原則2所需要的，這暗示\$20組裡的分數變異小於控制組。

　　從這個超級偵探工作上，我們應該拿取什麼樣的訊息？我們也許會指責研究者採用較為有利的狂妄風格，即使$t=1.93$，$p<0.06$與$t=2.22$，$p<0.03$之間的實際差異並不大，而我們也不執著於字面上的0.05顯著水準。研究者應該慶幸的是，這個關鍵的t，當被「改正」時，沒有縮減到像是$t=1.00$，$p=0.32$。

　　但是，使用單一聯合誤差項的常規就是對的嗎？研究者也許會

8　與此分析有關的人，都已不在人世。

說，控制組裡分數的變異應該對$1與$20之間的比較沒有影響。統計學教科書傾向於告訴讀者（如果有說的話），聯合誤差的理由是增加自由度（例如：Keppel, 1991; Kirk, in press）。然而，有一個更好的理由，可以被理解如下：

原則3：當兩個或更多的個別平均數差異，奠基於相同數量的觀察值，以及同樣的標準誤，並使用t-檢定時，平均數差異愈大，p-值就愈小。

這個原則來自於原則1與原則2的結合。注意這個必要條件，「同樣的標準誤」。省略這句話，原則3就不復存在，而這是多麼地不幸！你可以有較大的平均數差異，卻宣告比小的平均數差異還要少的顯著性（即，較大的p-值）。這種怪異也會在兩種強度測量值上產生——效力量與p-值（參看箴言3）。在一個複雜的設計裡，有著不同標準誤（或均方）的平均數差異（或平方和）被檢定時，這種奇怪的陳述可能無法避免。

在簡單的單向（one-way）分析裡，使用聯合誤差的作法能夠確保不發生這種尷尬的倒置情形。在大多數的特定案例裡（包含Festinger與Carlsmith, 1959），即使不使用聯合誤差，較大的平均數差異也可以具有較大的顯著性，但倒置情形的*可能性*還是會促使我們採用聯合誤差的傳統。在符合長期作法與其在特定案例裡的說服力之間，存在選擇的代價。聯合誤差的傳統作法，似乎對組內變異數很不同的情況不管用，除此之外，它是相當合理的。

5.5　類比統計值有著過多的一致性

　　就如同要小心相關的統計值之間具有不一致性，我們也應該要細察，是否一組類比統計結果過於一致。例如：如果20個獨立的平均數差異或相關分析檢定，都產生相同方向的結果，就算整體效力量為小，還是有懷疑的理由。（檢定統計值的分配會是奇怪的：零值會提供一個斷崖，因為負向沒有任何的事例，而正向卻一堆。）常理告訴我們，這很可能是研究者忘了把負號保留在數據報告裡。

複製

　　最極端的過多一致性，莫過於結果連好幾位小數都相同。偶爾，我們會在一個數據表裡，看見兩個完全相同的平均數或總和，處於不同的位置。我們稱這種情形為複製。這種奇怪的複製，發生機率通常很小[9]，而我們應該尋求其他的解釋。常見的原因是發生了誤植——

9　然而，數值巧合的勝算通常不是我們所想的那麼小。在經典的生日問題裡
　　（Diaconis & Mosteller, 1989），與一位無知的對象打賭，叫他猜想一組含有25
　　位隨機選擇的人們。如果沒有人著有相同的生日，那麼對象就贏得賭注，如果有
　　就輸。大部分的人都認為賭局有利於對象，但事實上，他會輸的勝算大約是6:5。
　　Diaconis與Mosteller也舉出其他實例，說明這類現象存在於真實世界。
　　這裡有一個例子：幾年前，耶魯大學校園舉行一場是否要讓ROTC（大學儲備軍
　　官訓練團）進入耶魯的投票活動。贊成有1,208票，反對也有1,208票。如果我們
　　認為一位隨機的耶魯生，獨立自主地投下贊成票的機率是0.5，那麼二項式生成
　　程序可以被召喚出來，也就是2,416次投擲裡，估計有1,208次正面。這產生了大
　　概60：1的勝算，而非1000000：1。同分值的機率確實小，但沒有想像中的那麼
　　小。意外地，這個同分的票選結果變成了議論的主角，再也沒有人關心ROTC的
　　議題了。

研究者無心地輸入了同樣的數值兩次，一次在正確的地方，而另一次在錯誤的地方。

　　實例：Cyril Burt事件。　錯誤的複製發生在著名的Sir Cyril Burt研究裡，他發表了大量關於智力遺傳因子的研究。懷疑論者主要聚焦於兩個數據表的比較。Burt（1955）裡的表1與Burt（1966）裡的表2，呈現的是在六個心智測驗與五個身體特徵上，對六種不同類目的配對兒童進行測量，所蒐集到的級內相關（intraclass correlation）數據，這些配對是：一同育養的同卵雙胞胎，分開育養的同卵雙胞胎，一同育養的異卵雙胞胎，等等。

　　後一個表包含了前一個表的案例，並且把1955至1966年期間的新案例聚集在一起。在比較了11種測量值的前後數據時，令人好奇的模式浮現了。表5.6濃縮自Burt的兩個表。比較這些相關係數時，我們發現11個測量值裡有5個完全相同至第三位小數，而另6個測量值從前到後的改變量，卻可以從－0.079到＋0.020。

　　Burt對智力的觀點一直以來都備受爭議，而他的工作也在幾個論點上飽受批評。這些相關係數的怪異雷同，也變成了砲轟他的武器。最激烈的批評要屬Dorfman（1978）了。

　　因為Burt已經離世，所以無法替自己辯護。處理數據的助手也都
不知去向。Burt的擁護者對複製的相關係數有著不同的猜測，有些說
也許1955年至1966年期間沒有新的案例，也許是一部分的新數據被忽
略了，而也有一些人說這只是孤立的偶發疏忽事件。

表5.6　Cyril Burt事件裡的證據：級內相關係數——Burt（1955）對照
　　　　Burt（1966）

出版年	1955		1966
案例數	131		151（131加上20個新案例？）
組別		分開育養	
相關係數測量值			
智力			
組別測驗	0.441		0.412
個別測驗	0.463		0.423
最終評估	0.517		0.438
學習成就			（注：粗體為複製）
一般學識	**0.526**		**0.526**
閱讀與拼字	**0.490**		**0.490**
算術	**0.563**		**0.563**
身體特徵			
身高	**0.536**		**0.536**
體重	**0.427**		**0.427**
頭長	0.536		0.506
頭寬	0.472		0.492
眼睛顏色	0.504		0.524

　　Green（1992）公正地檢閱了Burt事件，下結論說Sir Cyril被不公平地對待了。至少在臭名昭彰的複製係數上，我同意這個觀點。怎麼說呢？儘管案例有增加，對於相同的前後結果卻也有著較為友善的解釋。合理的猜測是，並非所有的測量都實施於新案例上。因為很難找到新案例，所以為了總數（total N）的增加，一些妥協並非不可能。其中一種妥協，可能是省略新案例上的一些測量值；以分開育養組而言，省略的測量值會是表5.6裡，身高、體重及三個成就測驗分數。這可以解釋從前到後的相同結果。在被省略的測量上，20位新的分開育養案例，沒有貢獻任何的數據。在沒有被省略的測量上，新數據稍微轉變了整體相關係數。

　　這個猜測當然只是一個猜測。它沒有解釋，為何缺少最容易獲得的身高與體重測量值，但卻有頭長與頭寬的數據。但是，這個事例表明了一個關鍵點，那就是看起來可疑的地方，也許是沒事的（儘管作者並沒有說清楚講明白，到底發生了什麼）。因此，我們不應該太快冠以詐騙之名。

5.6　覺察可疑的警示

　　我們已經檢視了多種呈現在數據裡的可疑線索：離群值、低谷、傾斜、斷崖，以及尖峰；過大、過小或太完美的檢定統計值；以及配對的觀察值或檢定統計值，太不一致或過於一致。還有一些其他種類

的錯誤，但我們沒有空間去討論——回歸假象[10]（參看Crano & Brewer, 1986），這是因爲測量誤差，使得群體裡最糟糕案例的健康、表現或行爲，隨著時間而出現戲劇性的改進。或是，對立面的評分結果（像是感覺好與感覺壞），似乎被看成是兩個獨立的量尺，而非一個兩極量尺。這通常是人爲的，導因於回答誤差（Green, Goldman, & Salovey, 1993）。

要注意，一直練習如何發現他人的統計錯誤，會有一個不良副作用。不可否認地，偵測可疑之處有其娛樂價值（我承認，我可能在本章裡過度自由地使用我個人的猜測）。此外，當吹哨者也有種正義感，所以有些人——甚至是整個大學系所或學術子域——似乎津津樂道於挑戰他人研究程序與結論的完整性。所以，不良副作用在於，大部分的人在辯論理論的道路上，都會認爲己方的數據是令人信服的，而他方的數據具有慘不忍睹的瑕疵（Lord, Ross, & Lepper, 1979）。

要抵消這種對自己研究成果的過度縱容態度，就要培養溫和且持續的內省作爲（Lord, Lepper, & Preston, 1984），設想對立面會提出什麼樣的質疑。還有第二種有助益的內在聲音，就是設想公開的辯護者，會怎麼擁護對立面研究者工作的完整性。透過經驗與努力，研究者可以學會如何調整內在聲音的音量，以便它們不至於小聲到無法被注意到，或大聲到令人麻木。

10　譯注：這通常涉及回歸均值（regression towards the mean）的現象，本書譯者
　　的另一本譯作《34個讓你豁然開朗的統計學小故事》有範例可供參考。

箴言
6

結果的清晰度：作用與限制

在前五章裡，我們討論了統計論據在作出簡單主張方面所扮演的角色。此處，我們要談談多重主張的情況。

學生與年輕研究者們，通常不知如何梳理其研究報告。他們可能沉溺於無關的細節，或不清楚要強調什麼樣的結果。這些是*清晰度*的問題，也就是本章的標題。我此處的講述並不是對清晰度下結論，而是提供豐富的介紹內容讓讀者去咀嚼。

講解清晰的研究報告，簡要地告訴讀者，他們應該知道與了解的研究重點，並且讀者也能夠把結果告訴其他人。它以最清楚、最簡單的形式來傳達重要的訊息。

然而，要做到優質的清晰度，並不像宣揚其好處那樣容易。清晰度端賴深思熟慮的研究計畫，與恰當且具有清楚焦點的結果。在幾條簡單的原則之外，它還需要判斷力與智慧。當然，這不應該讓我們感到訝異，因為這就是整個統計事業作為有原則論據的特徵。

6.1　作用與限制

我們討論兩種關於研究敘述清晰度的概念：*作用*（ticks），明顯研究結果的細節陳述，以及*限制*（buts），限定與約束作用的陳述。這些概念是我個人的發明，無法在統計文獻裡找到。術語作用，反映了清晰度的一言半語，而作用的使用，標誌了總結裡每一個個別的重點。它與自由度的概念有關，但被應用的方式不一樣。術語限制，用來表達異議。第三個術語*團汙*（blob），被用來形容一群無明顯特徵的研究結果。

定義特徵

作用，是一個特定比較具有差異的主張，通常來自於焦點虛無假設的拒絕，像是指定配對平均數的比較，2×2主要效果的檢定，或（更具爭議性的）顯著相關係數。換句話說，作用指定了原因與反應變項之間的關係。實證研究所發現的關係，總是發生在特定的背景裡，也因此每一個作用，應該伴隨著一個背景*說明符*（specifier）。（把一個關係泛論至許多背景裡，是箴言7要討論的議題。）

一個作用主張，可以與其他較弱的聲明區別開來：如果虛無假設沒有被拒絕，通常並不清楚什麼被表達了。這個結果並不意謂著，零值可以被指定為真實的比較差異；它僅僅顯示我們無法確信真實差異的方向。因此，我們通常不信任這個結果的作用。例外會發生，當虛無結果與一個明顯效果的強烈期待不一致時，如同我們在箴言1裡所討論的範例那樣。

拒絕一個*總括*虛無假設（幾個平均數相等）也無法帶來清晰度。這個檢定結果無法指定哪個平均數不同於哪個，也因此只是一個團汙。總括檢定就像是帶著手套彈吉他。

有時候，研究者保留一個可以被主張的作用，因為它是空洞的。例如：研究成人與孩童在家庭開銷與花費問題上的相對理解力，成人整體表現要優於兒童的附帶結果，並不值得一提。

6.2　作用與知識的演化

學問

　　當一個講解清晰且滿足其他MAGIC標準的研究主張公諸於世時，它很可能被同領域的其他研究者所吸收與引用。當子領域研究團體宣稱，這是一個被普遍接受的事實時，作用就被加到了那個領域的*學問*（lore）範疇裡。當然，這個過程沒有一個正式的頒獎典禮。心理學家不會贏得諾貝爾獎或奧斯卡獎。當其他研究者引用作用的發現並且沒有提出挑戰時，作用就開始被漸漸地接受，而當它被書評以及教科書所引用時，其穩固性就被建立了。

　　學問並不完美。　　學問是專門知識，在社會科學領域裡，許多是定性（qualitative）且通俗的。它主要是共享的，但有時又是獨特的。與任何個人與共享的心智產物一樣，學問易受錯誤所影響。曲解來自於牽強附會的詮釋，以便符合一位特定研究者的理論。偶爾，集體的誤解會發生，此處，奠基於信念而非證據的結果，以所有人都接受但從來沒有被真正證實過的形式，偷偷潛入了學問。除非它的幽靈性質被發現，而關係被檢視，實際上，它在學問裡就像是一個與生俱來的作用在運行著。相反地，可能也有普遍被接受的作用，但特定的研究者或研究子域並不熟悉或視爲無效。因此，奠基於作用的學問，對不同的研究者而言，會有不同的範圍。

限制的角色。　有些作用帶著懷疑與偶然性進入學問。清楚的關
係可能在一個優質實驗裡取得，但不曾被複製。[1]或者，為了某種未
知的理由，結果適用於一種情況，但其他情況就不行。這些限制也在
學問裡扮演了部分角色。它們敦促研究團體要加以解釋。它們也以一
種警告標誌伴隨著特定的作用，告訴研究者不要貿然接受一切。（偶
爾，這些警示從集體記憶中，隨著時間而褪色，通常是因為相應的作
用創造了迷人的故事。）[2]

在被指定的方向上，限制與作用的說明符有關。有時候，限制被
新研究或是可得證據的新式理解給移除。不是有著原本作用的成功複
製，就是結果的再構解釋了為何情況之間會有變異。同樣地，作用可
能隨著時間而有所修正。當限定條件被發現時，就會有屬於作用的限
制。或者，一個靈巧的概念衝擊，可能以少數幾個新的作用，來替代
一些舊的作用。整體而言，學問不斷地在演變，新的研究與概念，有
時候帶來困惑，有時候撥雲見日。

儘管變化無常，學問體的存在為領域的溝通提供了共同基礎，
並且有助於引導研究。研究者會知道目前令人感興趣的議題是什麼，
還有知識斷層在哪裡。作用與限制的表述，應該對目前以及未來可能

1　一個惹人矚目的例子是Miller與Banuazizi（1968）的研究。在這個研究裡，藉由
　　操作制約獲得實驗動物的心率改變是可能的。這種自動化制約對心理學、生理學
　　以及醫學會產生深遠的影響。然而，結果無法被任何人清楚地複製，而這個主張
　　也在稍後被原作者質疑（Miller, 1972）。

2　這裡有一個很貼切的實例，也就是由Schachter與Singer（1962）所做的實驗，
　　這個實驗支持Schachter提出的關於情緒方面的激進理論。事實上，數據的支持
　　力度相當弱，有著一些不一致與異常（Marshall & Zimbardo, 1979）。

的學問負起責任。研究者應該自問，「我的結果適合什麼地方？」、「它為何是重要的？」、「我想要人們記住什麼？」

記載

社會科學領域裡的研究結果摘要，無論我們稱其為作用與限制，或任何其他的東西，要強調一些結果，就會以它者為代價。這是無可避免的。研究者吸收每個潛在系統性訊號的認知能力，往往被我們所面對的吵雜不確定性所掩蓋。

因此，每個領域都需要具備再檢視舊有主張的能力，或能夠從不同的來源重組數據，這是為了促進挑戰與再概念化的工作。理想上，存取每位研究者的原始數據應該要變得可能，或至少要能得到重要的摘要訊息（研究設計、平均數、樣本數、變異數及統計檢定）。我們稱之為記載的東西，來自於高品質研究的數據庫。記載通常比學問還要可靠，但它有時候需要努力與智巧來重建。

令人感興趣的特定論點（例如：「心理分析真的有效嗎？」）上的模稜兩可與不一致性，通常會讓研究者想要再次詳加檢視記載。後設分析（我們來到箴言7），就是用來滿足這個目標的統計技術。效力量測量值，以及其他高品質研究的細節被摘要與比較。如果一項後設分析（或其他種謹慎的數據再檢閱）是成功且值得注意的，它通常會使得學問被更新，並且有著普遍的作用。

在1990年代發生的資訊革命，可能在各個領域增進記載的存取性。現今，每一位研究者都可以電郵其數據給任何人，中央數據庫與請求數據的可能性，都被強化了。

6.3　平均數的比較

在短暫地窺見研究天國之後，讓我們回到實實在在的個別研究，以及最簡單的作用與限制案例。這通常涉及結果的顯著性檢定。儘管有著相當的限制性，這種檢定替作用與限制的觀念提供了通俗語言。

示例 ▸▸ 任務表現的觀眾效果

簡單的一個作用主張。　最簡單的主張，涉及實驗組與基線期待，或與控制組之間平均數的比較（參看箴言2）。為了解釋後者，讓我們考量一個社會心理學的老問題，也就是，是否觀眾的出現會改進或損害個體的任務表現。

假定實驗指出，學生觀眾對於對象完成基礎數值邏輯計算任務，有著正面效果。平均上，被觀眾注視的對象，在任務的綜合指數得分上，要比獨自作業的高。（假定$t=3.50$，$p<0.001$，標準效力量為0.58，一個相當有力的數值。）觀眾效果是有助益的聲明被主張，並且得到一個名稱：「社會促進效果」，得到一個作用。

更複雜的比較：2×2設計。　讓我們微調一下這個範例。想像在第一個研究裡，使用的是簡單數值任務與簡單語彙任務（像是簡單字謎與字彙項目）。一份學生樣本作為完成任務的對象。假定研究者在2×2因子設計裡，執行四種實驗情況。在兩種情況裡，對象要分別在有或沒有觀眾的情況下，完成數值任務。在其他兩種情況裡，對象要在有或沒有觀眾的情況下，完成語彙任務。此研究的要點在於，檢定觀眾效果的方向，並且探索這種效果與任務類型的關係。

觀眾情況的主要效果：一個作用。 假設性的結果模式被呈現在表6.1裡。我們假定這兩種任務表現具有全國性的常態分配，平均數皆為100，母體為大學生。

表6.1 有或沒有觀眾情況下的測驗分數（簡單數值與語彙任務）

（細格n＝36）	觀眾	無觀眾	社會促進	t
數值	108.5	101.5	＋7.0	＋3.50
語彙	104.3	99.3	＋5.0	＋2.50
平均數	（106.4）	（100.4）	（＋6.0）	＋4.24
表注：社會促進平均數的標準誤＝2.00。				

數值任務存在顯著的觀眾效果：有觀眾的平均分數是108.5，相比於無觀眾的平均分數101.5，有著7分的差異。讓我們假定在這個研究裡，此差異的標準誤為2.0，所以t-比率是3.50，$p < 0.001$，而標準效力量為0.58。如果我們只聚焦於這一個比較差異——所謂的「簡單效果（simple effect）」，以便與多於兩個細格的比較作區別——我們能夠斷言一個作用，就如同稍早所強調的更簡化設計那樣。但是，這個表裡有更多的摘要。

此表裡的第二列，語彙任務，也顯示了一個簡單觀眾效果，與數值任務結果方向一致，儘管比較差異有點小——5.0而非7.0。如果我們單獨考量第二列，我們發現$t=2.50$，$p < 0.05$。在這個時間點，我們可以選擇宣稱語彙任務存在社會促進效果。所以，表6.1應該產生兩個作用，一個關於數值，另一個語彙嗎？

如果分開主張兩個簡單效果，結果陳述會有點讓人舌頭打結：「數值任務存在社會促進效果。語彙任務也存在社會促進效果。」把這兩個結果結合成一個聲明會比較可取，「基本技能存在社會促進效果」。這個更廣泛的主張，已在表6.1裡的主要效果（main effect）因子設計給概念化。有觀眾與無觀眾直欄的平均數可以分別相加，再加以平均，然後比較這兩個總結平均數。它們的差異是6分，這產出了$t=4.24$（或$F=17.98$），一個作用的主張。

（請注意，整體而言，數值任務比語彙任務的得分要高，具有t-檢定顯著性。但是，這個效果與樣本對象的技能有關，與觀眾效果無關。所以，它不應該被視為一個作用，因為它沒有增進學問。）

一個作用與兩個作用之間的抉擇。 當兩個類比簡單效果都顯著時，簡潔原則偏好一個作用主要效果摘要，而非兩個作用簡單效果摘要。然而，也可能有其他的考量。

想像兩列的對象是兩種動物。例如：長頸鹿與蟑螂，在學習跑迷宮這個項目上，檢定觀眾效果。把長頸鹿與蟑螂的效果平均，作為觀眾主要效果的定義是不合理的。[3]這是假定一個可以陳述兩個簡單效果。

整體作用還是兩個特定作用的選擇，也發生在以下的情形。此處，研究者B複製了研究者A的比較差異結果。每一位研究者都執著

3　為免讀者認為作者在寫這個段落時已經失常了，我趕緊加上這個注解：事實上，蟑螂學習跑T-迷宮的社會促進效果，已經被成功地檢定，使用的「觀眾」是蟑螂（Zajonc, 1965）。作者的論點在於，觀眾效果不怎麼需要腦力。（據我所知，長頸鹿還沒有被檢定。記得不要停止呼吸。）

於個人明顯耀眼的研究發現，並且不願意與其他較不重要的結果聯合在一起。所以，總結類比正向結果會有個習慣，像是「他／她做到了，而我的更好」。

一位客觀的觀察者，反而會把這兩個研究概念化成一組有關聯的事物，也許甚至視覺化這兩組數據於同一個陣列，有著代表實驗變項的欄，以及識別研究者的列。來自於這個觀點的總結會是「他們做到了」。更正式一點的說法會是「經過一系列社會促進效果的研究，簡單任務表現上的顯著正向觀眾效果顯露了。平均效力量是如此這般」。一組有關聯的結果，不論組成數量是兩個或是一群，在降低學問的認知負荷上，起著重要的協助作用。

一個作用主要效果，儘管有一個無顯著簡單效果。　讓我們為表6.1裡的兩個簡單效果t-值，考量其他可能的結果模式。（我們只需要考量ts，而不是個別的細格平均數。因為這是決定性的欄位，而我們總是能夠重建需要的平均數差異，來達到特定的t-值。）我們以$t(1)$來表示第一列（數值任務）的t，而以$t(2)$來表示第二列（語彙任務）的t。

假定數值任務的觀眾效果是顯著的，$t(1)=3.50$，而語彙任務的觀眾效果是不顯著的，$t(2)=1.50$。那麼當語彙任務的簡單效果不顯著時，一個觀眾主要效果的作用聲明仍然適當嗎？

如果你認為答案是否定的，那麼你正受到範疇主義（categoritis）的困擾，也就是，把顯著檢定的結果過度地分類。語彙任務的觀眾效果與數值任務效果之間的差異並不巨大。誇大的差異印象導因於範疇主義。一個結果是顯著的，而另一個結果並不顯著，使得兩個結果似

乎不一致。但可想而知，觀眾效果的t-值會落入2.0、2.5或3.0的鄰近地區，而表面上的差異只是反映了機率變異，使得數值任務的效果有點大，而語彙任務的效果有點小。

　　為了合理地宣稱數值比語彙具有更大的觀眾效果，應該進行列（任務類型）因子與欄（觀眾）因子之間的*交互作用*（interaction）檢定。雖然交互作用通常以F-比率進行檢定，在2×2的設計裡，也可以使用t-值。以 $t(1)=3.50$，$t(2)=1.50$而言，交互作用t會是1.41，$p=0.16$，這顯示，沒有很強的基礎指出一個沒有疑慮的方向性聲明。[4]因此，我們對於這個結果的態度，應該類似於先前案例 $t(1)$ 與 $t(2)$ 都具有統計顯著性的態度那樣。先前的案例，單一主要效果作用更為合意；目前的案例，主要效果 t 會是3.53，$p<0.001$。

　　存在治療範疇主義的一個普遍性藥方：*在你可以分類之前，盡量做數值比較*。兩數之間的差異，是一個你可以用來進行分類陳述的數值。但是，兩個分類陳述之間的差異，無法產生一個有意義的分類陳述（連一個數值都沒有）。

　　2×2設計裡的其他可能結果。　讓我們擺出2×2設計裡，其他可

4　交互作用t-值，$t(I)$，以及欄主要效果，$t(M)$，是簡單主要效果$t(1)$與$t(2)$的函數

$$t(I) = \frac{t(1)-t(2)}{\sqrt{2}}$$

$$t(M) = \frac{t(1)+t(2)}{\sqrt{2}}$$

第一條公式在箴言4裡介紹過了，這可以導致42%法則。第二條公式是第一條公式的簡單變體。

能的作用與限制陳述，使用的是t-檢定。在表6.2裡，我們列出一系列假設性研究裡的簡單效果、交互作用及欄（觀眾）主要效果。

表6.2　幾組t-值的作用與限制

	觀眾效果				建議的作用與限制	
	簡單效果		整體效果			
案例	數值	語彙	主要	交互	作用	限制
A	$t=$**3.50**	**2.50**	**4.24**	0.71	主要	—
B	$t=$**3.50**	1.50	**3.53**	1.41	主要	—
C	$t=$**3.50**	0.50	**2.83**	**2.12**	主要	交互
D	$t=$**3.50**	−0.50	**2.12**	**2.83**	數值	語彙
E	$t=$**3.50**	−1.50	1.41	**3.53**	交互	—
F	$t=$**3.50**	−2.50	0.71	**4.24**	交互	—
注：粗體的t-值具有0.05的顯著水準。						

　　我們把數值任務簡單效果的t-值固定在3.50，藉以限制可能性，而交互作用由表上方而下愈來愈大。（粗體的t-值具有0.05的顯著水準。）我們以先前介紹過的兩個案例作為比較，這兩個案例都是以單一主要效果作用為較合意的總結。

　　在案例C裡，我們假定語彙問題的簡單效果幾乎沒有，而數值問題的效果仍然是強的。觀眾主要效果仍然是顯著的，但交互作用也大到足夠產生顯著性t-值。這是「量性交互作用（quantitative interaction）」的例子——兩個簡單效果位於同個方向上，但在範圍上有所

不同。主要效果仍然值得被引述為一個作用，但現在有了一個限制。總結陳述可以是「有顯著的觀眾主要效果，但數值問題的效果顯著較大」。

合理的替代說法可以是「數值問題具有顯著的觀眾效果，但語彙問題的效果顯著較小」。這兩種替代性說法有著不同的開端強調點（主要效果 vs. 簡單效果），但基本上都包含著相同的限制。

案例D也有兩句（作用與1個限制）替代性陳述。此處的選擇轉換到簡單效果的作用，而非主要效果，因為在語彙問題上所觀察到的觀眾效果，有著相反方向（$t = -0.50$），玷汙了主要效果的普遍性。反方向簡單效果所引起的交互作用，稱為*定性交互作用*（qualitative interaction; Schaffer, 1991）。[5]

此處的反向量是小的，所以我們不是很確定是否交互作用為定性。儘管如此，我們還是可以很安全地說：「數值問題具有顯著觀眾效果，但此效果在語彙問題上顯然較小，甚至可能有著反方向。」假使反方向效果更強烈，如案例E，研究者可能會這樣修正：「……但此效果在語彙問題上顯然較小，並且有著清楚的線索指出方向是相反的。」

當限制變為作用時。　在我們一系列假設性研究的某個時點上，交互作用變得愈來愈強，這使得總結陳述的焦點應該轉換到交互作用本身。案例E可能符合這項描述，而案例F，有著兩個顯著的簡單效果

5　如果四個平均數在圖示上有著「交叉」效果，我們就稱其為定性交互作用下的交叉*交互作用*（cross-over interaction）。

並且是反方向，當之無愧。在先前的案例裡，交互作用是一個限制，現在卻變成了一個作用。它變成了主要發現，而非某個其他結果的限定性條件。儘管比一個簡單或主要效果作用還要複雜，它還是一個作用。

　　結果的總結陳述可以是「觀眾的出席與任務的類型之間，存在顯著且強烈的定性交互作用，而數值任務產生正向觀眾效果」。如果兩個簡單效果都是顯著的，且處於相反方向，總結可以分成兩個作用：「在數值任務上，觀眾具有正向效果，而在語彙任務上是負向效果。」

對交互作用的愛恨傾向

　　心理學子領域（以及其他社會科學）對交互作用的接受度不同。有些研究者寧願找尋簡單效果或主要效果。對他們而言，難題來自於持續精煉他們的實驗（或觀察）技術，以便揭露最清楚的效果。對其他人而言，交互作用在本質上就是令人感興趣的，而其闡釋是最重要的事。

　　社會心理學家喜愛2×2交互作用。當一個效果方向的反轉似乎是矛盾時，這種偏好更明顯，像是我們討論過的Festinger與Carismith（1959）實例。事實上，社會心理學聚焦於令人訝異的交互作用，主要是受到Festinger的影響。McGuire（1983）毫無掩飾地陳述交互作用取向的根本「……所有理論都是正確的……實驗衝突是一個發現的過程……釐清何種情況下假設為眞，以及何種情況下假設為假（p.

7）」。在任何的事件裡，如果珍視交互作用是研究者所屬領域的習慣，那麼要談論它們就變得容易多了，並且視其爲像是主要效果那樣的形態。

事實上，觀眾的出現促進表現，是在一種狀況下，而另一種情況下，此效果是被抑制的。如果在我們的範例裡，改變列的因子爲任務的*困難度*，那麼一個定性交互作用會發生（Zajonc, 1965）。幸好有個一致的概念，能預測與解釋這種交互作用。觀眾所做的是激起對象的動力，這增強了已經占優勢的反應傾向。對簡單任務而言，占優勢反應通常是正確反應，而對困難任務而言，不正確反應通常比較強烈。因此，觀眾使得容易任務更容易，並且困難任務更困難。

癖好增強解釋爲社會促進交互作用提供了一攬子建議，這使得這種交互作用更容易被記住（或重建）。在觀眾現象的研究歷史裡，促進結果首先出現。當抑制結果剛開始出現時，它們被視爲限制。它們是難以解釋的例外。然而，有了Zajonc（1965）簡潔的歸納，限制消失了，因爲兩種方向的結果都被包含在一個新的作用裡。[6]

6.4　重構結果以獲得更好的清晰度

我們已經看見，重構跨研究結果能夠影響結果清晰度，這可能對學問領域產生影響。

6　當一個原本的限制變爲作用時，陳述的改變存在一個傾向：把連接詞「但是」替換成「並且」。因此，「……觀眾使得容易任務更容易，並且困難任務更困難」。

　　重構研究結果以消除限制，並減少作用數目，也可以實施在單一數據組裡。我們先簡單說明這個概念。

關係上的再標籤

　　在某些案例裡，2×2設計的欄能夠以一種再標籤的方式，把交互作用轉變成主要效果，反之亦然。考量此例，此處列代表男性與女性對象，而欄是男性與女性會話夥伴，或假設情況下呈現給對象的男性與女性角色。表6.3描繪了這種情況，欄變項表示「刺激人物」的性別。

　　假定在原本的表裡，於表6.3左邊的性別×性別有著大的定性交互作用，此處，在一條對角線上的男性/男性與女性/女性細格（粗體T與W），比另一條對角線上的細格（U與V）要大。

　　我們已經知道，在2×2設計裡，反方向交互作用可以是惱人限制的來源。然而，藉由把刺激人物的性別與對象性別的關係作為一個替代性欄變項，此處交互作用能夠重構為主要效果。

表6.3　在2×2表裡進行再標籤的概念

	刺激人物的性別		刺激人物的性別與對象的關係	
對象的性別	男性	女性	同性	異性
男性	**T**	U	**T**	U
女性	V	**W** ←——→ **W**		V

　　替代表6.3左邊舊欄位的新欄位是同性與異性。第一列裡的細格保持它們原本的樣子，但第二列裡的細格交換位置。（女性／男性細格，在新表裡變成女性／異性，而女性／女性變成女性／同性。）V與W反轉，而相應地，交互作用變成一個欄主要效果。這是最簡易版本的作用變化，因為它最容易傳達。因此，這個轉換有助於清晰化結果，當細格T與W都相對地大時。

　　這種交換小技巧並不總是有幫助。如果原始數據顯示欄主要效果，那麼重構會把它變成一個交互作用。研究者必須在使用這個手段時有所選擇。請注意，在2×2設計裡進行關係的轉換，並不會改變p-值；它僅僅重置主要效果與交互作用。這是很重要的，因為存在拒絕改變數據排列（或任何其他方面）的習慣。不情願瞎擺弄數據，起因於「從機率中撈油水」的焦慮，因為這表示了一個非常放縱的風格（箴言4）。有了再標籤手段，這個不幸已不再適用，因為p-值不會改變。

　　實例：性別與情緒表達。　　一個再標籤的真實研究案例被呈現在表6.4裡。研究者（Beall, 1994）調查，女性較男性容易表達情緒的刻板印象。為了探索控制條件下的基本現象，她把許多描繪簡單社會行為（例如：碰觸某人的手臂並說，「願一切安好」。）的短文，呈現給男性與女性對象閱讀。行為的主角不是假定的男性（John），就是女性（Jean），而每一篇短文的這兩種版本所從事的行為是一樣的。實驗設計使每一位對象得到每一篇小品文兩個版本中的其中之一。

　　對象被要求去評分每一篇短文裡的主角表達情緒的強度。表6.4的

左邊是男性與女性對象，對平均分布於各短文裡男女主角情緒表達強度的平均評分。

表6.4　再標籤的研究範例（於7-點量尺上評分情緒強度）

對象的性別	短文主角的性別		短文主角相對於對象的性別	
	男性	女性	同性	異性
男性	**4.52**	4.20	**4.52**	4.20
女性	4.46	**4.66** ◀——▶	**4.66**	4.46
欄平均數	（4.49）	（4.43）	（4.59）	（4.33）

在此數據表的左邊，四個平均數裡的兩個最大的平均數，位於主要對角線（以粗體指示）。這意味著，對象的性別與主角的性別之間有著交互作用。的確，這個交互作用是顯著的，$p < 0.01$。變異數分析也產生一個顯著的列效果於$p < 0.01$，但沒有顯著的欄效果。欄效果的缺席，警告我們數據與剛開始的期待不一致——當行為保持不變時，女性短文主角沒有被視為比男性短文主角更情緒化。

那麼這些結果的總結又如何呢？列效果說平均上，女性較男性對象歸因更多的情緒強度於主角的行為。然而，此處的交互作用極為麻煩，因為它限定（限制）了列效果：當主角是男性時，女性對象沒有較男性對象歸因更多的情緒強度。

就原本的列與欄而論，說出交互作用的本質是令人困惑的。然而，再標籤技巧幫了我們一把。表6.4的右邊，顯示數據依據主角與對象是否同性而排列的情況。現在，兩個顯著效果變成了主要效果，而

交互作用不再顯著。這個總結是易懂的：（a）女性對象較男性對象歸因更多的情緒強度於同性主角以及異性主角；並且（b）兩種性別的對象歸因更多的情緒強度於他們自身性別的主角。[7]

再構策略能夠用於2×2設計，當列與欄因子之間呈現的是配對關係時。例如：如果對象在任務A或任務B上加以訓練，然後受測於類似A或B的任務，原本的設計——訓練（A vs. B）×測驗（A' vs. B'）——能夠被重新包裝為訓練（A vs. B）×測驗（類似 vs. 不類似）。

對於更大設計的再標籤處置，請參考Schaffer（1977）。改進數據的描述也能夠以其他手段來達成，如下一個段落所述。

透過轉換再表達數據

另一種有用的再表達方法是反應量尺的轉換，像是把原本的觀察值進行對數轉換（參看箴言4）。不忙於討論過多的細節（有興趣的話，請參考Emerson, 1991b），我們僅介紹觀念，使用的是表6.5裡的假設性2×2範例。

此表裡的第一列欄差異（8）大於第二列（4），也因此有一個推定的交互作用。讓我們假設，這些平均數的標準誤是1.00。第一列裡的簡單欄效果t-值因而是 $t(1)=8.00$，而第二列 $t(2)=4.00$。使用腳注4的快捷公式，我們計算 $t(M)=8.94$，而 $t(I)=2.83$。因此，我們有了一個欄效果作用，以及一個顯著交互作用。

7　敏銳的讀者會注意到，效力量似乎相當小——只有7-點量尺其中一點的一小部分。這影響了結果的衝擊力，而非再標籤手段的智慧。再構結果的總結會是，男性與女性都視其自身性別有著相對更為深刻的情緒，儘管女性普遍性地給予較高的絕對評分。

我們應該稱後者為一個限制嗎？似乎不是如此，因為欄效果是強烈的，並且也沒有被交互作用質疑。交互作用只是另一個作用。此外，如果列主要效果有任何概念上的完整性，它也能夠形成一個作用。因此，這個簡單排列可以有三個作用：兩個主要效果以及一個量性交互作用。後者可以表達為：「第一列的欄差異大於第二列。」

表6.5　用轉換減少作用數

原始表格				
	欄1	欄2	列平均數	簡單欄差異	作用與限制
列1	12	4	(8)	(8)	欄與列平均數以及交互作用。三個作用，沒有限制。
列2	6	2	(4)	(4)	
平均數	(9)	(3)			

原始項目取對數				
	欄1	欄2	列平均數	簡單欄差異	作用與限制
列1	1.08	0.60	(0.84)	(0.48)	欄與列平均數；沒有交互作用。二個作用，沒有限制。
列2	0.78	0.30	(0.54)	(0.48)	
平均數	(0.93)	(0.45)			

現在，假設我們進行對數[8]轉換。第二個表顯示發生了什麼。所有的項目都縮減了，表左上角的12縮減最多。比較小的項目縮減量

8　使用常用對數（common logs）而非自然對數（natural logs），因為取整數的數值比較方便。實際上沒有差異。在應用於雙向表列結果時，對數轉換並不是直接應用於細格平均數。更確切地說，轉換應用至每個細格裡的每一個觀察值，並且在這些轉換過後的觀察值上計算新的平均數。相關結果的量性是類似的，只是數值不相等。

較小，而交互作用消失了。在對數量尺上，我們得到兩個作用而非三個。以簡潔標準來看，轉換產生了較為合意的描述。

讀者也許會抗議，表裡的不簡潔細節，可以說只是被表下新的不簡潔細節給消除。為了溝通這個結果，研究者必須提供訊息，表示一個特定的轉換被應用。以單一數據組而言，這個要點容易實行。然而，在重複研究裡，使用特定的程序與反應測量值，一個特定的量尺（像是對數）轉換可能變成一項標準特徵而沒有被特別提到。（參看艾貝爾森的第三條金律，箴言4。）

這個特別的節約-作用設計，只有在每一列裡欄因子效果是同方向且不同時才奏效。試圖消除雙向表裡交互作用的普遍性轉換處置，已被Emerson（1991b）所提出。

我們現在考量其他種數據排列（不是因子設計）的作用與限制數。

6.5　多重比較

假設我們有一群平均數需要統計上的比較。多重比較法可以讓我們知道，每一對平均數何者顯著較大，或兩者可能是連體嬰（即，兩者之間真值差異的方向並不很清楚）。有許多多重比較法，或多或少在細節上有所不同（Kirk, in press）。心理學研究領域，普遍偏好杜基檢定（Tukey, 1953），但這個特定的選擇和我們的作用與限制討論沒有密切關係。

為多重比較計算作用與限制

　　一般而言，比較程序把平均數從最大依序排列至最小，並對它們之間的差異觀察值進行系統性的統計顯著性檢定。聲明顯著性的差異標準，端賴平均數的標準誤以及（通常是）一個「Student化全距（Studentized range）」的適當表列數值。缺乏顯著分別的平均數之間有底線標注，如表6.6所示例的那樣。（我們的顯著差異性判別尺度標準為10。）

　　第一道陳列的一組平均數[A,B,C]，與D平均數有顯著分別，而這還不是全部的故事，因為缺乏括號裡平均數的清晰度。在第二道陳列裡，[P,Q,R]與S平均數是分開的；此外，P與R平均數之間具有顯著差異，但中間的Q平均數無法與P或R作區別。第二道陳列，因此比第一道陳列多了一個顯著區別，但也包含一個限制——缺乏括號裡平均數的清晰度。第一道陳列具有一個作用，而第二道陳列，兩個作用與一個限制。第二道陳列的額外細節屬於以下似乎是矛盾的結論：P與Q之間沒有顯著性區別，Q與R也沒有，而P和R確定不同。（這不是一個真的矛盾——對那些執著於無顯著差異類目的人而言，才像是一個矛盾。）

表6.6 兩種多重比較

I. 顯著差異尺度標準＝10			
組別	A	B	C	D
平均數	30	35	39	55
II. 顯著差異尺度標準＝10			
組別	P	Q	R	S
平均數	58	65	71	87

表注：組別平均數A, B, C之間都小於顯著標準10。底線指出這三個組別平均數之間沒有顯著差異。一旦確定A與C平均數之間沒有顯著分別，介於中間的B平均數必定會屬於它們這個沒有顯著區別的群組。D平均數顯然與其他平均數是分開的。

平均數P與Q的差異小於10，所以P與Q之間有底線。Q與R也是，但是P與R之間的差異大於10，所以無法用一條底線連結P、Q、R。S平均數顯然與其他平均數是分開的。

表6.7 四個平均數的多重比較所產生的作用與限制

結構	作用	限制	結構	作用	限制
A B C D	3	0	A B C D	2	1
A B C D	2	0	A B C D	1	1
A B C D	1	0	A B C D	2	2
A B C D	1	0			

表注：共享底線的平均數沒有顯著差異。

表6.7呈現了一些四個平均數的多重比較所可能出現的結果，以及與它們有關的作用與限制數。此表只分類了結果的*結構*而非其內容。平均數ABCD的排序是由低到高，與哪一個平均數代表了獨變項的什麼程度或形式都無關聯。

四個平均數的最大作用數是三個，當所有平均數都具有顯著區別時，就會發生這種情況。可能有人主張會有六個作用，因為四個平均數存在六種可能的比較。然而，這個主張是具有瑕疵的，因為會有一些多餘的比較。當平均數從最低排列至最高時，如表6.7裡所暗示的那樣，B顯著高於A的聲明，暗示C與D必定也顯著高於A，因為它們比B還要遠離A。同樣地，如果C顯著高於B，那麼D也必定會顯著超越B。因此，我們應該只關心必要的平均數顯著差異數（這不能超過組間自由度）──此處是3。

表6.7的左邊三個模式裡，鄰近對（AB）、（BC）、（CD）的顯著差異，貢獻了作用的數目。不存在限制，因為沒有重疊的底線。在表的右方，陳列了兩個（或三個）無顯著底線的模式，有些還重疊。每一個重疊暗示，似乎需要矛盾語句去描述結果──一個限制。右方欄裡的最後一個模式有兩個重疊的區域，也因此有兩個限制。與此同時，為了計算每個模式的作用數，需要檢視某些非鄰近平均數，而這個計數仍然等於必要統計差異的數量（不能超過組間自由度）。例如：在最後一個模式裡，C顯著大於A，而D顯著大於B，因此我們計算兩個作用。

這些用來計算作用與限制的方案，可以應用至更多平均數的情況。對於k個獨立組別而言，作用的最大數目爲（k－1），也就是組間自由度。限制的最大數目爲（k－2），而限制的數目永遠不會超過作用的數目。

解構 vs. 多重比較

有時候，數據在2×2表格裡會發生一個令人感興趣的情況，也就是其中一個平均數很明顯地不同於其他三個幾乎一樣的平均數。這類案例一直以來被辯論著（例如：Myer, 1991, vs. Rosnow & Rosenthal, 1991）。我們以表6.8裡，Langer與Abelson（1974）研究的數據作爲示例。

實例：臨床判斷裡的標籤效果。　在這個研究裡，訪談錄影給不同的醫師觀看，其中19位接受的訓練是古典心理分析，而21位是行爲治療師。每一位醫師被要求寫下被訪談者的人格特質短文。整個訪談呈現的是被訪談者天馬行空與模稜兩可的離職理由。在一半的觀看裡，實驗者介紹這個訪談錄影是「與工作應徵者的訪談」，而另一半是「與病人的訪談」。這創造了一個2×2設計，如表6.8，每個細格（大約）有10位醫師觀看者。

這40份人格描繪被隨機洗牌並給與（來源沒有具體說明）研究生，讓研究生評分每份描繪所暗示的情緒障礙，量尺爲1到10。此研究的假設是，對心理分析師而言，被標示爲病人的被訪談者，會比同一個但被標示爲工作應徵者的被訪談者，有著更深的困擾，但是對行

為治療師而言，標籤起不了多大的作用。

表6.8裡的平均數模式（高數值指出更多的情緒障礙），似乎完美地支持了研究者的假設。但是，何種形式的統計分析應該被用來檢定與架構這些結果呢？存在不同的選擇。可以直截了當地檢定標籤所造成的差異顯著性，以兩種醫師類型為分別。這可以歸結至兩個簡單效果的t-檢定，表的每一列一個檢定。這個程序具有我們稍早在本章裡所提到的缺點——它冒著分類的風險，憑此我們可能糟糕地過度詮釋兩個簡單效果類目式結果的比較意義。

表6.8　被訪談者情緒障礙的平均評分

觀看者的訓練	被訪談者的標示	
	病人	工作應徵者
心理分析	7.40	4.80
行為治療	5.02	4.74
表注：每個細格n＝10；細格裡的均方（mean square）是2.81。		

在這樣的案例裡，標準建議是檢定2×2表裡的交互作用。因為2×2設計的慣用解構（decomposition）包含了交互作用，這個慣用的解構勸告是，執行常用的變異數分析，並且一籃子地檢定兩個主要效果以及交互作用。

然而，當這個傳統作法施行於表6.8裡的數據時，有趣的事情發生了。不只交互作用具有顯著性，兩個主要效果也是如此。這些研究結果的傳統報告會像是這樣：「標籤的主要效果是顯著的（$F_{1, 36}$=7.38;

p=0.01），醫師類型的主要效果也是（$F_{1,36}$=5.30; p<0.05）。更重要的是，醫師類型與標籤，在預測的方向上，具有顯著交互作用（$F_{1,36}$=4.79; p<0.05）。對心理分析師而言，病人標籤把情緒障礙平均數從4.80提高至7.40，但對行為治療師而言，標籤操弄的影響就少得多（4.74 vs. 5.02）。」

　　這種傳統摘要的主要缺點是，在我們抵達關鍵的交互作用之前，它包含了不令人感興趣的主要效果陳述。把主要效果的檢視與否，放在交互作用之後，也並不真的解決了什麼問題。基本問題在於，傳統的2×2分析，強迫你對所有的顯著效果說些什麼——畢竟，有三個可能的作用來自於標準的解構。結果的語句陳述是相應笨重的，而且還會更加嚴重，如果加上主要效果與交互作用限制的細節闡述。

　　有一組替代性的統計檢定可以應用於表6.8裡的數據，並且產生較少的作用以及沒有限制。即使一位沒有接受過統計訓練的讀者，也能夠注意到左上角的平均數明顯與其他三個平均數不同。我們為何不直接檢定這個樣貌？！對這四個平均數執行杜基多重比較檢定，結果告訴我們只有這組（心理分析師；病人）提供了顯著差異。平均而言，這組成員較他組感受到顯著更多的被面談者情緒障礙，而其他三組之間沒有可靠的差異。

　　我們發現這個結果屬於表6.7左手邊底部的模式，只具有一個作用以及沒有限制。簡潔原則告訴我們，一個作用的總結勝過三個作用的總結。因此，這個原則是為何我們要選擇多重比較程序，而非標準2×2解構分析的理由。具體結論是，心理分析取向與病人標籤的結

合，顯著地增加了情緒障礙感受。

標準解構分析被大部分學習變異數分析的學生們過度使用[9]，而已經變成了自動化反應：2×2設計促使研究者計算兩個主要效果與一個交互作用。此處，如我們所見，這個習慣反應必須承擔喪失結果簡潔性的風險，所以拋棄它轉而使用杜基檢定，似乎會比較好。畢竟，習慣是不需要動腦筋的。如果存在足夠好的理由，它們應該被去除。對於三個相同、一個不同的平均數分析，要透過多重比較而非標準解構的建議，已被其他研究者所倡導（例如：Schmid, 1991）。

實例：南韓的階級衝突。　冒著把我們累垮的風險，請考量表6.9裡的2×2×2設計數據，來自於一篇耶魯論文（Na, 1992）。

一半的對象來自於南韓低階層，一半來自於高階層。所有的對象閱讀關於兩階層的政治新聞。在每一個階層組裡，一半的新聞報導偏袒低階層組，另一半偏袒高階層組。這四個子組更進一步分成衝突組與無衝突組，依據兩組對象是否在新聞議題上起衝突。依變項測量值為對新聞要點的同意度，使用9-點量尺，從1（絕對不同意）至9（絕對同意）。

每一個細格裡有20位對象，而細格內均方為2.43。這個2×2×2設計的變異數分析，為三個主要效果、三個雙向交互作用及一個三向交互作用，產生均方。這七個效果之中的六個，顯著於$p < 0.05$。每一個

9　許多期刊編輯也具有這種習慣性反應。在一個特別極端的例子裡，作者被強迫要求用晦澀難懂的傳統分析去正當化一個非常清楚的非傳統性總結，參看Salovey與Rodin（1984）。

都是一個作用。其中四個作用存在定性交互作用限制，因此削弱了它們的詮釋。六個作用與四個限制！真是一場災難。[10]

表6.9　在感知的衝突或無衝突狀況下，對偏袒高或低階層組新聞故事的同意度評分

組別	新聞故事偏袒	衝突	無衝突
低階層	偏袒高階層	1.05（a）	1.40（a）
	偏袒低階層	7.75（d）	5.35（c）
高階層	偏袒高階層	3.20（b）	3.05（b）
	偏袒低階層	2.95（b）	2.95（b）
表注：標注相同字母的平均數沒有顯著差異。			

　　另一種可行的方法是，應用杜基檢定於這八個平均數，忽略2×2×2結構。結果以字母標注在表裡的平均數旁邊。任兩個標注相同字母的平均數之間沒有顯著差異。[11]我們看見，需要四個不同的字母，而沒有一個平均數需要多個字母，也就是存在四個沒有重疊區域的無顯著性。因此，有三個作用以及沒有限制。顯著結果能夠簡潔地表達如下：

　　高階層組對任何偏袒的新聞都有著差不多的不同意度。反之，低階層組對偏袒的新聞很敏感，絕對不同意攻擊他們的新聞，並且傾向於同意偏袒他們的新聞故事。這種同意度在感知的組間衝突情況下較大。

10　稍早提到的配對技巧可以減輕這個災難。我們不在此處呈現原本與改進後的情形。雄心壯志的讀者可以試著自己做做看。

11　這種標注可替代以底線表達無顯著差異的方法。這使得表格化的呈現更有彈性。每一個字母等同一條獨立的底線。

　　普遍接受的論點在於，低階層組易對潛在的高階層輕視起反應，而高階層組始終對衝突視而不見。這個要點在三個作用總結裡被很清楚地帶出，但會被標準解構所產生的作用與限制土石流給淹沒。

我可以這樣做嗎？

　　當面對傳統研究設計的非傳統問題解決取向時，學生通常會問：「我可以這樣做嗎？」我會回答：「你說這句話的意思是什麼？」他們瞪著地板說：「嗯，你知道，這樣……真的沒問題嗎？」整個對話已然變成了醫學臨床診斷。

　　由於這種學生焦慮，再次提及伴隨著非傳統的論述風格問題是有助益的。我們並不是主張，在2×2設計裡的四個平均數，或2×2×2裡的八個平均數上，執行多重比較程序總是會帶來比標準解構要好的清晰度。的確，也有例子顯示標準解構分析能帶來清晰度。所以，就存在摩擦。如果兩個或更多的統計程序能夠使用在任何的數據上，總是會懷疑研究者是不是最終選擇那個產生顯著性結果的程序，由此藉著機率而獲利。保守批評者可能竟因此合理化排除清晰度優勢分析的選擇。

　　在本章的範例裡，藉著機率而獲利的挑剔議題並未升起——兩種統計程序皆產生高度顯著的結果。在這種皆大歡喜的情況下，研究者能夠著重於較具有清晰度的程序，並且提供腳注說某種其他程序也產生令人信服的p-值。在標籤化病人或工作應徵者的研究裡，內文會強調杜基檢定，而腳注會提供傳統的顯著交互作用F-值。（這種手法巧妙地避開了不令人感興趣的主要效果。）

在2×2的範例裡，如果杜基檢定顯示一個細格平均數不同於其他三個，但奠基於[(T−U)−(V−W)]的交互作用F-值，並沒有達到統計顯著性，這就要下決定了。即使非傳統分析具有較佳的清晰度，用它來代替傳統程序未免太過狂妄。一位戰戰兢兢的研究者，會以傳統分析為主要角色，並且腳注非傳統分析。然而，我認為，為了較佳的清晰度而使得第一類型錯誤率上升了一些，通常是值得的作法。我個人因此會在內文裡強調良好清晰度的作法，把傳統分析放在腳注裡，必要的話，與過分審慎的期刊編輯爭論此種作法的重要性。

6.6　對照比較

第三種增強清晰度的方法涉及F-檢定裡，平均數之間的*對照比較*（contrasts）（Rosenthal & Rosnow, 1985; Kirk, in press），這與總括（omnibus）單向F-檢定剛好相反。這種特定的線性趨勢檢定相當常見，而作為一種呈現清晰度的方法，它展現了新的問題與機會。在本節裡，我們在四個平均數上頭使用線性對比，藉以示例作用與限制數。

一個對比被一組加權﹝$w(j)$﹞與其各自所屬的平均數﹝$M(j)$﹞給指定。公式涉及$w(j) \cdot M(j)$乘積的總和，產生一個均方以及一個附屬其對比的F-檢定。相對於總括F-比率，對比F-比率可以有（$g-1$）倍之大（此處g是組數）。這種較大結果的潛能，有利於覺察加權模式抓住平均數模式的程度。

我發現有個隱喻，有助於解釋對比檢定與總括檢定之間的差別。

在本章開始之處，我使用彈吉他當作比喻，而我現在冒著混合隱喻的風險——不管如何，頭已經洗下去了。想像一位在城堡高塔處的警衛，環視附近田野，尋找虛無假設的漏洞。如果警衛繞著高塔慢慢走，分散他有限的注意力至360度全景，這就像是總括檢定。然而，如果他只朝一個方向看去，他對於這個視線的情況會比較敏感，而渾然不知視線外發生了什麼狀況。這象徵了對比檢定。

例如：這個對比［－3，－1，＋1，＋3］，尋找的是從左邊第一個平均數穩定上升至右邊第四個平均數的線性（linear）模式或趨勢。如果數據呈現的是這樣一個穩定增加的態勢，那麼對比F會在它的相對最大值。然而，如果存在不規則的增加，或連續減緩的增加模式（或沒有增加），對比F會小於最大值。請注意，在量大的穩定增加模式裡，像是杜基這樣的多重比較檢定，會在每一對鄰近的平均數之間產生顯著差異。這在四組的案例裡會產生三個作用，而更多組會有更多的作用。

我們應該指派多少作用於一個顯著的線性對比？為了回答這個問題，請注意某些對比加權模式，產生與解構程序概念相同的顯著性檢定。例如：2×2設計裡的欄主要效果，能夠以自由度1對比［＋1，－1，＋1，－1］加以檢定，這檢視第一與第二欄裡聚集的跨列平均數之間有無顯著差異。因為一個顯著的欄主要效果算作一個作用，任何一個顯著對比有一個作用是合理的。因此，通常合身的對比會比多重比較產生較為簡潔的描述（更少的作用），以及比總括檢定更為訊息豐富的敘述。（一些對比的附加清晰度優勢為，它們的作用已經包含了特

定的量性資訊。例如：能夠大概特徵化為線性的平均數模式。這樣的好處在於，我們不用糾纏量性面的多個作用。）

　　儘管線性（或其他任何精確指定的）對比，算作一個作用，脫離趨勢的離差卻也引起了限制的問題。如果在提煉出線性趨勢平方和之後，存在明顯不顯著的殘差平方和，那麼以線性趨勢來描述數據是合宜的，而我們會得到一個簡潔的作用且沒有限制總結。然而，如果殘差是顯著的，那麼這個趨勢作用就是有限制的（可以這麼說）。一個有力的殘差，表示線性描述有可能具有誤導性——某事正在發生並且值得一個限制。（這個顯著性殘差不會替它自己贏得一個作用，因為有著四個或更多的組別，殘差的檢定是只會產生一個團汙的無區別性總括檢定。）如果殘差平方和適合第二個對比，像是二次趨勢（quadratic trend），那麼這增加了另一個作用。是否有第三個作用與第二個限制，端賴是否最後的殘差是顯著的。四個平均數的可能狀況被陳列在表6.10裡。

表6.10　四個平均數對比裡的作用、限制以及團汙

變異來源	自由度	結果	作用	限制	團汙
總括之間	3	顯著	0	0	1
線性對比	1	顯著	1	0	0
殘差	2	無顯著	0	0	0

變異來源	自由度	結果	作用	限制	團汙
線性對比	1	顯著	1	0	0
殘差	2	顯著	0	1	1
線性對比	1	顯著	1	0	0
二次對比	1	顯著	1	1	0
殘差（cubic）	1	無顯著	0	0	0
線性對比	1	顯著	1	0	0
二次對比	1	顯著	1	1	0
殘差（cubic）	1	顯著	1	1	0

此處的訊息如下：應用一個模式化的對比，像是線性趨勢，可能提供結果的良好清晰度，但當殘差顯著時，對比的清晰度優勢會被削弱。研究報告經常呈現沒有評論殘差變異的顯著性趨勢，而這是非常不謹慎的作法。

6.7 不只一個依變項

不只一個依變項的情況也需要清晰度。這種情況經常發生在心理學研究領域。在使用態度量表的研究裡，可能會有不只一個問題表明這個態度。在記憶力的研究裡，不同的記憶任務能夠被採用。諸如此類。

處理多重依變項的各種選擇

在這類案例裡，研究者面臨抉擇，看要不要個別呈現每一個變項的結果，或在分析之前以某種方式聚集它們，或者使用變異數的多變量分析（MANOVA）。如果變項都涉及相同的反應量尺，也可以進行標準「重複測量（repeated measures）」變異數分析。

在這些選擇當中——MANOVA——是我最後的選擇。想像在2×2設計裡，有四個反應變項！許多被MANOVA驚嚇到的學生，最初都是因為研究設計的關係，而把它視為「適當」的分析。

MANOVA的技術性討論會讓我們過於離題，但我的經驗是，論述其結果很費力。MANOVA的輸出表格充滿了總括檢定，而除非研究者經驗豐富到能夠看出其端倪，這些結果仍然是缺乏清晰度的團汙。此外，當MANOVA產出簡單的結果時，總是存在更容易的替代分析。*Manova狂熱*（Manova mania），代表了使用此技術的衝動現象。所冒的風險是，研究者很可能無法完全消化其輸出的東西，到最後也只是把這一大堆有著*p*-值的迷茫結果端上桌罷了。然而，我必須得說，透過靈活且適度的應用，MANOVA也偶爾是有助益的。也許此毛病能夠以艾貝爾森的第四條金律來比喻：「*如果你不懂英文譯文，就別說什麼希臘話。*」遭遇複雜的統計數據時，先圖示化並且執行初步、簡單的量化分析，是個聰明的作法。這些實務能夠讓我們窺探一下潛在的意義；只有這樣，才能讓我們有底氣訴諸更複雜的提煉程序。

每一個變項被單獨分析時的清晰度

回到我們作用與限制的討論，讓我們考慮最簡單的多變量案例：兩個依變項。我們進一步假定，獨變項（例如：2×2設計）對依變項的影響被分別檢視。

我們區別兩個可能的情況，每一個都有三種結果。這兩個依變項可能是同一種建構的兩種測量值（例如：同一種態度的兩種測量值）或不同建構（例如：一種信念與一種行為）。依次，結果的模式（不論是解構，多重比較或對比檢定）可能有相同結果，一個不同結果或許多不同。這六種情況被呈現[12]在表6.11裡。在最簡單的案例裡，當同一種建構的兩個測量值產生相同模式的顯著結果時，分開呈現是多餘的。一個變項的作用與限制數，會與另一個變項一樣——兩變項聚集也是同樣的情形。整併後的呈現僅僅使用聚集數據（如同數值任務與語彙任務的社會促進效果）。

表6.11　當使用第二個依變項時，作用與限制的改變

變項是	結果是		
	相同	一個不同	許多不同
相同建構的測量值	無改變	增加一個限制	分開判斷 第二個變項
不同建構的測量值	增加一個作用	增加一個作用 與一個限制	分開判斷 第二個變項

12　有著兩個或三個不同結果的案例，會被視為像是一個不同案例，或者許多不同案例，端賴研究者的判斷。

如果結果有一個不同，這個例外的代價是一個限制。如果有許多不同，那麼測量值明顯不一樣，儘管有著類似性的假定，而研究者最好分別考量附屬每種測量值的作用與限制。

概念上有所區別的依變項案例是不同的。例如：一系列簡單刺激的反應速度與正確性。舉例來說，不同的字串閃示於螢幕上，而對象被要求指出，是否這個字串代表了英文字（「語詞決定任務」；Meyer & Schvanevelt, 1971）。正確數據是重要的，因為反應時間的理論模型，對正確與不正確的回答會有所不同。但是，讓我們想像，研究者想要使用這兩種測量值作為依變項。短時間反應可能比較正確，因為刺激熟悉度的關係，或者刺激具有替代性意義而產生困惑，導致長時間反應以及許多錯誤。原則上，這兩種測量可能有裙帶關係。如果某種實驗處置在這兩種測量值上產生相同模式的顯著結果，這就值得注意。評論者可能會說「結果不只適用速度也適用正確性。」一個「不只」陳述，代表一個作用。

如果兩個概念上不同的測量值結果模式幾乎相同，但只有一個例外，那麼這個額外的限制會跟隨一個額外的作用。最後，如果這兩種測量值結果，在幾個方面有所不同，研究者有必要分別檢視這些模式。

6.8　進一步的評論

我們已經說明，替代性描述之間的選擇方案。明確是個中道理——限制應該最小化，還有要注意簡潔——作用應該最小化。

研究計畫要具有清晰度

我們還沒有提到研究設計階段的普遍問題。研究者可能會問，他想要研究結果有幾個作用與限制。他只關心一個主張（一個作用），或兩個主張，或更多？限制又如何？一般情況下，限制對研究者而言是個壞消息，但在某些案例裡，研究者可能會想要一個限制，主要是去挑戰某人所提出的作用，或去顯示提到的現象被不可忽略的因素給制約。這條思考主線導致*關注性*的考量，這是箴言8的主題。

不配合的數據

在我們的討論以及範例裡，我們一直假定井然有序的數據，但我們應該要注意現實狀況。有時候，現實數據允許簡潔性的描述，有著少數幾個作用與更少的限制。然而，在其他情況下，現實數據並不怎麼配合。不是完全沒有作用（因為不存在顯著效果），就是只有一個團汙，或是無條理的大量作用與限制，沒有明顯的再描述技巧可以簡化這一團糟。對於這類案例沒有什麼好說的。徒勞無益就是徒勞無益。研究者應該要想，是不是一個空泛、凌亂的研究概念，導致這樣的結果，而非只是運氣不好。如果確實如此，那麼研究者最好重新設計一個更為清楚的研究，而不是把亂七八糟的統計數值全盤端出，讓

讀者處於十里迷霧當中。這個警示,引領我們至艾貝爾森的第五條金律:「*如果你沒有什麼要說的,就不要再說了。*」

保持彈性

有一句蘇格蘭諺語告訴我們,我們不應該在所有感受可及的環境下,死板板地遵循規則與程序。有時候,逃離房屋是明智的。

讓我們回到顯著性檢定。在本書裡,我幾次強烈抨擊,過分強調顯著性檢定是對分類作法的過度痴迷,是一種死板保守的頑固性思維。現在,我又突然說,作用與限制的分析端賴類目式的顯著性主張。的確,結果的分類明顯有利於清晰度的分析,具有使用的優勢。然而,研究者應該也要為顯著性陳述保留一些彈性。例如:使用0.05顯著水準而產生凌亂結果的情況,在使用0.01顯著水準下會變得簡潔。或者,所有事情在0.05顯著水準下都相安無事,除了一個例外的0.06顯著性結果,而如果顯著水準放寬到0.06,就會存在相當的敘事優勢。因此,就算研究者無法避免使用類目式觀點來達成清晰度,至少要避免完全食古不化地採用它。

箴 言 7

效果的普遍性

如我們先前所提，質疑研究的普遍性效果完全合情合理。研究者以及批評者之流，都會想要知道研究被複製的結果如何。

不幸地，複製的忠告沒有被賦予操作指南。應該要用怎樣不同的背景來建立普遍性？原本研究的哪些方面應該要保時相同，以便確保新的複製，檢定的是「相同」的結果？我們應該如何表達不同程度的普遍性？

我們首先討論普遍性的概念，然後把我們所討論的東西與涉及的統計議題聯繫起來。

7.1　普遍性的性質

任何的實驗研究[1]都需要一組研究團隊，在特定的時間與地點加以執行，並且透過謹慎設計的程序，去檢定某些實驗處置在實驗對象上所造成的效果。除了關鍵性的處置操弄之外，任何有關實驗的事物——研究團隊、時間、地點、對象及從屬的程序與材料——變成背景。

背景特徵的差異

研究背景的方方面面都可能造成研究處置效果普遍性的問題。如果研究指出，處置A與處置B，在X變項上的效果是不同的，那麼我們不禁會問，換了研究團隊、時間、地點、研究對象、程序、材料等等

1　本章的論點，基本上也能應用於觀察研究。然而，為了簡潔性，我們通篇採用實驗取向的術語。

之後，結果是否仍然保持不變。各種背景特徵所產生的問題，引領我們執行複製來探查普遍性，但不幸地，它相當模糊。「在不同的時間點」意謂著什麼？一天的時段嗎？年份嗎？歷史上的時間嗎？我們應該如何詮釋「不同地點」？上下樓層嗎？不同的大學嗎？不同的國家嗎？

普遍性的詮釋愈窄，複製就愈類似於原本研究，而也就愈有可能（可以料想得到）支持原本的主張。當同樣的實驗者在相同地點，使用相同的程序、材料、測量以及一群可得對象，唯一改變的只有日期與特定對象[2]時，就可能發生最貼近原始研究的複製。

精確複製。　*精確複製*（exact replication）指的是，盡量以幾近相同的形式來重複一個研究的策略。我們無法確保一個推定的精確複製，能夠產生相同的實驗結果。心理學的研究文獻裡——以及自然科學——都有著精確複製失敗的結果（例如：Dworkin & Miller, 1986; Mayer & Bower, 1985; Pool, 1988; Pratkanis, Greenwald, Leippe, & Baumgartner, 1988）。因此，研究者本身，在被他們的最初研究主張牽著鼻子走之前，進行一兩次複製是很好的觀念與作法。的確，標準的期刊審閱方針，會要求研究者在三個或更多的互相關聯研究群集裡，報告其實驗結果，作為少量的複製證據。然而，完全精確複製的群集，通常會給人過度謹慎的感覺。因此，廣度適中的複製是通常的作法，例如：改變一兩個觀點，像是反應測量值以及具體化處置的程序。

2　對於少數的現象，值得保留有著強大能力與不尋常缺陷的特定個體，進行重複研究。這包含了天才、靈媒、直觀意像者以及因為腦傷而失憶的病患。

歷史、文化以及實驗室的影響。　普遍性範圍的另一種極端。此處，研究與研究之間的背景差異相當大，引起了不同的問題。如果兩個研究的時間點，有著幾十年的差異而非幾星期，人們可能在某些研究領域發現，社會發展能改變結果。Eagly（1978）回顧許多實驗室研究，想要釐清性別差異對社會服從壓力的敏感性。作者分類每一個研究，類目為女性較男性*更*為服從，或性別之間的服從性*相等*。（在兩個研究裡，男性較為服從；這兩個研究被歸類至「相等」類目。）Eagly猜測，隨著女權運動的歷史發展，女性已經變得更能抗拒社會壓力。

大約從1970年代開始，觀察到的性別差異服從性就逐漸減少、消失甚至反轉。果然，在1970年之前的59個服從性研究當中，有23個顯示女性較男性更具有服從性；而在1970年之後的64個研究中，只有8個是這樣。

一些評論者（例如：Gergen, 1973）主張，如果研究結果屬於特定的歷史年代以及研究地區的語言與文化，那麼要建立持久且有效的社會科學知識體，就幾乎完全不可能。唯一穩定的發現會是少數具有全然普遍性的結果——所謂的文化普遍現象（參看Jaynes & Bressler, 1971）。

人類學與文化心理學（Price-Williams, 1985），一直以來都在試著回答，何種人類行為是普世皆然的問題。一些普遍性行為已經被宣告：例如：嬰兒對母親聲音腔調與抑揚頓挫模式的情緒性反應是一樣的，無關特定的語言（Fernald, 1993）；典型臉部表情的情緒意義，

像是橫眉怒目代表生氣（Ekman, 1980; Mesquita & Frijda, 1992）；以及某些普遍性價值取向（Schwartz, 1992）。然而，普遍現象是稀少的，並且常常激起辯論（Ekman, 1994; Russell, 1994）。

另一種可能的普遍性緊箍鎖在於，實驗室裡進行的研究無法泛論至「真實世界」。實驗環境是人造的——實驗對象被擺在孤立的環境當中，可能伴隨著奇怪的記錄裝置或電腦顯示器；一位實驗者以不尋常的刺激，讓他們在不熟悉的任務上作業，並且追蹤記錄他們的行為；以及諸如此類。這些對象在這些狀況下的表現，不會與其日常生活的表現不同嗎（參照Neisser & Winograd, 1988）？

對於這個命題，也存在幾種反論，其中最極端的論點是，拍胸脯保證實驗室裡的實驗控制與推論（Banaji & Crowder, 1989），不會喪失普遍性。一個較為溫和折衷的說法是，要催促研究者混合使用實驗室之外與之內的技術（Jones, 1985）。

還有一種反論，那就是真實生活也經常涉及人為。醫生與牙醫使用令人生畏的器具，並且發出權威性指示。（曾經做過電腦斷層掃瞄嗎？）教師給學生晦澀難懂的作業，並且監督他們的表現。此外，我們也經常體會到我們對權威人士所形成的印象，更不用說夥伴與朋友。因此，在某些方面，生活模仿了科學。

Aronson et al.（1985）對*世俗現實*（mundane realism）與實驗研究的*實驗現實*（experimental realism）進行區分。*世俗現實*要把研究環境的表面特徵，弄得更像外面的世界。相反地，Aronson et al.強調實驗現實，也就是實驗室情境能讓實驗對象在心理上產生真實性與吸引

力，不管實驗室的表面特徵是否令人熟悉。

在社會科學領域裡，研究結果的普遍性也許會被歷史文化所限制，但有時候出現的實驗室與真實生活差異，並非毫不寬容地支持心理科學是不可能的悲觀論點。失望不是適當的反應，而是謙卑。的確，我們應該時常期待，效果與背景之間具有交互作用，而這應該減緩主張的浮誇性。但是，我們所遭遇到的交互作用（例如：1970年後男女服從性差異的減緩），通常是合理而非反覆無常的。在一個領域裡的初始研究裡，無法解釋的效果與背景交互作用是個麻煩事。它們可能藉由引進新的限制，而模糊了結果的清晰度（箴言6），而它們可能在一開始就扼殺了我們建立顯著主要效果的能力。但是，隨著我們逐漸在某個領域發展複雜性，我們應該開始聚焦於交互作用的作用，而非主要效果。

7.2　研究內的處置：背景交互作用

效果與背景的交互作用絕不局限於歷史或文化因子。實驗效果的方向與大小，能夠被適當的實驗變項所影響，範圍從對象的智力，到實驗指示與刺激材料等微小細節。我們現在轉向這些狹窄的，並經常遭遇的背景影響，與其統計分析。

可控制的背景影響

背景影響可能在研究內被調查，或進行跨研究的調查。前者涉及「概化理論（generalizability theory）」（Shavelson & Webb,

1991）[3]，而後者涉及後設分析（meta-analysis）。在我們的論述裡，我們試著去發現這兩者的相似之處。

實例：專家溝通者的說服力。　在一項研究裡，溝通者有著程度不同的專長，研究者想要看看其相對說服力。典型的研究結果是，專家溝通者比非專家更具有說服力（Hovland, Janis, & Kelley, 1953）。然而，這個專家效果的大小會有點多變，端賴溝通主題上的其他事物。[4]想像一個專家效果的探索式研究（exploratory study），橫跨多個溝通主題。（我們此處所呈現的設計不同於原本的研究，但更適合目前的討論。）

四種迥然相異的爭議性主題，被選擇作為傳達說服力訊息的媒介。在每一個主題上，事先調查目標聽眾的一致輿論，而一篇違反此輿論的短文被撰寫。例如：一篇短文倡導基因工程不要有規則，一篇贊同大四生的綜合考試，一篇主張否認波多黎各（Puerto Rico）是美國的一州，一篇敦促父母親擁有青少年墮胎的必要同意權。每篇短文皆有兩個版本，內容一樣，只是作者不同：一個版本的作者被描述為主題領域的專家，（例如：基因工程師）「Dr. X.Q., 基因學教授」，而另一個版本被說成是「X.Q., 一位本地高中生」。在一班80位學生

3　概化理論興起於心理測驗領域。此處，研究者想要概化觀察到的能力差異、測驗項目、場合、評分者及其他背景因子或「面向（facets）」。在目前的討論裡，目標是去概化對象與背景所造成的實驗處置差異。這兩種情況之間有一個類似點，但在轉譯的時候，需要把注意力放在概化的目標上。

4　某種專家效果在主題上的變化，事實上已經被Hovland與Weiss（1951）發現，但沒有多作評論。改變意見去同意溝通者，其中的比例差異作為原始效力量，四個主題上的測量值分別為−0.04、0.09、0.27以及0.36。

裡，20位在每一個主題上皆閱讀了短文，一半閱讀專家版本，一半閱讀非專家版本。然後，這些學生被詢問個人對短文的意見。測量與溝通者（違反輿論）同立場的同意度。研究者表列「專家」[5]與「非專家」版本在四個主題上的平均同意度差異。以原始平均數差異，作為四個主題上的專家效果效力量測量值。

在表7.1裡的第一個部分，有四個專家說服力的效果。三個效果當中，有兩個是大的，一個小的。反方向的效果也是小的。表7.1的第二個部分是變異數分析，以雙因子設計（專家性×溝通主題）來處理這些數據，每個細格有10個對象。

從這些結果，我們能對這些主題的專家效果普遍性說些什麼？首先，奠基於聯合的細格內均方值2.50，專家性似乎存在顯著的主要效果。專家性的F-比率，使用細格內MS作為誤差項，結果是$F_{1,72}=8.60$，$p<0.01$。把標準雙向變異數分析進行到底，主題效果也是顯著的，$F_{3,72}=9.73$，$p<0.01$，但這並不怎麼令人感興趣（並且在總結裡無法贏得一個作用）——它僅僅指出，特定溝通主題裡的一些意見陳述，誘出了較多的同意。專家性與溝通主題之間的交互作用，剛好達到顯著性：$F_{3,72}=2.81$，$p<0.05$。此分析沒有包含進一步的細節來定

5　當我們為一個處置因子冠名時，這個標籤會烙印在我們腦海裡，而忽視了真實處置操弄的獨特本質。我稱這個名稱與目標的合併物為「騎士謬誤（knighthood fallacy）」。此處，我們伸出概念上的寶劍，賦予教授公眾議題的專家性，而學生是非專家性，忽略了教授與學生不只在專家性上有所不同，也在年紀、純真、興趣等等方面有所差異的事實。因此，教授-學生操弄，不僅僅是一個專家性上的變異。就此而言，短文主題所帶來的，不僅僅只是內容不一樣而已，還有其寫作風格。

位這個交互作用。

因此,呆板地應用一個統計程序於這些解說數據,會導致這個結論:專家效果是顯著的,並且在主題之間有點變化。這句描述具有一個作用(專家性的主要效果)以及一個團汙(無明顯特徵的專家性-主題交互作用)。我們無法明確地論述交互作用限制與主要效果,因為交互作用尚未被清晰化。

表7.1　同意作者意見的平均同意度分析

第一部分:同意作者意見的平均同意度			
溝通主題	專家	非專家	效力量
基因	0.20	−2.25	2.45
大四綜合考	0.75	0.30	0.45
波多黎各	3.00	1.50	1.50
墮胎	−0.90	−0.65	−0.25
平均數	(0.76)	(−0.28)	(1.04)
第二部分:變異數分析					
來源	SS	df	MS	F	p
E:專家性	21.53	1	21.53	8.60[a]	<0.01
C:溝通主題	72.96	3	24.32	9.73	<0.01
E×C	21.10	3	7.03	2.81	<0.05
細格內		72	2.50	—	

表注:在第一部分,每個細格n=10;同意度量尺從−5至+5。
a. 使用替代分析,這個值會是F=3.06。參看內文。

固定效果模型與令人尷尬的腳注

　　雙因子變異數分析的潛在假設是，這兩個因子的層次是固定的。這個十分重要的統計模型，指定主要效果與交互作用的母數（充滿希臘文與下標的等式；參看Blackwell, Brown, & Mosteller, 1991; Winer, 1971），限定了因子至研究者事先指明特定層次的統計推論。因此，專家性的顯著主要效果，只能應用至此處使用的特定版本高專家性（一位教授）與低專家性（一位高中學生）。（參看腳注5。）所有關於主題的陳述，包括專家性×主題的交互作用——這提及專家效果的普遍性——只能應用至主題實際使用的那一套。

　　如果研究者想要廣泛的普遍性，那麼這種限制是令人痛苦的。它的衝擊可以從研究者依據表7.1所作的陳述一窺端倪：

　　「我們可以自信地說，專家性主要效果只能概論至特定的溝通主題——基因工程、大四綜合考、波多黎各及墮胎。在這四個主題上的效果，似乎在程度上有所不同。無法宣稱及於其他主題和同主題其他短文的普遍性。」

　　讓我們想像類似的普遍性否認陳述，像是個別研究對象的主要效果：「這個主要效果及於特定的個體（湯姆‧史密斯、艾利斯‧強森、弗拉維奧‧黛博、瑪麗‧格林……）。無法宣稱普遍性及於其他個體。」我稱這類否認為「令人尷尬的腳注」。它直截了當地說，傳說中的主要效果普遍性，不及於湯姆、艾利斯、弗拉維奧、瑪麗等等之外的個體。如果其他研究者想要完全重複這項研究，他必須要求原本研究者，把湯姆、艾利斯等等送來作為研究對象。

在實踐上，這種尷尬不會在研究對象上發生，因爲對象不被視爲固定效果，也就是作爲因子設計裡因子的特定層次。更確切地說，個別對象被視爲沒有冠名的隨機因子，也就是隨機效果。

隨機效果模型以及弱變的普遍性檢定

如果我們要避免在主題上所造成的尷尬普遍性，我們必須把主題視爲隨機因子。這意謂著，我們的焦點要從特定的個別主題上收回，並把它們視爲是從一個適當主題的無限蒐集裡所抽出的樣本。如Shavelson與Webb（1991）所述，在一個適當的範圍裡，研究者必須願意交換其他相同數目的溝通主題樣本。要概論至他者，就要鼓勵研究沒試過的主題——但爲了這普遍性，必須付出代價。

回頭看表7.1。如果要指明主題爲隨機效果，必須使用$F=$MS（專家性）/MS（專家性×溝通主題）作爲專家主要效果的檢定（Blackwell et al., 1991）。這樣做的理由是，主題的重複隨機抽樣，可能帶入使專家性均方膨脹的E×C交互作用。MS（細格內）沒有包含這種喧擾的交互作用影響訊息，也因此會傾向於過小，誤使F-檢定值往上升。此處，表7.1第二部分的$F=8.60$，使用MS（細格內）爲誤差項，而自由度爲（1,3）的$F=3.06$，使用MS（專家性×溝通主題）爲誤差項——結果爲無顯著，因爲顯著水準爲0.05時，關鍵值$F_{1,3}=10.13$。這個門檻F-值通常是高的，因爲交互作用均方只有3df（自由度）。

　　因爲只有使用四個主題，所以才只有3*df*。當我們想要概化主題時，這個「N」是主題的N，而非對象的N。讓我們這樣想：專家效果已經被檢定四次，原始效力量估計值分別爲2.45、0.45、1.50以及－0.25。它們彼此之間相當不同。這四個值的平均數1.04，沒有接近它們任何一個。那麼，什麼是這個平均數的概念狀態，傳說中的專家性普遍效果？如果我們視主題爲固定的——因而拋棄了概化至此四個主題之外的資格——那麼平均數代表了演算妥協，是這四個效果的一個總結值。另一方面，如果我們視溝通主題爲一個隨機因子，觀察到的專家效果平均數，就是一個平均效果估計值，如果檢定橫跨無限大數目的主題。當調查一個背景因子效果的眞正普遍性時，後者的概念才是我們理想上的目標。

　　然而，請注意，因子的少數範例——此處只有四個主題——使得專家效果的平均估計值（1.04）肯定是相當模糊不清的。在我們的範例裡，估計的專家效果平均數不確定性，能夠用信賴區間來體會。我們使用專家性×溝通主題均方的平方根作爲標準誤的根據，雙尾0.05顯著水準，*t*自由度3。我們獲得95%信賴區間：－2.74＜專家主要效果＜4.82。

　　此處，0.00這個可能的虛無值在信賴區間裡，這指出當數據以隨機效果模型詮釋時，證據甚至不足以主張專家效果的方向！因此，研究者並不滿意主題普遍性故事的結局。固定效果模型會有令人尷尬的腳注，而隨機效果模型給予專家主要效果致命性的打擊。

把矛盾最小化

　　此處示例的兩難問題經常發生，但不會總是如此。有五種情況能夠幫助研究者避開固定模型的擋路石，以及隨機模型的窘境。前三種應用於隨機效果模型，後兩者固定效果模型。

1. 巨大主要效果：實驗處置因子的主要效果，稱作E，可能會大到連E的均方相比E×背景因子C的交互作用均方，都能產生顯著性，儘管自由度為小。這種結果支持了E的主要效果普遍性，顯示E的效果普遍存在特定樣本C所歸屬的抽樣範圍。

2. 與背景的交互作用效果為小：額外或替代，E×C的均方可能極微，理想上要使得MS（細格內）合理地成為誤差項，像是固定模型那樣。

3. 背景因子有許多層次：如果感興趣的效果在更多的背景裡被研究（例如：有更多的主題來檢定專家效果），交互作用的自由度會較大，而檢定會因此而更為敏感。這是技術面的常識，因為嘗試更多的背景就能得到更好的普遍性檢定。當然，要執行更大項的研究就需要更多的資源。

4. 有序的背景變項：有時候，背景因子會沿著一條連續體產生變化，在這種情況下，可以策略性地標示層次並且視其為固定因子，但卻允許合理的概化。例如：比較不同組別小學生表現的研究（像是男生 vs. 女生，標準課程 vs. 實驗課程），年齡變項可以被視為背景因子。也就是，任何組間的聲明，像是「語文能力測驗的表現，女

生比男生要好」就必須以年齡來作資格限定。假設這項測驗於年齡7、10、13、17進行，而男生在7歲有著微不足道的優勢，女生在10歲有小優勢，在13歲有中等優勢，而在17歲有不可忽視的優勢。什麼樣的普遍性陳述可以得到擔保？假定這樣說：「女生的語文能力測驗表現優於男生。7歲時沒有顯著性別差異，但10歲開始拉開差距，並且穩定增加貫穿整個學習期。」

　　注意這句陳述，隱約地概化至其他沒有接受測驗的年齡。在8、9、11、12、14、15、16歲，都沒有接受測驗。然而，如果畫一條線，把接受測驗的數據點串連起來，似乎也不會嚴重誤表居中年紀的情況。我們期待，與年紀有關的功能是穩定的，而非每年呈現跳躍現象。考慮到這個期待，我們能夠把年齡層次看作是固定的，但仍然可以概化至其他年齡。

5. 背景因子有全面的層次：當固定背景因子的所有可能層次都呈現在設計裡，就不存在普遍性問題。（沒有其他層次要被概化。）性別是一個很明顯的例子。如果發現男性與女性之間的處置效果是相等的，那麼研究者就可以把性別從可能與處置產生交互作用的背景因子名單上劃掉了。

警示

　　擔負起隨機背景效果的優缺點之後，就沒有進一步的考量了。Herbert Clark（1973）的那篇建議要多使用隨機效果模型的文章，帶來了激烈質問者（例如：Wike & Church, 1976），他們頑固地爭論

Clark所提忠告的邏輯。問題在於，他們說，僅僅宣告一組變化是隨機的，並不會讓它們確實如此。背景變項（在Clark的案例裡，語言刺激）的層次很少被明確的隨機程序所選擇；反而，它們被策略性地挑選以符合某些標準，企圖有種種範例。那麼這要如何保證能夠概化至母體？

實質上，Clark的回應（Clark, Cohen, Smith, & Keppel, 1976）主要是說，隨機效果模型的主要功能，是要讓研究者避免作出毫不費力的概化結論。他分析的研究布局類型，不同於我們的實驗處置×背景設計，但在這兩種設計裡，隨機效果模型使得拒絕無實驗效果虛無假設的門檻變得非常高。換句話說，普遍性得來不易。然而，努力概化總比接受固定效果模型的尷尬腳注要好。誠然，如果普遍性檢定成功了，研究者應該小心定義概化背景的母體特徵。例如：在表7.1裡的溝通主題，我們很難假裝我們擁有的是所有可能主題的一個隨機樣本，但我們或許可以巧嘴地主張，我們擁有的是一個類隨機樣本（quasi-random sample），屬於大學生普遍會同意的輕度爭議、客觀、尚未討論但具有影響力的議題。

總而言之，詳細說明研究者主張的普遍性界限是很重要的。在一個極端裡（固定效果模型），這些界限通常令人痛苦地窄小。在另一個極端（隨機效果模型），試著擴大界限的代價不是使它們變得有點模糊——就是更糟，完全喪失普遍性的保證。這就是研究生活。求神拜佛不會得到一個普遍性結果。這引領我們創造了艾貝爾森的第六條金律：*沒有不需代價的猜測。*

背景之間效果方向的一致性

在箴言6裡，我們介紹了量性與定性交互作用之間的區別。就目前的討論而言，量性交互作用對應背景間方向一致的主要效果情況，而定性交互作用對應顯而易見的不一致方向。

不一致的結果方向：系統或機率？ 雖然我們認為，完全在方向上一致的多背景結果，支持量性普遍性的主張，但也並不一定代表，一個或兩個反方向結果就會破壞這個主張。因為有抽樣變異影響設計的每一個細格，像是表7.1那樣，所以一個錯誤方向的效果可能是機率造成的。請再看一次表7.1，墮胎主題產生反方向的結果，但很容易就可以想像，這個主題的原始效力量是正向的，與其他三個主題一致。這個錯誤方向結果與零的離差檢定，產生$t=-0.36$，很難讓人信服我們真的知道墮胎主題的真實效果方向。如果存在理論上的理由，讓我們相信專家×主題交互作用是量性而非定性，那麼已知的數據就不會給予我們強而有力的反證。

在單尾的情況下（參看箴言3），效果的方向會比另一個方向敏感得多，研究者也許需要強而有力的證據，才能接受一個明顯定性交互作用的現實。Ciminera、Heyse、Nguyen以及Tukey（1992），為在許多醫療中心同時執行的醫學實驗，討論過這個議題。在這個實驗處置對照醫療中心的設計裡，每一所中心都有一個實驗組與一個控制組，檢定新藥或其他治療介入的效果。中心被視為一個隨機因子。假定存在顯著實驗處置效果，而處置×中心交互作用也是顯著的。進一

步假定，研究團隊最初假設，任何的交互作用都是量性而非定性。
（如果任何中心裡的實驗對象沒有比控制組表現要好，那就這樣，但
沒有理由去期待更糟。）

如果研究顯示，沒有中心具有錯誤的方向，那麼萬事太平。實
驗處置起了作用，即使中心與中心之間有程度上的變化。如果在一個
或更多的中心裡，實驗組的表現比控制組要糟，就要應用隨機變異校
正〔稱作*後推程序*（pushback procedure）〕。如果這些反向被後推程
序所消除，那麼一樣也是萬事太平。然而，如果任何的反向結果在後
推[6]之後還是一樣，那麼系統定性交互作用就被指明，牴觸最初的樂
觀——處置永遠不會比什麼都不做還要糟糕。

方向的倒轉可以是引人入勝的

雖然背景變項間的普遍性品質，能夠帶來簡潔以及容易應用的好
處，系統定性交互作用的發生更令人感興趣，並且為理論提供有用的
訊息。著名的數學社會學家Paul Lazarsfeld曾經說道：「你永遠不會了
解一個現象，除非你能使它消失。」[7]我們或許可以補充，「或除非
你能倒轉它的方向」。

心理學家William McGuire（1983, 1989），建議一種發展新假設
的方法：你接受某種表面上明顯的關係，並且想像其對立面可能適用
的情況。

6　另一種方式是應用診斷離群值的程序。第三種方式請參看Schaffer（1991）。

7　我無法找到這個深奧評論的紙本出處。我引用，記憶中，Lazarsfeld於1962年的
　　研討會裡所發表的內容。

實例：群體決定的「冒險轉變」。　通常在長期不確定的研究之後，反方向背景的關鍵屬性會被一閃而過的洞見所發現。一個著名的社會心理學實例，源自於所謂的「冒險轉變效果（risky shift effect）」（Bem, Wallach, & Kogan, 1965; Wallach & Kogan, 1965），關心的是個人與群體之間，對冒險的態度差異。有12種決定情節現狀，與有前途但冒險的選擇相違背，個體被詢問，他們會給予什麼樣的建議。例如：一位作家不滿意目前的低級黃色書刊寫作工作，考慮著放棄這份穩定收入，投入史詩級巨著的寫作。

他應該要嘗試嗎？如果成功機率只有10分之1；10分之2等等（接受更低的機率就是冒更多的風險）。在作出了他們的評分之後，商學院學生被聚集成各個討論小組，並被指示要達成最好的共識。研究問題為，在小組討論後，是否給主角的建議變得更加保守或更為冒險。

Wallach與Kogan（1965）平均這12個情節的轉變狀況，並且作出了驚人的聲明，那就是群體討論鼓勵冒險決定──冒險轉變效果。這牴觸了商業背景下，流傳的團體行為。

然而，如果研究者跳入一個時光機器向前旅行，他們會了解轉變效果定性交互作用的重要性。這個交互作用清楚地呈現在他們的數據裡，但其應用沒有被了解。十種情節展現了可靠的冒險轉變，而兩種情節呈現了可靠的謹慎轉變。根據Lazarsfeld格言，兩種使冒險轉變消失的情節，是了解轉變本質的線索。多年來，情節差異的重要性沒有被注入足夠的關注。最後，幾位人士終於了解，產生謹慎轉變的兩種情節有著獨特的屬性，也就是，冒險行為是社會所不樂見的（例如：

主角投注其家人畢生積蓄於高風險的南海股票），而在產生冒險轉變的十種情節裡，冒險行為是社會所樂見的（例如：低俗小說作家試著寫出史詩巨著）。Roger Brown（1986）圓滿地摘要了這個緩慢的研究發現歷史。

在仔細檢視了這個定性交互作用之後，群體誘導的態度轉變詮釋整個被翻盤。這個現象被重新標示為*群體極化*（group polarization）——群體討論增強了最初所樂見行為的支持力道，不論冒險或謹慎。很快就發現（Myers & Lamm, 1976）群體極化能概化至其他許多主題，不僅僅只有冒險決定的背景。群體討論極端化了最初大部分成員所樂見的立場。

解釋處置與背景交互作用的藝術

在先前的段落裡，我們區別固定與隨機背景因子。特定標示的固定因子層次，限制了普遍性；隨機因子的層次，妝點機率的景色，允許了廣闊的（但也許是模糊的）普遍性，如果效果與背景的交互作用是小的，並且／或背景的N是可觀的。

教科書告訴學生，因子不是固定*就是*隨機。然而，如果你認真思考，你會發現大部分的因子——特別是背景因子——*同時*具有固定*與*隨機層面。一所特定的醫療中心，具有內部相對不變的特性，會影響實驗處置的效果，像是職員與設備的品質。每所中心也擁有外部暫時性的條件，這些條件影響了實驗處置效果——像是實驗期間技術人員的罷工，或是一批瑕疵的藥品。冒險轉變實驗的特定情節或溝通研究

裡的說服性短文，具有故事情節或主題的刻意變化，以及或多或少對論題的武斷修飾。在試著去了解顯著的處置與背景交互作用時，很難釐清背景上穩定與一時層面的相對貢獻，尤其是當我們不知道背景的什麼*實質*特徵，影響了處置效果的大小時。

在任何的案例裡，認為背景變化就是背景因子名稱所言，通常會導致誤解（參看腳注5「騎士謬誤」）。例如：在溝通研究裡的主題變化，我們應該記住每一篇說服性短文都是一個複雜創作，絕不會只有表面上的主題名稱所迫使的那樣。套用一句電腦工程師所講的行話，短文裡大部分的材料都是「七拼八湊的異種機系統（kludge）」——執行實驗任務所需的一連串材料，並且必定除此以外地不重要。問題是，溝通裡假定的不重要填料（例如：突如其來的語氣轉折卡住讀者），可能是產生專家與主題交互作用的關鍵因子，而非主題本身。

什麼樣的背景特徵是重要的？　幾乎所有在心理學實驗裡的背景變異，都代表了某種重要與不重要混合物。[8]如果我們能夠保證，重要變異映入背景因子的固定層次，以及一時或不重要的變異映入隨機因子的各式各樣版本，那麼事情就會變得合宜與切題。不幸地，這通常不是常態。我們所創造或觀察到的背景變異（主題、情節、中心等等），並不一定是重要的變異。有時候，如果我們足夠幸運，橫跨不同背景的探索式研究，可能提供有用的線索，告訴我們何種背景變異是有關係的，萬一處置的主要效果普遍性不足。冒險轉變研究是發

8　某些精心編織的心理學實驗（特別是社會心理學），引起了關於重要性的嚴苛議題。我們會在箴言9裡處裡這個主題。

生這類線索的其中一種例子（儘管研究者很慢才了解到它們的重要性）。

來自數據的線索　再看一眼表7.1裡，專家對照非專家溝通者的訊息。注意有兩個主題具有較大的專家效果——基因工程與波多黎各——與一般大學生的個人生活關係不大，而另兩個幾近於零的效果——大四綜合考與墮胎的父母同意權——與大學生比較有關聯。讓我們稱呼這兩對主題的區別因素為*自我涉入*（ego-involvement）（請再次注意騎士謬誤）。假設是這樣的，當聽眾在主題裡的自我涉入較高時，專家的說服效果會較低。背後的基本原理是，當聽眾本身被主題給牽扯進來時，他或她會很注意論據本質，不怎麼在意溝通者的資格。

如果我們把主題因子劈開成兩個固定類目，高與低自我涉入，每一個類目由一對隨機主題為代表，我們可以採用表7.1裡第一部分的平均數，來創造更多有益的訊息，並呈現在表7.2的第一部分。

請注意，專家與自我涉入之間的交互作用很明顯。當涉入是低時，存在殷實的專家溝通效果，而當涉入是高時，幾乎沒有觀察到的效果。表7.2第二部分的變異數分析（ANOVA），讓我們看見，當主題以自我涉入變項進行分類時，結果變工整了。涉入（I）被視為固定因子（*自由度*1），而涉入層次內的溝通主題（C（I））——主題的殘差屬性——作為隨機因子（自由度2）。當以MS（細格內）為對照進行檢定時，E×I交互作用顯著於$p < 0.01$，而與殘差的交互作用，E×C（I），很清楚是一個$F < 1$的不顯著結果。

表7.2　同意作者意見的平均同意度分析，以主題的自我涉入為摘要

第一部分：同意作者意見的平均同意度			
主題的自我涉入	專家	非專家	效力量
高（綜合考；墮胎）	−0.08	−0.18	0.10
低（基因；波多黎各）	1.60	−0.38	1.98
平均數	（0.76）	（−0.28）	（1.04）
第二部分：擴充的變異數分析			
來源	SS	df	MS	F	p
專家性（E）	21.53	1	21.53	8.60	＜0.01
溝通主題（C）	72.96	3	24.32	9.73	＜0.01
E×涉入（I）	17.53	1	17.53	7.01	＜0.01
E×殘差C（I）	3.57	2	1.78	0.71	n.s.
細格內		72	2.50		

　　因此，我們已經清除了E×C交互作用的雜音。隨機專家×主題殘差效果不再膨脹專家主要效果的期待數值。因此，專家主要效果對照細格內誤差項的檢定就變得合理，正當化F=8.60，p＜0.01。（參看把矛盾最小化段落裡的項目2。）

　　從這個分析，浮現了兩個關於專家因子的作用：一個專家性主要效果，以及一個專家與涉入之間的交互作用。後者是量性而非定性交互作用。（在高涉入情況下，專家效果掉到幾近於零，但沒有反轉方向。）儘管如此，它構成一個限制。

　　從這個案例我們可以了解，當一個背景因子，像是主題，在研究

內變化時，要怎麼探索處置與背景交互作用。處置×背景的均方對照其適合的誤差項，並進行 F-檢定。如果 F 為顯著，或暗示顯著[9]，這指出「帳篷裡有一隻駱駝」，也就是，存在與處置有系統交互作用的某種背景因子面向，但也許在背景因子的隨機變異與多面向本質裡，很難被指認。這個偵探遊戲就是去識別駱駝——指明節制處置效果的重要背景面向。當這隻駱駝被移開後（即，在分析裡被隔離，像是表7.2第二部分那樣），這個過程可以被重複，如果跡象顯示還有更多的駱駝。（在我們的範例裡沒有這種跡象。殘差交互作用很不顯著。）

　　猜測有其不利面。　　這種作法聽起來很棒，但有其缺點。如稍早所提，指認背景的重要面向（自我涉入），是經由預感猜測而非理論，並且奠基於很少量的主題。這種風格是狂妄的，會被批評為欺騙伎倆。人們很容易就可以依據背景的細節，想出某種劣質的理由，用這個理由來區別大處置效果與無處置效果，或反向效果。（一項實驗分別為四位不同的實驗者所執行。Joe與Jane得到顯著結果，而Bill與Karen沒有得到任何顯著結果。我們可以相信，這個實驗現象視實驗者名字為 J 開頭的情況而定嗎？）

　　經由使用更多的背景層次，背景的真正重要面向被誤認的機率會減低，但不會根除。到目前為止，面對重要背景特徵被誤認的難題，

9　　「暗示」意謂著一個很自由的門檻，因為研究者不想要輕易排除系統性處置×背景交互作用的可能性。傳統的行事法則是，如果 $F > 2$，就要嚴肅看待交互作用（Anscombe, 1967; Green & Tukey, 1960; Hedges, 1983; Tukey et al. 1991）。

最好的作法在於事前的理論假設，告訴我們為何特定的背景變項可能擴大、減少或反轉處置效果。這弄乾淨了固定背景效果的變異，預先阻止了任何的欺騙伎倆，以及，如果假設證明屬實，創造了一個關於處置與背景交互作用的更令人信服的故事。

　　理論預測的背景交互作用。　背景交互作用的理論解釋存在許多示例。溝通者專家性與對象自我涉入之間的交互作用，就是一個很好的範例。事實上，我杜撰表7.1與7.2，使其能模仿來自於更複雜實驗設計的系統性發現。Petty與Cacioppo（1979）從理論上說明，有兩種重要途徑達到說服力：「核心途徑」，強調溝通裡的論據內容；以及較不費力的「外圍途徑」，使用已有的線索去猜測是否論據可能是完善的。這類線索包含溝通者的專家性，溝通的信心語調，熱情參與的聽眾等等。預測是，心智活動比較難以被操弄，如果對象不怎麼在乎這個議題。

　　在此預測的檢定裡，Petty、Cacioppo以及Goldman（1981）以大學教授對照高中生來區別專家性。自我涉入以一個講究的方式被操弄，避開附著於不同主題的模糊不清的可有可無之物。他們使用一個主題，所有大四生都要參加綜合考試，但操弄考試的日期。在高涉入情況裡，日期是來年，所以全部的實驗對象都必須面對它。在低涉入情況裡，日期設定在五年後，對象已經早就從大學畢業了。

　　預測的專家涉入交互作用被獲得，專家性在高涉入情況下所造成的差異，大於低涉入，而（不足為奇地）專家溝通者比非專家更具有說服力。專家性得到一個作用，而涉入狀況量性交互作用也得到一個

作用。

7.3 跨研究的普遍性：後設分析

剛剛展示的範例並不常見。個別研究者在單一研究裡所作出的普遍性相當弱（而感興趣的效果與許多背景變項的交互作用愈大，普遍性就愈弱）。人們可能會說，孤立的聲明並不*穩固*（robust）。那些覺得他們的結果以全然的普遍性走入科學史的研究者，是在開自己的玩笑。

共同檢定普遍性

然而，一個研究群體可以做到一個研究者所做不到的。許多研究相同現象的研究團隊，能夠操弄更多的背景變項，並且檢定各種各樣對現象的理論解釋。

如果群體是一個完善的組織，那麼似乎群體優勢就能最大化。誇張地說，假定有一個研究統領辦公室（Office of Research Governance, ORG），可以指定何種背景因子應該被誰操弄，以便快速地累積重要現象的知識。

不用說，這種ORG式的集中控制，違反了美國科學家的自由民主本質。社會科學研究領域裡，集中控制的研究議程，在前蘇聯這種共產國度是家常便飯。

有人也許會說，聯邦機構，像是全國科學基金會與全國健康協會，經由只資助由一個科學專門小組所判斷的所謂重要計畫，進而控

制了研究議程。然而，這種集中式的影響相當鬆散，只為看起來大有可為的研究方向服務。大多數的研究者並沒有被聯邦機構資助，而那些被資助的，常常在實際研究裡偏離了當初的提案。權力下放的裙帶效應，變成是在文獻裡產生干擾現象的普遍性雜音。

後設分析

心理學與其他社會科學因此擁抱了後設分析（meta-analysis），這是把相同現象的跨研究結果聚集起來的一組技術。大約在40年前，變項的問題，通常涉及跨研究間的矛盾結果，是用投票式的言辭摘要來處理的，偏向特定假設的研究有幾個，偏向對立假設的研究有幾個，以及基本上是虛無結果的研究有幾個。

此外，分析者也許會提出，有可能節制結果方向與力量的背景變項。這種分析被批評為過於主觀與不正式，而謹慎的、量化的後設分析（Glass, 1978; Hedges & Olkin, 1985; Rosenthal, 1991），就變成一種較為優質的替代方法。

我們不在此處探討，社會科學領域如何逐漸接受後設分析，也不詳述此法的計算式。反之，我們試著把後設分析——研究間普遍性技術——的基本準則和我們的研究內普遍性分析法整合起來。

後設分析程序。 一開始，分析者先在研究文獻裡、書籍裡，或論文檔案庫裡，蒐集指定效果的優質研究。記錄研究裡所有令人感興趣的變項。這可能包含實驗操弄的方法，以及潛在有關的背景特徵反應測量值。作者宣稱的效力量測量值（或我們所說的「作用」）被謄

寫，如果沒有，就從其他訊息計算得來。計算效力量需要*ts*、*F*s、平均數、樣本量以及標準差，這些可以在不同的源頭裡找到（Mullen, 1989; Rosenthal, 1991）。效力量測量值於是在跨研究的情況下被*結合*，並且在研究間被*比較*。

結合操作的目的是要產生一個跨研究的平均效力量測量值，並且執行一個與零具有差異的顯著性檢定（或更好，建立真實平均效力量的信賴區間）。跨研究的效力量比較，有著更為雄心壯志的目標。如果藉由卡方（chi-square）檢定，發現逐個研究的效力量顯著不同——它們幾乎總是如此——那麼進一步的檢定，就會在這些研究的區別特徵上被執行。這是要看看，是否背景或方法學上的變項，能夠被指認來解釋一些或所有研究間效力量的異質性（heterogeneity）。

如果一個或更多這類變項被發現，它們可能暗示或支持，特定的背景機制能與感興趣的效果產生交互作用。這類似於我們為表7.1所採取的步驟，在表7.2裡說明自我涉入變項，是造成專家×主題顯著交互作用的理由。

實例：教室裡的畢馬龍效應。　讓我們考量一項後設分析，背景是這樣的：Rosenthal與Jacobson（1968）執行一項實驗，檢定他們所謂的「教室裡的畢馬龍效應（Pygmalion effect）」。他們特意告訴小學班級導師，在他們班上有一些學生，是經過特殊檢定所認證的明日之星。這些「明日之星們」，實際上是被隨機選擇的。研究者假設，提供給老師的這些無效訊息，會形成自我實現的預言，因為老師會不尋常地對這些明日之星百般照顧。增強了這些學生的學習參與度與自

信心，進而導致較佳的客觀測驗表現。在年度終了時，實施幾種心智能力測驗，比較明日之星與控制組的表現。

結果支持了預測，但引起相當大的爭議。尤其是作者發現明日之星組，在IQ分數表現上，優於控制組4至6分。普遍的見解是，IQ測驗測量的是智力傾向而非成就，也因此IQ分數不易受到短期操弄情況的影響。此外，Rosenthal與Jacobson（1968）的IQ數據統計分析細節，也引起了一些問題。

然而，傳說中的現象是如此地引人入勝（參看箴言8），以致於雪崩式的複製研究接踵而至，許多在其他的環境裡進行，像是工作場合、海上船隻以及階級組織。與此同時，多數在教室裡進行的研究，都與學習成就和態度有關，而非IQ。（這可能與早期IQ複製研究的失敗有關，所以注意力轉向其他測量值。）

IQ分數上的畢馬龍效應後設分析，終於由Raudenbush（1984）進行。他鑑定出18篇相關的優質研究，包含原本的Rosenthal與Jacobson（1968）實驗。表7.3展示了這18篇研究的標準效力量，資料源自於Raudenbush研究的表1，並且重新安排成莖葉圖（參看箴言5）。每一個項目代表了特定研究裡，明日之星與控制組之間的IQ分數平均數差異，除以聯合的組內標準差。負號指出結果違反預測的方向。現在暫時忽略表7.3裡標準、粗體、斜體的分別。

表7.3　IQ分數畢馬龍效應的後設分析——18個研究裡效力量的莖葉圖

0.5	**2** *5*
0.4	
0.3	**0**
0.2	*1* **7**
0.1	4 6 **8**
0.0	2 5
−0.0	6 4 3 2 2 *1*
−0.1	3 3

表注：數據重組自Raudenbush（1984）。

　　只有剛好超過半數的研究結果是在預測的方向裡——10個正向
效果與8個負向效果。中位數效力量僅僅是0.035。然而，分配是正偏
斜；也就是說，正向結果在絕對大小上比負向結果大多了。結果是，
算術平均數效力量—— 0.109 ——大於中位數。Raudenbush（1984）
報告標準後設分析檢定，確立平均數效力量與零具有顯著差異的關
係，以及效力量的分布比人們所期待的廣泛多了，如果只是機率變異
在逐個研究裡起作用。

　　然而，必須說0.109的平均數效力量並沒有多大。在相關的IQ
分數差異上，只比$1\frac{1}{2}$多一點。但在分配右尾裡的案例情況如何？
Raudenbush（1984）是否可以說，效力量0.20或以上（代表IQ分數差
異大約3至8分）的研究，具有某種（些）區別特徵？的確，他可以。

在每一個研究裡，老師事先（被告知明日之星之前）已經了解學生的週數被記錄了下來，這是一個特徵。在四個研究裡，老師事先沒有接觸過學生。這些研究的效力量以粗體呈現在表7.3裡。在其他三個研究裡，事先接觸大約1週，以斜體指出。

不需要正式的統計檢定，只要瞥一眼就能很明顯地看出，事先接觸變項系統性地解釋了重大的效力量變異。最大的六個效力量，來自於四個無事先接觸的研究，以及三個事先接觸1週的其中兩個研究。（原本的畢馬龍研究為後者之一，效力量是0.21。）

常識推理告訴我們，事先接觸變項扮演了一個中介角色（mediation）。如果老師沒有事先接觸，或僅僅事先短期接觸一組學生，那麼優秀能力的「訊息」會影響老師對他們的行為。但是，如果老師事先已經很了解學生了，那麼已經形成彼此互動的習慣，這凌駕了奠基於某種深奧測驗的抽象預測。

對他人的主觀印象比較能夠被操弄，如果事先訊息是模糊或缺漏的，這是一個普遍接受的社會心理學論點。事先接觸與畢馬龍效應之間的倒轉關係，能夠被視為是這個論點的特定案例。一旦道破，就很明顯。但是，如果沒有使用後設分析，可能無法在一堆畢馬龍研究結果變異裡，發現這個現象。

7.4 研究內與研究間普遍性的比較

一個臆想實驗

　　爲了解後設分析與研究內背景變化之間，處理普遍性的類比性，讓我們進行一項臆想實驗。

　　再次畢馬龍。　假設在一個研究裡，於18所不同的學校，操弄畢馬龍效應。表7.3裡標誌了這18所學校的結果。這18個數據代表了每一所學校裡，明日之星與控制組之間的平均IQ分數差異。

　　這18所學校能夠被分成兩組：其中4所，老師沒有事先接觸學生，其餘14所，有事先接觸。實驗處置是期望（畢馬龍處置）。事先接觸是背景變項，而實驗設計是期望×背景。背景又細分爲一個固定因子——事先接觸——與一個隨機因子，學校內接觸（Schools-Within-Contact）。我們現在用ANOVA來分析這18個數據，而表7.4呈現了結果。

表7.4　後設分析數據的變異數分析

來源	SS	df	MS	F	p
期望（E）	0.1067	1	0.1067	7.36	<0.05
學校（S）	？？[a]	17	？？	—	—
E×接觸（C）	0.1119	1	0.1119	7.72	<0.05
E×學校內接觸	0.2319	16	0.0145	—	—
a. SS無法從已知的訊息獲得，但學校IQ平均數的變異此處並不重要。					

效力量的總平均數0.1089，作爲計算期望*SS*的根據。[10]處理學校間效力量變異的有17*df*。有一項自由度，對應期望×事先接觸的交互作用。剩下的16*df* 屬於期望與其他背景面向的殘差交互作用。對應的均方（0.0145），作爲總體E效果以及E×C交互作用*F*-檢定的誤差項。這些*F*值都相當大（大於7），並且顯著於0.05水準。

我們因此能夠主張一個作用——教師期望的主要效果，以及一個限制——期望與事先接觸之間的交互作用。結果的摘要會是這樣：

「分析支持IQ分數上的系統性畢馬龍效果，但我們發現，這個效果與教師事先接觸學生的時間長度具有交互作用。沒有事先接觸，平均標準效力量爲0.32。有一些事先接觸，平均是0.05。」[11]

此ANOVA分析取向的結論，與Raudenbush（1984）的後設分析結論是一致的。然而，他能夠應用額外的檢定，看看是否效力量裡的殘差變異，超過了理論上的機率水準。這也能夠以我們的樣板做到，不過就是要知道每一個實驗組與控制組裡的學生數量，並且以Fisher's z（Mullen, 1989）作爲效力量測量值來重做分析。

---

10 一項ANOVA分析裡有*N*個觀察值，一般認爲自由度是（*N*−1）。此處，我們有18個觀察值與18*df*。這「額外」的*df*附屬於總平均數與零之間的差異，也就是平均效力量的檢定。

11 把四個沒有接觸的案例擺一邊，並且檢視剩下14個案例的莖葉圖。以杜基（Tukey）程序來看，效力量0.55是一個離群值（並不是落入「偏遠」區域，但超過了內圍，變成一個「外部的點」——參看箴言5）。如果把這個案例擺一旁，剩下效力量的平均數是0.01，而我們可以安全地說，現象已經消失。一個替代方法是重做整個分析，爲三個事先接觸長達一個月的案例，創造一個獨立的背景類目（這包含了「一些事先接觸分配」的離群值）。仔細檢視效力量0.55的研究細節會有幫助。

後設分析與處置對照背景設計的關係

後設分析能夠以傳統的單一研究ANOVA來框架，但這不是要批評後設分析。的確，這只是再度確認這兩種觀點能夠結合。後設分析可以說是一個獨立的工具箱。幾個背景變項與處置效果的交互作用，能夠被一同檢定，是它的優勢，這對一個簡單ANOVA分析而言是棘手的。另一項優勢為，它能夠同時檢閱許多有著不同反應測量值與不同顯著檢定的研究。

另一方面，後設分析傾向於依賴不考慮處置與隨機背景效果交互作用的機率模型。因為這種交互作用幾乎總是會出現，所以後設分析裡的標準顯著性檢定就會過於寬容，很像表7.1裡第二部分的分析。的確，這已經被後設分析的專家指認出來（Hedges, 1983）。

另一個潛在——但可避免——的缺點是，如果後設分析變成任何現象的必要程序，那麼聚焦的理論論據可能會被削弱。個別研究者可能會採取放任的態度對待背景的影響，估算著其他人會變化這個或那個，而最終後設分析會解決一切。這可能導致亂七八糟地選擇實驗設計，喪失概念上的精明果斷。為了避免這種情況，社會科學應該把後設分析當作後備部隊。對於尚未解決且引人入勝的議題，紀錄的量性詳查，勝過只依賴既有的學科知識。

7.5　最後的警示

　　我們已經看見，背景變項的操弄或後設分析，能夠提供背景變項與處置之間交互作用的清晰度。但是，背景變異的名單沒有盡頭。因此，研究者只能試著去處理最重要的，也就是那些理論上最關鍵的，以及那些最有可能產生量性與定性交互作用的。我們奠定普遍性的能力，總是比我們所想像的要弱。

　　這似乎是一件再明顯也不過的事實。令人驚訝的是，研究者虛幻地認為，如果某種背景變項沒有被試過，它就沒有效果。研究者可以進行合理的猜測，但要擁有背景變項的知識，只有去變化它。因此，艾貝爾森的第七條金律是：*把沙發搬開才能看見灰塵。*

箴言 8

爭論的關注性

在本章以及下一章裡，我們擴大討論統計主張的敘事面。我們不禁要問，什麼樣的統計主張，對研究聽眾而言是具有吸引力的。這是個很重要的議題，因為當一則統計故事變成對話的片段時，很可能產生進一步的研究。如果一個主張如此乏味，以致於沒人想要閱讀或談論它，那麼它變成學科知識的機率就很小——更不用說要激起進一步的調查。因此，高關注性就像是擴大器，而低關注性就像是過濾器，形塑學科知識的主體，包含更多令人感興趣的主張。

然而，關注性的本質是難以捉摸的。哲學家（Davis, 1971）、心理學家（Hidi & Baird, 1986; Tesser, 1990）、電腦科學家（Schank, 1979; Wilensky, 1983）以及其他人，一直以來都在努力對付這個概念。在一連串初步的討論之後，我們接著要探討，什麼使研究主張更為有趣，以及為何有的研究只與大眾興趣與精力產生短暫關聯的問題。

8.1　統計可以是有趣的嗎？

在一開始，我們必定會面臨統計是無聊學科的刻板印象。（在寫這本書的時候，親戚朋友都會問我「統計」是什麼，我會回答「喔……是……」，得到的回應是「……家人都還好嗎？」）

有趣的主張和有趣的方法

統計是無趣的刻板印象，使得任何與統計有關的事物，都被誤解為令人厭煩的。學生因此沒有辦法理解，統計論據可以是有趣的，即

使論辯的技術成分有點枯燥。此外，在一些案例裡，精明的統計分析揭開了事物的神祕面紗，這確實令人感興趣。

實例：作者是誰的爭論。 一個主題也許對業餘者不重要，但與其相關的統計故事可以是有趣的，這是因為使用了意外的線索，就像一則令人滿足的偵探故事。在一個經典的「誰做的（whodunit）」範例裡，統計學家Mosteller與Wallace（1964），著手推論幾篇聯邦黨人文章的真實作者，看看到底是James Madison或是Alexander Hamilton。多年來，激烈的辯論點在於，Madison的文章與Hamilton所寫的聯邦黨人文章，風格很類似。找不到奠基於意識型態內容的作者歸屬論據，所以學者們開始注意量化指標，像是句子長度或是每個句子從屬子句的平均數目。研究之後，Mosteller與Wallace決定摒除這些方法；寧願從其他方面著手，他們計數特定字的使用——像是*while*對照*whilst*——於爭議的文章，與這兩位作者的已知文章。藉由貝氏（Bayesian）統計，他們來到一個結論，那就是，爭議的手稿幾乎確定是由James Madison所執筆。令人驚訝的是，複雜的人類表達特質，居然能夠以具體的細節認出，而非籠統的風格傾向。

統計學家即聖誕怪傑。 作者範例需要學術上的好奇心。也有其他許多精明的統計偵探工作案例，處理比Hamilton與Madison更燙手的主題，並且對公眾所持信念具有影響力。在箴言1裡，我們提到了Carroll（1979）的統計偵探工作，暴露出了主張交響樂指揮家特別長壽的論述缺陷。在箴言2裡，統計重新詮釋了籃球場上傳奇的熱手現象，而在箴言5裡，統計揭露了奇怪的傳心術數據。同樣也是在箴言5

裡，我們精準地揭穿了紐約大停電嬰兒潮背後的真相。

在許多這類案例裡，有質疑精神的統計學家，並不準備接受新聞報導現象的流行解釋。他的統計再分析，抨擊已存信念的可靠性，顯示假設的效果是虛無的或只是人造的。如我們接下來會詳述，統計故事要引人入勝，就必須具備能改變信念的潛勢。

在信念被縱容的案例裡[1]，令人遺憾的是，統計學家被加工為像是聖誕怪傑一樣地到處徘徊，等待時機，快速從毫無防備的大眾手中搶走傳奇。實際上，統計對公眾似乎無關緊要的情況，反而避免了這種不愉快，不是因為再分析沒有被公眾知曉，就是因為公眾漫不經心或不相信。

就像是一般大眾，研究者也並不準備拋棄他們的寶貝假設。但是，他們必定比公眾還要直接面對證據與爭論。辯論怎麼詮釋結果是家常便飯，而關注性在這些對抗當中扮演了角色。

8.2　理論關注性

讓我們轉向*理論關注性*（theoretical interest）的概念。此處，我們特意關心，奠基於統計證據研究主張的關注性；因此，我們或許也可

1　當然，也有支持流行信念的統計分析案例。例如：「又長又熱的夏天」假設，在1960年代晚期，人們相信都市暴動發生率的上升與增高的氣溫有關。此處的心理機制是，天氣愈熱，已經沮喪不已的城市人，其不舒服感就愈高，降低了爆發憤怒的門檻。Baron與Ransberger（1978）檢視1967-1971年熱浪來襲時的暴動發生地區，與周遭環境最大溫度的日期。奠基於他們的統計分析，以及Carlsmith與Anderson（1979）所進行的再分析，人們能夠自信地說，在那些夏日裡，較高的氣溫，系統性地與較高的暴動傾向有關。

以使用*科學關注性*（scientific interest）這個術語。或許有各式各樣的定義，但對我們的目標而言，以下的概念是適當的：一則統計故事在科學上是引人關注的，當它可能改變科學家所相信[2]的重要因果關係時。

信念的改變

信念改變的關鍵概念，包含加強舊信念，創造新信念，弱化既有信念，以背景來修飾信念。新的結果可能在觀察與期待之間創造差異，促使研究聽眾再檢視他們的期待基礎，這可能會改變他們的信念。換句話說，為了扮演可能改變信念的角色，研究必定是令人驚奇的。因此，在重要議題上的驚奇結果，引起了關注性。

請注意，我們指的是信念改變的潛勢。研究者的主張可能不被接受，也因此沒有真正改變什麼。如果研究裡的分析與執行瑕疵很明顯，它可能不被考慮，連被視為是令人感興趣的機會都沒有。在其他的案例裡，接受與否端賴統計證據的說服力。這要看效力的大小（箴言3），清晰度（箴言6），普遍性（箴言7），以及可靠性（箴言9）。令人驚奇並具有強烈理論（或應用）結果的主張，同時激起了大量的關注與質疑。例如：Wilson與Herrnstein（1985）的犯罪遺傳論，激起了強烈的抵抗，同時又令人吃驚。

重要信念並不容易改變。信念需要其重要性與彼此關聯的論點，通常是理論的一部分，產生緊密鏈結。一個信念的改變通常會導致其

2　要了解知識與信念之間的區別，請參看Abelson（1979）。

他信念的改變，這預示了不受歡迎的雪崩式改變。因此，即使驚奇的主張具有說服力，論據與反論的來回交手——沒有談到進一步的研究——在信念被改變前是必須的。在提出主張之後的一段時期，關注性會懸著，研究社群不知道是否要認眞看待這個主張。在這個尷尬的煉獄時期，對這個主張的態度會是：「它似乎引人關注，但⋯⋯。」[3]

這個緊張局勢最終會被主張的接受、拒絕或修飾給解決。接下來，相關信念的改變與重申，使這個主張失去了眾人的關注。或者，研究社群會分裂成諸多帶著對立信念的陣營，在這種情況下，案例的關注性可能會一直持續到雙方都耗盡了進一步研究的構想爲止。

無法置信。　在很極端的情況下，如果主張古怪到任何人只要一聽到就嗤之以鼻，那麼它的關注性價值，除了狂熱信徒之外，是零。以一個扭曲的地球物理觀爲例，我曾經聽說一個理論，主張地球是圓的，但是每個人都生活在球內，而天堂在球心。這個理論不會是一個令人關注的實驗研究主題（即使它可能是一個令人關注的幻覺），因爲以現有的知識，就能夠從許多方面證明它的虛假性。在箴言3裡，我們提到Philpott（1950）的不可思議極小心智時間的主張，就是心理學文獻裡的一個典型案例。[4]

3　曾經聽過早期蘇聯學術論述的人們，應該會記得這樣一句開頭：「同志對這個問題的分析很令人感興趣。然而⋯⋯。」

4　不幸地，難以置信與全然瘋狂之間的「細紅線」非常難以界定，所以我們此處遇到的問題，類似箴言3裡貝氏事前機率的討論。從挑戰正統的觀點而言，把一個人的創意觀點，視爲瘋狂幻覺而丟棄，似乎相當不公平。的確，這是非常罕有的。

8.3　驚奇性

我們此處所強調的重點與Leon Festinger以及其學生的觀點一致，那就是反直覺（counterintuitiveness）應該是優質研究假設的一個主要標準。他主張，如果你執行的研究所提供的證據，是祖母已經告訴過你的東西，那麼你是在浪費時間。例如：人們不喜歡不贊同自己的他人，人們會為了更多的獎賞而付出更多的努力，這些都不具有關注性。然而，此教條有一個弱點：有時候祖母（或其他人）「知道的」與知道的反面共存（「久不見則情疏」與「久別情更深」）。

我同意，當通俗理論與科學理論的預測被廣泛接受時，投以懷疑眼光比提供支持的證據還要令人關注。當研究與統計分析指出，在特定情況下，現存理論適用與不適用，也是令人關注的。以McGuire（1989）對心理學所持的觀點而言，條件總是可以被安排成讓即使是再明顯也不過的關係倒轉。構想這些條件與範例是具有啟發性的。或許，人們會喜歡批評自己的他人？（當人們知道自己表現不好時，並值得批評。參看，Deutsch & Solomon，1959。）要具有關注性，結果必須迫使你思索主題──或至少讓你想要去思索。

新領域裡的驚奇作用

在被疏忽的主題上進行研究，產生挫傷直覺或蔑視邏輯的結果，是創造驚奇的一種方式。

實例：Milgram的服從性研究。　在Milgram（1963）的服從性研究裡，大部分的普通民眾，都被「實驗者」成功誘導去電擊明顯會發

生生命危險的無助受害者。幾乎沒有人會預測這種結果。每一次，當一個新的作用因為牴觸傳統智慧而使我們感到驚奇時，事實上會改變兩個信念。一個是接受新現象的真實存在，而另一個是縮減傳統智慧的力量。

在Milgram（1963）的案例裡，普遍接受的假設為，惡事是由惡人所做，而非邪惡的環境所造成。我們很難從這個假設當中解放出來，因為它似乎為這個社會裡所發生的許多事件，提供了一個簡單的解釋，而它也是法律、政治與宗教的信條。Milgram藉由把電擊者描繪成柔順羔羊而非獵食惡狼，來反擊惡人做惡事的理論。雖然有這個比喻的幫助，但每當想起Milgram的研究，還是不禁令人驚奇不已。

實例：理解與信念。　Daniel Gilbert（1991）提供了一個較不那麼戲劇性的實例，鼓勵以新觀念代替長久以來的假定。Gilbert關心的是，個人對新穎聲明的理解與個人對新穎聲明的信念之間的關係。

一般的觀點是，當新穎聲明被呈現時，接收訊息者的第一個認知任務就是去理解它。如果聲明被理解，接下來就是決定要不要相信它。自早期的說服力研究（Hovland et al., 1953）以來，研究者就一直斷定，理解一篇具有說服力的文章之後，就是接受或拒絕的過程。事實上，這個概念早在心理學研究剛起步的三個世紀前，就由笛卡爾（Descartes）提出。

然而，史賓諾沙（Spinoza）提出更為根本的觀點。他認為，理解繼承了最初的信念，然後存在懷疑的機率。那麼信念就是預設狀態，阻攔了接下來活躍的拒絕程序，「眼見為憑」。

如果史賓諾沙的觀點是正確的，那麼早期真假陳述的認知過程詮釋，在與沒有干擾狀況的控制組比較之下，應該產生傾向於把假當真的偏誤。Gilbert（1991）的實驗恰巧產生了這種令人驚奇的結果。這需要非常認真地思考理解與信念之間的關係才行。[5]

累積限制

在箴言7裡，我們提到，當新領域有主張被發表之後，一般而言，會有各式各樣的複製研究接踵而至。最初的研究愈令人關注，複製研究就愈有可能發生。

假設複製研究的結果，都與最初的主張一致。讓我們想像，有一項後設分析，在每一次新的複製研究結果出來之後就更新，那麼整體效力量的變化就會愈來愈小，因而愈來愈不令人驚奇與想要關注。這種情況下，通常第20個研究帶給我們的訊息，不會比第19個要多多少。

如果複製被漫不經心地執行，每一次都有著雜亂無章與不重要的變異。那麼，要復甦關注性，就要找到夠格的背景因子，要不是使效果*無效*，就是（更令人驚奇地）*反轉*它，並且希望這類夠格的因子，能夠與問題裡的效果產生意義性的關聯。如果一個特定的實驗效果，

5　如果有複製研究支持Gilbert（1991）偏向史賓諾沙的研究發現，那麼含意就很廣泛了。我們就能理解一些不合情理的人類古怪行為，像是故意把手錶調快五分鐘，小孩被重複叫錯名字會暴怒。在理論的層次，許多文獻裡的說服與宣傳現象，就變得更能夠被理解：例如：宣傳裡滿口謊言的驚人效果，分心的溝通過程所帶來的說服效果（Festinger & Maccoby, 1964），以及虛構故事的成功說服力（Gerrig & Prentice, 1991）。

在每當滿月時就會失效，那麼可能是一個令人感興趣的故事，但它會變得語無倫次，除非得到進一步的闡明。（參看箴言9。）

在某些條件下，很可能複製的結果無法與原本研究結果一致。如果這些不一致是可靠的（參看箴言9），那麼最初的作用會累積限制。

實例：早期不和諧理論主張的限制。　Festinger與Carlsmith（1959）的研究指出，小獎賞（\$1）比大獎賞（\$20），更能夠使人們改變其信念。許多研究者，接踵而至地執行類似的研究（有著較小的整體獎賞，以符合對\$20所產生的質疑），而至少浮現了三種限制。Linder, Cooper, 以及Jones（1967）指出2×2設計裡的定性交互作用：當對象可以*選擇*是否要寫下與自己意見相反的短文時[6]，50¢組確實比\$2.50組改變更多的信念，但當對象沒有選擇時，獎賞的相對效果反轉了。Helmreich與Collins（1968）檢定，是否對象的公開*承諾*是複製不和諧預測的必要條件。他們使對象答應去反駁自己的觀點，一些用錄影的方式，名字與臉蛋都很清楚，而其他人用匿名錄音的方式。在公開錄影的操弄條件下，小獎賞比大獎賞還要有效，但在匿名錄音的情況下，獎賞的效果就消失了。

第三種限制條件，有關於反態度表現可能造成的*後果本質*。Nel, Helmreich以及Aronson（1969）溫和地說服一些十分純潔的德州大學生，使他們分別對不抽菸的高中生與已經愛上大麻菸的大學生，說明

6　這些對象實際上只是具有自由選擇的*幻覺*。在典型的選擇操弄裡，研究者施予對象一個非常有效的軟推銷手段──強調對象的參與，會被眾人感謝與欣賞，但「完全由你自己決定」。實際上，所有的對象都配合演出。

吸大麻菸的好處。前者聽眾的後果比較嚴重，因為演說可能會使無辜
者走向藥物濫用之途。不和諧理論只在這種具有嚴重後果的條件下有
效，而對已經墮落的大學生無效。

　　這些研究的要點是要表達，反論一個議題而產生的信念或意見改
變效果，確實隨著獎賞的減少而增大，但只有在行為是自願的、公開
承諾的及有負面後果的條件下才有效。

　　事實上，第一種限制條件，也就是對象認為他們有自由選擇權的
情況，已被不和諧理論所預測（Brehm & Cohen, 1962）。對象必須
對他們自己的行為有所承諾，也是這個理論所隱含的意義。對象的行
為具有負面後果的條件，還需要一些適合度的修正。應該注意的是，
Festinger與Carlsmith（1959）的實驗，滿足了這三種限制，雖然只有
自由選擇因子是明確的。研究者很幸運能找到這三種因子，因為我懷
疑Festinger直覺上知道什麼樣的背景能起作用。

　　現象的關注性會一直持續下去，當它通行的解釋無法處理所有的
實驗限制時。通常，理論完整性與容納條件之間，形成拉鋸戰。如果
理論被延展，它也許不再是原本的理論。

　　在不和諧理論的案例裡，小獎賞的自我說服理由，逐漸被扭曲
成不同形式。對象不再被看成是藉由信念與行為之間的不一致而起動
機。當他自願為了50¢或$1而行使一個有害且公然的欺騙時，他正在
愚弄他自己。信念的改變，可以用來合理化低級庸俗的表現（Aron-
son, 1969）。在這個觀點下，對象的動機是維護自尊，而非僅僅是削
弱不一致性。

論點、對立面、綜合

在一篇深思熟慮的文章裡，Tesser（1990）討論在心理學研究裡，關注性概念的本質。他建議，理想的心理學假設應該著重過程，而非靜態的抽象概念，而實證結果應該講述一個故事。（他認為，如果你想要避免令人感到無聊的概念，提醒自己「過程、過程、過程，情節、情節、情節」。）

他提出一個產生驚奇與關注性的公式：對任何的論點，產生其對立面，然後提出融合觀點。以我們的行話來說，剛開始是一個作用，然後找出一個限制，最後重新架構議題，使限制變成另一個作用。在一個Tesser（1990）所舉的範例裡，論點是，一個人的傑出表現，讓其身邊的人嫉妒。但也有對立面，也就是傑出表現引起身邊他人的自豪感，「沐浴在榮耀的光輝裡」（Cialdini et al., 1976）。這個矛盾的關鍵點（Tesser, 1988）在於，他人的自尊心是否有受到傷害。如果某活動上的傑出表現，有關他的自尊，那麼他很可能會嫉妒；如果它是無關的，那麼他會沐浴在榮耀的光輝裡。

量化驚奇性

基本公式。　如果我們不僅僅達到作用與限制，也有效力量期望值與觀察值，那麼我們可以量化我們的驚奇感。在箴言3裡，我們提到驚訝係數（S）；我們現在把它形式化。

一個令人驚訝的結果意謂著它比期望值要強或要弱，或甚至是在相反的方向。這建議我們，選擇具有方向性的測量值，並且能夠比較

期望值與觀察值。在最簡單的貝氏分析裡，數據蒐集後，假設的機率被評估，然後可以拿來與事前機率進行比較。從箴言3裡所呈現的理由看來，期望（expected）效力量與觀察（observed）效力量，似乎是標誌驚奇性的一個適當概念。

效力量測量值可以是原始或標準化的平均數差異；一個相關係數（Rosenthal, 1991）；或一個客觀或主觀原因效力。貝氏們能夠，如果他們願意，堅守機率作為測量值。測量值以m為注記，我們的驚訝係數是：$S=(m[o]-m[e])^2/|m[o]|+|m[e]|$。此處m[o]是*觀察*到的效力量大小，而m[e]是*期望*的大小，假定這是個具有共識的期望。虛無結果會把m[o]設定為零[7]，而虛無期望會把m[e]設定為零。（如果研究關心的是一個嶄新的關係，那麼m[e]就不可定義，而這個公式就不適用。）效力量當然是具有方向性的；當m[o]與m[e]方向相反時，這指出結果往我們期待的反方向而去。此公式利用效力量的特性來抓住驚奇性。

7　如果機率作為測量值的大小，那麼*指向性*假設的虛無值會是$p=0.5$。

表8.1　驚訝係數的可能值

案例	期望效力量	觀察效力量	驚訝係數
A	0	0.5	0.5
B	0.1	0.5	0.27
C	0.3	0.5	0.05
D	0.5	0.5	0
E	0.5	0.3	0.05
F	0.5	0	0.5
G	0.5	−0.5	1.0
H	0.7	−0.7	1.4
I	u	−v	u＋v當u,v＞0

　　係數的變化。　把不同的假設值插入前述的公式，就能得到有用的訊息。為了簡化，讓我們以相關係數[8]作為測量值m，可能範圍從＋1至−1。表8.1指明了幾種基本情況下的S係數。

　　請看表裡A-D的案例，當觀察效力量是0.5（即，觀察到的相關），而期望效力量是0時，驚訝係數S是0.5，但當期望相關增加時，S掉得很快。當然，如果期望相關也是0.5，就沒有任何的驚奇可言。

　　如果我們固定期望相關為0.5，並且詢問，當觀察相關值掉落0.5以下時（案例D-G），S會如何變化，我們發現驚奇性增加。剛開始

8　任何其他的效力量測量值，像是d，也可以用在這個公式裡。測量值S，以效力量測量值的尺度來詮釋。

是逐漸的增加，但當觀察相關是0，並且面對期望相關是0.5時，S又再次是0.5。如果我們期望的是0.5，卻得到－0.5，那麼驚訝係數會倍增至1.0。驚訝係數甚至可以更高，像是案例H和I那樣，如果期望值與觀察值都很強，並且方向相反。使用相關係數作為效力量測量值，S的最大值是2.0。

模糊的係數。 根據我們的公式，眾人期待的效果缺席，與沒人期待的效果出席同樣令人驚訝。這似乎是一個合理的直覺，但我們應該注意一個限制。期望有時候聚焦於精確的零；例如：ESP的懷疑論者，可以相信世上根本沒有這回事。反之，結果永遠不會明顯地聚焦於精確的零（或其他任何剛剛好的數值）——總是會有信賴區間。〔Gilovich et al.（1985）並沒有證實不存在籃球比賽的熱手現象；他們的結果僅僅暗示，就算有，這個效果也是有限的。〕論證零效果因此比論證零期望還要不確定。據此，應該允許一個模糊的零（或其他固定的重要數值）觀察測量值（m[o]），在零（或其他固定的重要數值）附近的一定距離以內。實際上，如果我們遵循這條道理，我們也應該要允許模糊的期望效力量，除了零。那麼，m[o]與m[e]的值會具有機率分配的特性，唯一固定的案例是偶爾的零期望（m[e]）。在所有的案例裡，S係數會有一個分配，而非一個數值。然而，我們現在不討論這麼複雜的分析。因此，當我們提到m[o]與m[e]時，我們假定，每一個的重要數值對我們的目標而言都足夠精確。

一開始的異質信念

雖然我們選擇不分析研究者內的變異，但我們必須面對研究者間

的變異。這是因為，在任何的真實研究裡，不同的研究者對於指定現象的大小（或甚至存在），可能具有不同的信念。

　　讓我們考慮最簡單的異質信念情況，在此情況裡，有兩組研究者，每一組對於一個理論上的重要現象所具有的信念都不一樣。假定這兩組裡的多數組，具有的期望效力量是零；也就是，他們不相信現象的存在。少數組有一些正面期待，m[e]。想像少數組的成員，想要說服秉持懷疑論的多數組。他們在現象上執行一個實驗，並且觀察到正向效力量m[o]，恰好等於他們的期待m[e]。這個結果的驚奇性對這兩組而言是不同的：對懷疑的多數組而言，驚訝係數顯然等於m[o]，也就是不預期的效果；對少數組而言，這個係數等於零，因為結果剛好就是他們所期待的。

　　到了這個時點，如果兩組互有敵意且無禮，他們之間的對話可能如下：

　少數：*你看！那個結果應該嚇到你了吧！*

　多數：*（防衛性）：一點也不。那只是一個幻覺。你們的實驗具*
　　　　有瑕疵，而我們不接受你們的主張。

　少數：*為何？*

　多數：*因為……（爭論）。*

　少數：*但……（反駁）！而且還有……。*

　多數：*別白費唇舌了。我們不感興趣。*

　少數：*你們居然稱自己為科學家！*

此處，一組想要以另一組不預期的數據效果，來引起其注意，而——因為伴隨著重要性的驚奇性，創造了關注性——因此使他們感興趣。多數組能夠顯露無驚奇性與無關注性，如果不接受數據的效度。[9]這當然需要發展一個能批評少數組主張的論點，也許是一個無法確認其主張的複製研究（參看箴言9）。如果多數組無法傷害少數組的主張，但也還不想要放棄，那麼他們的心理狀態可以被描述為不情願的關注性：他們必須注意了。

信念的背景條件

如果期望效力量是r，但觀察效力量視某種背景變項而定。當特定的背景變項出現時，結果確實出現r，但只要背景變項一缺席，效果就消失了。觀察者應該要如何感到驚奇？

要回答這個問題，有一個簡單的作法，那就是分別計算背景因子出席與缺席狀況下的驚訝係數，然後平均它們。在目前的案例裡，兩種狀況下的係數是0與r，產生的平均驚訝係數為r/2。換句話說，當觀察者期待一個普遍效果，而它未能通過一半的狀況時，他會具有假使期望效果完全沒有達到普遍性的一半驚奇性。這當然是陳述我們直覺的一個粗略作法。

9　心理學界老前輩會回想起行為學家Hullians，以及認知學家Tolmanians之間的學習觀爭論。輸不起的Tolman，一直發明愈來愈生動的嘗試，企圖論證「認知圖（cognitive maps）」存在於老鼠，希望藉此能挖苦Hullians。他從來沒有成功過，雖然幾年後，認知取向在學習理論領域裡，占有一席之地。

如果觀察者預期背景變項會帶來不同，對於背景出席與缺席狀況下的效力量，他會給予不同的期望值。觀察者也許會偏離其中一種或兩種狀況下的期望值，而這會引起少量的驚奇性。另一方面，如果他正確預見兩種狀況下的效力量，那麼他的驚奇性會是零。當然，其他研究者可能會感到驚訝並且投入關注，而他們的信念也許會因此而改變。

引進背景變項產生非預期差異，因此而誘發驚奇的這個過程，原則上可以一直持續下去。然而，背景因子的組合數目愈多，細微的背景提煉所具有的衝擊力就愈小。所以，也可以這麼說，當每個人大致了解最關鍵情況下，要期待什麼樣的結果時，研究領域就會喪失其驚奇性。

8.4 重要性

我們說過，關注性依賴重要性與驚奇性。任何一個實驗結果的重要性，在於對變項間關係的直接作用，而這些變項有關於手上的議題。議題的重要性，端賴其與其他（重要）議題的連結密度。對癌症的洞見要比起老繭的洞見還要重要，因為許多人（以及更多的生理與心理現象）受前者的影響較深。這種例子很明顯，可能會使人認為重要性的判斷很容易。事實上，這是一個很難下的判斷，尤其是理論研究而非應用研究，因為很難預先考慮到理論的延伸性影響。

對不同研究者而言重要性是不同的

對一些研究者重要，不代表對每一個研究者都重要。如果我耳聞，所有的哺乳類皆有快速眼動期（REM），而我閒閒沒事剛好看見一篇研究說，澳洲犰狳沒有REM，我很難對這件事有所迷戀。我不怎麼關心這件事，我甚至無法確定我得到的訊息是正確的。當然會有其他的研究者關心REM或犰狳，而他們會發現，新的事實很有趣。對我而言，這件事是次要的；對他們而言，這是很重要的事。

重要性的幻覺。 的確，特定主題的學者，傾向於在主題領域裡發展緊密連結的概念關係，以此來彰顯重要性。[10]但對不擅長這個領域的人而言，這個主題可能僅有非常小的重要性，因為在此所獲得的知識，對了解其他主題沒有什麼太大的幫助。我們稱這種現象為*重要性的幻覺*。

對狹隘、向內生長研究的不信任投票，也許不公平，因為人們無法預料與其他研究或實際應用的連結是否會出現。在我的想法裡，我只是想要強調，對一個特定的論題知道的愈多，就愈能創造其主觀上的重要性，不論它是否在客觀上有所擔保。

多年前，在認知心理學領域裡，許多研究以無意義音節來探討學習原則，是一個很好的例子。就算在這個主題上有著稠密的知識，這

10　學者想要在極小領域成為專家的傾向，已被一句古老格言所諷刺，「大學教務長對愈來愈多的事情，知道的愈來愈少，直到他們不知道任何事。教授們對愈來愈少的事情，知道的愈來愈多，直到他們什麼都不知道」。

　　一位社會心理學家Richard Nisbett（私下交流, April 30, 1994）以宇宙來比喻，「有時候，我認為……『這個領域』……已經爆炸，並且變成一個白矮星」。

整個事業還是缺少重大重要性，因爲它的發現沒有很好地延伸至有意義散文的學習上——或者說，不適合用來學習不屬於反覆背誦形式的內文材料。

　　發展一條重要性公式不是我們的企圖。這需要一個知識表徵模型，而這會讓我們過於離題。不論如何，診斷一個結果是否具有重要性的關鍵問題是：「我從這學到的，是否對其他事物而言也是重要的？」

箴言 9

論據的可靠性

到目前為止，基於實證數據的統計分析與詮釋，我們討論了四種會影響論據說服力的標準：效力大小、清晰度、普遍性以及關注性。無法滿足其中一或兩個標準，會削弱論據的力道，增加結果被忽視的可能性。的確，研究可能無法被出版。一個好的經驗法則是——*兩種批評的法則*——這四種標準裡的兩種缺失，會導致期刊編輯的退稿。[1]

反之，如果滿足了這四種標準，但研究主張缺乏可靠性，那麼報告的結果很可能引爆辯論。當研究提出許多讀者都認為不可靠的主張時，主張就容易受到嚴峻的挑戰。通常，研究者會以反駁來作為回應，然後又開啟新一輪的論戰。研究者與批評者之間的來回論證，被戲稱為「負重網球賽（burden tennis）」。

9.1　為何研究主張不可信

有兩種方式使得研究主張不可信：粗劣的研究方法，或違反了有堅固支撐的概念——一個受歡迎的理論、一種世界觀，或甚至僅僅是常識。

通常，由於概念上的理由，進而不相信研究主張的批評者，會再舉出一個或更多個*方法學上的異議*（methodological objections），也就是，抱怨研究設計或統計分析，來強化其批評。僅僅因為批評者不相

1　期刊審閱者通常使用不正式的評分表來評鑑稿件，使用的標準與我所提出來的標準一致。如果研究主張是有力的、清晰的、令人關注的，那麼審閱者大概可以容忍普遍性的缺乏。或者，如果主張是清晰的、令人關注的並且具有普遍性，那麼效力的弱點能夠被容忍。畢竟，只有一個局限是可以被原諒的，人無完人。但是，要頒獎給具有兩種缺失的研究報告是很難的。

信，就拒絕一項實驗發現，不是科學界的常規作法。如果期刊編輯回覆研究者，「我們要拒絕你的手稿，*蝸牛的生命騙力*，因為我們不相信它」，那麼就顯得太自大了。期刊編輯與審閱者也許這麼覺得，但審稿協議限制了這麼無理的坦白。編輯會很有禮貌地建議研究者投稿至其他更適合的期刊，或——更貼近我們的討論——遵循兩種批評的法則。也就是，對結果提出一些概念上的質疑，以及在研究方法的細節上，提出一個或更多的批評。通常，何謂劣質的研究方法，在領域裡會有共識[2]，所以這類批評能夠變得強而有力。

然而，如果方法學上的攻擊被研究者成功地反駁，手稿就有機會被重新考慮與接受，因此就有了供廣泛論辯的事件。在許多可信的結果當中，主張可能從一開始的不被信任，而最終證明無辜。

雖然沒有完美的異議與禮儀模式，辯論能夠是建設性的。這就是為何近年來行為科學領域，要贊助像是 *The Behavioral and Brain Sciences* 這樣具有激盪性觀點的期刊。持爭議性、令人錯愕立場的學者，會被邀請寫文章。一群批評者、支持者以及老前輩們，對這篇文章提供評論。

沒有方法學瑕疵的實證結果，對辯論是很重要的。成功要靠研究設計與程序的細節，以及統計分析。好的研究管理，具有好的辯論管理。在接下來的例子裡，我們考量實證結果如何影響爭論，而爭論又如何激起了新的研究。

2　當然，對於何謂適當的研究方法，不時會有辯論。如我們在箴言5裡所見，一些反直覺的研究報告結果，觸發了論辯，暗示主流的研究方法或統計分析，可能靠不住。

9.2　論辯的結構

被一個反面例子挑戰時

典型的辯論肇始於一個研究結果，挑戰了堅實的主流理論或信念系統。通常，挑戰的是這樣的陳述，「所有的X都是Y」，或「在狀況C下，現象P不可能」。挑戰以實證反例特意呈現一個X不是Y而到來，或C狀況下出現P。例如：所有人類行為都是自私的觀點，會被利他行為的研究所挑戰。

為了賦予以下論辯對話生命力，我們創造一位整潔教授，代表普世觀點，以及一位邋遢（Scruffy）教授，有著反例代表反叛。（前者偏好有序且正式的陳述與程序；後者意味著對現實與混亂的容忍；Abelson, 1981）他們的對話也許會像是這樣：

整潔：Xs總是Y。

邋遢：在我的實驗裡，X上的對象被隨機分派至有或無的情況。百分之六十三的有情況對象，沒有呈現Y。因此，Y並不全然有關於X。

整潔：邋遢（Scroughy）教授[3]對（X, Y）定律的反駁，很明顯是人為的。有或無的情況限制了Y的標準測量。因此，許多對象的測量值為零，並不令人驚訝。

3　我曾經被稱作Adelson以及Ableson。我稱這種現象為有動機地忽視目標個體的細節，而非刻意的小動作。

「或」

整潔：邋遢教授的實驗並沒有合理化他對（X, Y）定律的攻
　　　擊。他的數據是不對題的，因為真實Xs不會發生在他的
　　　對象母體裡。

　　整潔教授所發射出來的兩顆子彈，在形式上是類似的——它們駁
回挑戰——但本質上卻不同。第一顆瞄準方法學上的偏誤。第二顆瞄
準邋遢教授概念上的誤解，因為他甚至沒有使用對題的樣本。

　　邋遢教授有一些方法來回應這些攻擊。對於人為的控訴，他可以
秀出統計或程序上的細節，來截斷這個控訴（例如：揭露34%的無情
況組，也呈現零的Y）。對於概念的批評，他一定要在概念上作回應
（例如：論述為何他的樣本確實是Xs）。

　　一個完全不同的行動方針，可能為邋遢教授所採用。他也許再做
出一個反例。如果整潔教授的答辯，無法適用這個新的研究結果，那
麼整潔教授就被迫要為每一個反例，提出不同的人為與概念強辯。半
打的反例下來，整潔教授的答辯能力就會被耗盡。但是，我們即將要
看見，整潔教授還有最後一個絕招。

　　實例：理智行為者的模型。　行為經濟學領域，一再地出現與普
世觀點相衝突的例外現象。主流經濟學理論，主要依靠理智行為者的
普世模型，理智行為者們試圖最大化良好的經濟生活。與此同時，政
治學理論也具有類似的模型，政治行為者試圖最大化政治私利。經過
適當的數學化，這種模型有能力預測與解釋廣泛的經濟與政治情況。

整潔教授喜愛這個模型。如果數據符合其預測，這個模型可以統一許多的現象。然而，當這個理智行為者模型（rational actor model）被檢定時，不是檢定結果欲振乏力或是老生常談，就是模型被異常結果證明為假（Green & Shapiro, 1994）。自發性決定與偏誤的研究，已被Tversky與Kahneman（1974）執行，而Nisbett與Ross（1980），進一步闡述許多決定與判斷的異常現象。

當異常剛開始出現時，經濟學家傾向於把它們視為主流模型的古怪例外。然而，當反例開始逐漸累積時，就需要發展一個一致性的回應。一個後設批評（meta-criticism）是需要的，它能夠用來橫掃許多可能為真的異常現象。這類常見的批評，像是抱怨實驗室裡的心理學實驗（通常是紙筆法），不能預測用真錢冒險的經濟情況。

收益量也與實驗室結果不符（Grether & Plott, 1979）。更糟的是，真實市場行為裡的異常現象開始出現。Richard Thaler（1991），一位扮演邋遢教授角色的經濟學家，蒐集了大量這類異常，並且向經濟學者們發出挑戰。

模型的支持者，現在不得不承認這些異常，但邀請理智行為概念的反對者提出更好的模型，來解釋更多的數據。也就是把球又丟回給了敵手，並祈禱對方無力反擊。

當反例在普世觀點明確前出現

有時候，普世觀點起初並不明確，也就是沒有直接地以其最強而有力的形式，作出清晰明確的表達。但是，當明顯的挑戰證據出現

時，普世觀點的擁護者，感到有必要明確化其觀點。

　　整潔：要研究X我們應該模型化Y。

　　邋遢：在我的實驗裡研究X，我發現模型Z比Y適合。

　　整潔：不好的選擇。所有Xs都是Y，而事實上沒有X奠基於Z。

　　邋遢：那麼你要怎麼解釋我的數據？

　　整潔：你的方法含有人為因素。

　　「或」

　　整潔：你所說的Z事實上是Y的偽裝。

　　實例：所有的知識皆是命題表徵。　自從1960年代以來，心理學界一直被認知訊息處理模型給深深地影響。人類的推理、問題解決、語言處理都以電腦程式模擬。知識單元被表徵為連結基本元素的命題（proposition）。

　　文獻裡的人類認知電腦模型，並沒有斷言命題是表徵人類知識的唯一可能方式。通常，電腦程式只在固定的範疇裡運作，像是下棋，在那樣的內容領域之外，就沒有保證的表徵。下棋知識被視為命題表徵的方便作法，並不代表蒙娜麗莎（Mona Lisa）的知識也是命題式的。

　　在1970年代，兩個獨立研究結果，展示了在質性上不同於命題操弄的心像程序。Shepard與Metzler（1971），詢問對象是否配對的幾何模型是一樣的，或僅僅是彼此的鏡像。這個任務需要對象用想像去旋轉對比圖形。有趣的是，對比的平均時間與需要旋轉的角度成比

例。這個發現暗示，認知過程與視覺物體的物理性旋轉同構。[4]

　　與此同時，Kosslyn（1975）要求對象想像一隻坐在大象旁邊的兔子，或是坐在一隻蒼蠅旁。然後，詢問對象目標物體的細節，像是「兔子有鬍鬚嗎？」當目標心像（兔子）與更大的夥伴（大象）配對時，回答的時間會較長。此預測假定，對象參考他們的心像，並且從「看到的」心像裡「讀出」細節。如果心像被局限在像是相機景觀窗那樣的界限裡，那麼要同時容納大象與兔子，兔子必定要被縮小。與大兔子比較之下，要在縮小的兔子上指認鬍鬚（以及其他小細節），會需要比較長的時間，而的確如此。

　　這類結果自然不會來自於知識是命題的觀點，以命題觀而言，兔子鬍鬚的知識，會包含一個肯定的命題。兔子的大小不會影響問題，否則就會使得命題學家很難解釋結果。質疑心像的人仍然會發現，對象創造心像並且從中讀取訊息的注解怪怪的，並且主張心智不需要心像能力，因為任何視覺事物多少能被命題式地表徵。

　　這類批評當中，聲音最大的要屬Pylyshyn（1973）。心像理論家只是試著要提升我們對知識本質的理解，但Pylyshyn認為，這些實驗具有敵意，是要取代訊息處理的領域。他聲稱，所有的知識都是命題的。這些叛徒的實驗結果，不需要牽扯到心像就能夠被解釋。

　　Pylyshyn（1973）認為Shepard與Metzler（1971）的心像旋轉結果，涉及空間訊息的再編碼，屬於命題網絡，特性是旋轉的角度愈不

4　注意此處很重要的一個量性作用。只說，「不同旋轉角度的回答時間顯著不同」，這樣的陳述是疲弱的。

一樣，就需要更多的時間來比較形象識別網絡。

　　Zs其實是Ys的論點——心像只不過是命題的網絡——是很常見的辯護。（如果你不能打敗他們，就把他們併爲己有。）心像事實上能夠被命題式地表徵。[5]未決點在於，是否任何這類表徵能夠呈現實驗結果的屬性。

　　的確，心像支持者所做的研究，產生愈來愈特別的心像屬性，靠山是神經物理學的發現（Kosslyn, 1994）。到現在，辯論已趨於平緩。顯然，心像是一組連貫的進程，有著合規的實驗結果。因此，即使它「眞的」只是網絡過程的一個分支，它也具有足夠的區別性，以致於需要獨立的分析。

　　怎麼決定子類目的眞實性質，曾經是藝術領域（電腦作曲眞的是音樂嗎？）和物理科學（「光是粒子還是波？」），以及心理學的論辯源。我發現這類辯論枯燥無味且無意義。合理的問題應該與子類目的一致性有關。子類目具有可辨認的*特徵*嗎？在心像辯論裡，答案爲「是」。在理智行爲者主張裡，回答也許爲是，但特徵尚未明朗。

　　寓意是清楚的：別把辯論看得太認眞。致力於反例的一致性。

當主張違背常識時

　　科學應該要能夠自給自足，有著基本建構的正式定義，以及理論之間的正式關係。眞實世界存在最根本的原則，但被特定的規則與運作所限制。不應該發生的是，讓日常直覺事先潛入特定現象的解釋。

5　現代科技徹底數位化了聲音與影像。心像當然能夠被數位化，也就是命題化。

　　物理學家相當擅長於遵循這個格言。他們大部分的觀察與理論，都在處理人類經驗領域之外的事物。常識不會告訴我們，10^{-8}公分是多小的距離，或一百萬光年有多長；十億分之一秒有多短，或十億年有多久。事實上，還沒到這些極端，常識就已經受不了啦。（這就是為何一般民眾很難理解聯邦預算以及演化論。）反之，心理學家不怎麼嚴格過濾一般直覺。

　　大部分的心理學家無法制止人類行為的直覺解釋。以常識來判斷研究主張的可靠性是一個切入點；如果結果似乎違反了常識，那麼所受到的批評就如同其違反了一個心理學理論。在我們的下一個例子裡，同時違反了理論與常識。

　　實例：嬰兒理解簡單數量概念嗎？　在發展與教育心理學領域裡，關於兒童早期的學習能力，經常會有爭吵。整潔教授們相信，能力是有序地開展而來，適當的階段會有適當的能力。Jean Piaget（1954）提出一系列的心智能力階段，從最具體到最抽象，每個進程大約發生在一個特定的年齡。

　　這種觀點成為了反面理論的攻擊目標。Bruner（1971）主張，任何孩童能夠在任何年齡學習任何事，只要給予適當的指導。Gelman（例如：Gelman & Mack, 1983）主張，3至4歲的孩童能夠精熟所有算數必要用到的邏輯任務，即使這個年齡尚未達到Piaget宣稱的適當學習階段。這變成了疊疊樂遊戲，研究者們試著把可能性推到愈來愈早的年齡。

Wynn（1992）主張，5個月大的嬰兒能夠理解簡單數量概念——也就是能夠區別一與二，抽象地說，能夠理解加法與減法。她進一步提出，這種能力是天生的。她的主張是如此地令人震驚，以致於引起了一陣恐慌反應（甚至是大眾媒體）。這是一個不僅違反正式理論（可能撕碎），也打臉常識的主張。

在她的複雜與創新的實驗程序裡，一尊或兩尊相同的布偶暴露於嬰兒的面前，前面是一個舞台，然後布幕拉起來擋住嬰兒的視線。接下來，一隻成年人的手清楚地出現。一組嬰兒看見成人手上拿著布偶，然後被放在布幕後。第二組嬰兒，剛開始看見的是空手，然後手伸到布幕後面拿出了一尊布偶。前者的操弄被稱作*加法*，後者稱作*減法*。最後，布幕降下，顯示正確或不正確的布偶數量。

如果一開始就有一尊布偶在舞台上，當布幕降下時，一個數量的加法應該顯示兩尊布偶。在一半的實驗裡，兩尊布偶正確出現，而另一半只出現一尊布偶——另一尊透過活動門而被實驗者偷偷拿走。在減法的情況下，兩尊布偶一開始就出現在舞台上，而最後顯示一尊（正確）或兩尊（不正確）——多出來的一尊由實驗者從活動門偷偷放入。每位嬰兒總共會被執行六次實驗，正確與不正確實驗交互著。

當布幕降下時，嬰兒注視舞台的秒數作為依變項。這個測量值被標注為嬰兒的驚訝程度，很像成人再次細看的反應。此處的假設是，不正確的情況會誘使嬰兒注視更久。在加法與減法的正確與不正確實驗之間執行*t*-檢定，Wynn（1992）總結說，嬰兒的確對正確與不正確的算數有著明顯不同的反應。

這個複雜的實驗結果表達了一個令人無法置信的主張，震動了相關的研究領域。它變成一個熱門的議題，並且興起了「找出人為成分」的挑戰。當我在寫這個章節時，所有的人為成分與反駁都已經提出，包含不可靠的測量時間，手的誤差，吱吱響的活動門，正確與不正確實驗交互的問題，以及 p-值的邊緣性（最好才0.03）。有一些被澄清，但要塵埃落定還需要一些時間。

當一個似乎是不可能的效果被主張時

當系統性的研究所展示的現象，完全超乎主流科學的範疇時，聽眾的反應會比我們剛才討論的案例還要激烈，而這創造了令人煩惱的衝突。在本書裡幾次提到的超感官知覺爭論，是一個典型的例子。此處，我們簡要地提出一個相關的示例。

實例：集體宗教冥想遠距地影響了行為？　全世界的Maharishi大學訓練中心，教導學生們以單獨或集體的方式進行超覺靜坐。這種靜坐所帶來的共享心智活動，被視為「統一意識場」的表現。依據其擁護者的說法，這種場域抑制了幾百公里外的死亡與意外。

為了建立實驗結果來支持這個古怪的主張，Orme-Johnson et al.（1988）執行了一個精心設計的研究。在1983年的夏天，東耶路撒冷的一間飯店裡，每天舉行集體靜坐。獨變項是靜坐者的數量，依變項是耶路撒冷的犯罪率、車禍以及火災，還有黎巴嫩地區的戰爭死亡數。每一個變項由橫跨研究期 61 天的每天時間序列所組成。

這個研究的統計分析很複雜，但重點是發現了顯著相關。在那

一位耶魯大學教授的統計箴言

些具有較多的靜坐者天數裡,具有較少的犯罪率、車禍以及戰爭死亡數。這些連結被賦予因果詮釋,而研究報告投稿至期刊。

如果你是期刊編輯,你會怎麼處理?沒有已知的自然法則能夠一致性地解釋這種效果的直接起因。如果統一場確實於目標人群與團體啓動,那麼它怎麼轉譯進入必要的心理與政治行為的呢?沒有這方面的清晰論述。以貝氏統計(箴言3)的觀點出發,「Maharishi效應」的事前機率實際上是零。如果研究方法是完善的,不理會它將會違反科學的開放性,不論其主張多麼荒謬可笑。期刊編輯苦惱了。

貝氏統計的觀點當然不被Maharishi的擁護者接受,對他們而言,事前機率接近1.0。為了回擊效應不可能的主張,其支持者引用印度瑜珈的超驗心智狀態效果作為回應,在這種狀態下,純意識出現,並且以「波的形式像海洋一般包圍了近鄰,平息了敵意」(Orme-Johnson et al., 1988, p. 779)。這種神祕比喻來自於與西方實證科學完全不同的世界觀,所以很難想像其意義。

研究最終被出版(Orme-Johnson et al., 1988),批評者(Duval, 1988; Schrodt, 1990)與支持者(Orme-Johnson et al., 1990)爭執孰可信、孰不可信,都沒有什麼助益。爭論來到了一個方法學上的要點:超覺靜坐與悲劇減少的明顯相關,是否是因為時間上的巧合?例如:在週末,超覺靜坐者的數量會較多(因為星期三、或四晚上到達飯店,然後星期天早上離開,是比較方便的行程),而且交通事故會較少(因為猶太人在安息日有不旅行的戒律)。如果超覺靜坐的人數是由研究者隨機分派的,那麼就能排除掉這種人為因素。

Orme-Johnson et al.,（1988）主張，超覺靜坐者數量的每日變化，實際上是隨機的，但這句陳述並不老實。第一個月的數量系統性地增加，而第二個月很清楚地呈現周循環。誰應該出來解釋這種情況？批評者說，各種未知的因素使得時間序列有這種人為的現象。研究者也許會說，是的，但你沒有說明是哪一個特定的因子應該負責。

這種辯論的標準很明確：負責舉證的應該是研究者。研究主張被視為有罪，因為有著明顯的人為可能性，除非這些被明確且適當地處理。在Maharishi的研究裡，超覺靜坐者數量與各種依變項之間的時序相關，是很弱的數據。隨著時間而觀察到的相關，其最大的弱點就是時間所帶來的人為因素。作者想要升級他們的研究到類實驗研究層級，此處，獨變項的數量在時序裡是隨機發生的。然而，隨機發生的失靈，把研究又降級到僅有的相關狀態，而責任又回到了Maharishi的法庭裡。我們要知道，結果愈不可靠，主張者的舉證責任就愈重大。

9.3　方法學上的人為因素

當以上的辯論迷霧被撥開了之後，批評與挑戰就會從方法學的層面開始竄出。在許多比較不那麼戲劇性的案例裡，辯論幾乎總是開始於研究方法。

方法學上的人為因素有很多種。[6]此處，我們討論三種最常見的

6　Campbell與Stanley（1963）在*類實驗*（quasi-experiments）研究的範疇裡，指出了一些很特別的人為因素。如果讀者想要進行應用研究，而研究裡關鍵的獨變項幾乎沒怎麼被控制，那麼這是一本必讀之書。

類型：*第三個變項*（third variables）的影響；變項裡的*雜質*（impurities）；以及*程序上的偏誤*（procedural bias）。牽扯到第三個變項的例子通常是相關研究，程序偏誤通常涉及實驗研究，而這兩種研究都會有雜質的問題。

第三個變項

我們回頭考量，相關性研究主張兩變項間具有因果關係的基本論述。如我們在箴言1裡所見，傳說中的指揮家長壽主張，具有多大的誤導性。每一位社會科學領域裡的學生，或多或少都被教導，不要從相關導論因果，但令人驚訝的是，因果暗示是如何不知不覺地潛入相關關係的詮釋。

把相關研究結果詮釋成因果關係的研究者，必定會受到一種批評——第三個變項的人為因素。如果A與B之間有顯著相關，就宣稱A引起了B，那麼通常會出現一種反駁，提出變項C是A與B的潛在原因[7]。

事實上，研究者通常要疲於應付以相關導論因果的批評。他們動不動就搬出老掉牙的說詞來挑戰研究者，「你怎麼知道這層關係，不是只是社會階級、教育、年紀等人為因素所導致的呢？」因為球被丟回了研究者這一方，如果他不提出有力的證據或分析，他通常會輸掉這場辯論。訓練有素的研究社群，不會接受粗淺的相關即因果論述。

7　相關結果導論因果關係，讓我們不清楚何者是因，何者是果，有可能因果方向並不是研究者所預期的那樣。例如：實證研究發現，有寵物狗的孩童比沒有寵物狗的孩童更守規矩。研究者可能進一步說，照顧寵物的責任感，會讓孩童的行為變得更加成熟。然而，相反的詮釋也同樣是可能的，因為不守規矩的孩童不被允許擁有寵物狗。

顯貴穿著：一個怪誕的例子。　假設高中畢業生衣服數量與學術性向測驗（SAT）之間存在關係。讓我們想像，這兩者之間的顯著相關係數為0.40，研究者編織了一個傳說，說明顯貴穿著對成功人生的重要性。

批評者大喊，這根本就是詐騙，因為這層關係能夠以收入差異的人為因素來詮釋。社經背景好的小孩擁有大量的衣服，大致也能在標準化測驗上表現不錯，而低社經背景小孩有比較少的衣服，也在測驗上表現較差。

批評者能夠再分析研究者的數據（或分析新數據），告訴我們當收入差異被排除在外或保持恆定時，衣服數量與SAT分數之間的關係消失了。一種檢視這種結果的方法是——把收入以階級區間來排序，在每一個階級區間裡，看看是否原本的兩個變項之間存在任何的關係。如果幾乎不存在任何關係，就能夠說第三個變項解釋了另兩個變項之間的關係。在這種情況下，研究者通常不會再有任何令人滿意的答辯。[8]這就是顯貴穿著例子可能發生的情形。

到目前為止，我們知道，以相關來詮釋因果是不可靠的。事實上，認識論的（epistemological）情形更複雜一些，因為從相關數據而來的高可靠性推論實例也不是沒有。單一、孤立的相關，總是毀於模稜兩可，但研究者可以利用共變異的模式（patterns of covariation）

8　有時候，研究者能夠準備精明的反擊來對抗預期的批評。我記得多年前的一個學術研討會，Hyman Witkin呈現他的場地獨立型人格特質研究報告（Witkin et al., 1954）。場地獨立型的對象，能夠在傾斜的房間裡，坐在傾斜的椅子上，花很少的力氣定位一個真正垂直的位置。我有點羞怯地提出一個明顯的批評：「你排除了智力嗎？」「排除？」他輕蔑地說。「場地獨立性就是智力！」

來進行合理的答辯。多重回歸（multiple regression）可以破壞人為因素的可能性，提供研究者可靠的數據。假定的人為因素，像是年紀或性別，與感興趣的關係分離了（partialed out）。如果仍然保有顯著相關性，人為因素就無法成為充分的解釋。

把多重回歸擴大化，所謂的結構等式模型（structural equations modeling）或路徑分析（path analysis），可以用來檢定一群相關變項之間的網絡關係（Kenny, 1979）。影響力的流向，從獨（exogenous）變項至依（endogenous）變項，有著中介（mediating）變項在其中。特定變項在網絡中的影響力，可以用來區別不同的模型。每個可能的模型都可以進行適合度檢定，而不適合的模型就被排除。可行的模型雖然不是唯一，但也並不多。

如果手上有解釋相關性的機制，然後檢定幾種這種機制的實際應用情況，那麼相關性就可能被點石成金為因果性。這比結構等式模型要容易理解多了。以下，我們就來介紹一個相當重要的實例。

實例：抽菸引起肺癌嗎？　想像一下，當權威機構主張，老菸槍比不吸菸者更容易得到肺癌（U.S. Surgeon General, 1964）。批評者會有什麼樣的另類解釋變項呢？這裡有幾個例子：也許抽菸者比不抽菸者更容易緊張，而緊張導致癌症；也許抽菸者在吸菸時喜歡喝杯咖啡，是咖啡引起了癌症；也許只是恰巧男性吸菸者多於女性，而男性恰巧對肺癌的抵抗力較弱。

在這些眾多的猜測當中，批評者說出一個因子，把它與吸菸聯想在一起，並且推論至癌症。然而，人們不能隨口說出一個變項，就

把它視爲人爲因素。抽菸——癌症鏈結，要考慮到出生星座，這種陳述是無力的。沒有理由相信，抽菸者偏向何種出生星座。在這場遊戲裡，球並不一定會被批評者丟回研究者那一方。

把注意力限制在*可能的*第三個變項人爲因素，許多被控制之後，也無法消除抽菸與癌症之間的關係。例如：性別完全不是一個充分的解釋變項：抽菸者的癌症率很明顯地高於不抽菸者，男性母體與女性母體都一樣。

這類反駁有其限制性。即使有動機與資源來滿足每一個新的批評，變項的適合數據也可能無法獲得，像是神經緊張的程度。

詳細說明假定的因果機制，然後檢定這個機制的應用後果，是個有力的策略。癌症研究團體的確遵循這個策略。

假定的機制以簡單的、非技術性的語言陳述，也就是，菸葉的煙含有對身體有毒的物質，經由接觸而累積，接觸愈多，毒性就愈強。現在，這個機制有哪些實際上的應用呢？

1. 一個人抽菸愈久，罹癌的風險就愈高。

2. 在一段期間裡，一個人抽的菸愈多，罹癌風險就愈高。

3. 停止抽菸的人們比持續抽菸的人們，有著較低的罹癌率。

4. 抽菸者的癌症好發於肺部，而且是一種特定型。

5. 抽菸者提升了其他呼吸道疾病的比率。

6. 吸雪茄或菸斗的人們，菸通常沒有被吸入，有著異常高的嘴唇癌症比率。

7.吸濾嘴菸的人比其他吸菸者具有較低的罹癌率。

8. 與吸菸者生活在一起的不吸菸者，具有上升的罹癌率（推測與二手菸有關）。

在U.S. Surgeon General（1964）以及稍後的報告裡，這些可能的後果有著中度至強度的實證支持力。它們[9]都是相關性（藉由比較不同母體子群的罹癌率）。然而，案例相當具有說服力，因為一致性高，許多有力的證據都支持有毒菸害的機制。此外，似乎不需要另外的解釋機制，因為沒有異常的結果需要被解釋。如果發現吸菸者的扁平足比率，四倍於不吸菸者，並包含在上述的1-8項名單裡，這會創造一些些令人煩惱的不一致，並且要繼續為新概念尋找原因。

注意，以上的證據使得有毒菸害解釋優於對立解釋。如果一個與抽菸習慣有關的因子，像是喝咖啡或緊張人格，真的是罹癌因子的話，那麼就很難解釋結果3、4、5、6以及7了。

因此，緊密的、集群的、有力的、可能的相關性結果，的確在因果的導論上具有競爭力。也可以這麼說，團結在一個假設的潛在過程背後的一群作用，就是其*特徵*。[10]一個特定的可認知的特徵，加強了主張的可靠性，讓我們採信特定的潛在過程在運作，這很像是驗屍官報告（Scriven, 1974）心臟病的七種不同徵兆（並且沒有其他任何徵

9　　第八項，關於「二手菸」，被一些承認吸菸有直接為害的人們所駁斥。Gross（1994）與Rockette（1994）在此論點上，交流著彼此的統計論據。

10　　同樣的概念也運用在測驗發展實務上，通常以「*建構效度*（construct validity）」稱呼之。經驗豐富的實驗心理學家，也採用這類型的策略。

兆是死因）。這個簡單的概念相當重要，並且合理化了第二個範例，在這個範例裡，論點乍聽之下相當難以置信。

實例：自殺與車禍死亡率。　Phillips（1977）宣稱，公眾皆知的自殺日期，像是名人，與這些特定日期接下來的7天車禍死亡率之間，存在系統性的關聯。這個神祕連結背後的假設是，公眾皆知的自殺事件，鼓動了有自殺傾向的人們採取自毀行為，其中一種形式就是車禍。

他的分析（Phillips, 1977）涵蓋了1966至1973年這一段期間，數據來自於加州。（因為加州公路巡警有著非常詳盡的車禍死亡數據，而非讀者所想的什麼所有瘋狂的事都會發生在加州。）Phillips竭盡所能地蒐集了八年裡，知名報紙的頭版自殺故事。與這些自殺有關的20個日期被注記，每一個日期都伴隨著接下來七天的車禍死亡率。

Phillips（1977）面臨著一個困難的比較問題。他如何識別那些關鍵週裡的車禍死亡率特別高？合適的非自殺週是必要的比較。Phillips要做的是，把前後幾年同期的週抓出來。關鍵週裡假期的有無，也要與比較的週吻合。

最後，每一個關鍵週，大於或小於比較週死亡率的百分比被計算出來。這20個百分比結果，被四捨五入至整數，以莖葉圖呈現在表9.1裡（負號指出自殺週具有較低的比率）。這20個比較當中的其中15個，與假設的方向一致，而所有20個的平均數是＋9.12，與零有顯著差異（單尾t-檢定，p-值為0.01）。

　　然後，研究者主張，在加州的這幾年裡，高知名度的自殺故事，平均上，系統性地增加了接下來一週的車禍死亡率約9%。這似乎是很令人驚訝的效果，車禍死亡率居然會受到自殺故事這種明顯不相干事件的影響。如果你注意到增加的9%死亡率，不過指出每個自殺週比相較的每周88個死亡數多出7.5個，你就能夠減輕這種不可思議的感覺。更進一步想，9%只是估計值，它隸屬於機率變異。這個估計值的95%信賴區間為1.7%至16.5%，而這個區間的下限值聽起來並不刺耳。

表9.1　眾所皆知自殺事件兩天後，過量的車禍死亡率

3	056
2	09
1	248
0	0445778
−0	422
−1	
−2	00

表注：數據以高於或低於基線多少百分比呈現。N＝20。

　　儘管如此，研究者提出的機制似乎有點牽強。如我們所知，我們應該特別小心橫跨時間的相關性，因為各式各樣完全不相干的事件，能每年、每月或每周同時發生，像是閏年與總統大選，或上教堂和下注足球賽。造成自殺與車禍關係的第三個人為因子很容易就想像得到。也許每週的特定幾天有著較多的自殺事件，而每週開始的兩天後

有著較多的交通意外。這也許與週末假期有些連結。另一條解釋主線涉及短期國家或國際危機：面臨戰爭威脅、恐怖分子襲擊、股票市場陡然下跌，巨大的壓力引起更多的自殺與更糟的駕駛。

名單可以一直列舉下去，但批評者甚至不需要一張名單，就能做好批評工作。在我們的網球比喻裡，最粗暴的批評者，甚至不承認球在他們那邊。只要他們看見，眾所皆知的自殺事件與接下來的死亡車禍具有系統性的關聯，他們就會說作者的球越界了，並且等待對手的回應。（這個案例類似Maharishi範例，只是較不極端。）

因此，研究者理應呈現一個*特徵*——一群與假設一致的證據，說明眾所皆知的自殺事件引起了自毀式車禍，而這些證據與其他的解釋不一致。這種證據的確可以作為引證。作為開端，Phillips（1986）發現，得到更多公眾注意的自殺事件，接下來會有更多的死亡車禍。

如Phillips與Bollen（1985）所主張，如果研究者假設的機制是正確的，那麼涉及不同分析焦點的不可置信關係會消失。（請回憶箴言7裡，Lazarsfeld的格言。）如果Phillips（1986）的分析是切題的，人們應該發現，如果時光倒流，在自殺事件前一週有著相符的死亡車禍率，那麼關係就不存在。的確，找不到這樣的事例。關於原始數據，有一件不易察覺的事，那就是致命車禍意外應局限於單獨駕駛。沒有理由去預期增加的死亡車禍涉及乘客，而事實上，眾所皆知的自殺事件與這類有乘客的車禍之間，不存在關聯性。這三種附屬的結果開始形成一個特徵，示意眾所皆知的自殺事件與無乘客車禍之間，存在名副其實的鏈結。

Maharishi研究的作者,沒有充分地追尋這類概念上的支持證據,以便對抗人為因素。以每天靜坐人數為獨變項,把研究前後年,每日夏季犯罪、意外、火災以及戰爭死亡數作為依變項。如果存在關聯,就會損害Maharishi效應的主張。另一種檢定此本質的作法是,以其他的人類日常活動,像是聽音樂會或跑咖啡館,作為獨變項。如果這類數據顯示Maharishi效應,那麼也會傷害靜坐引起效應的假設。人們也可以想出許多其他的檢驗。沒有執行這類自我懷疑式的分析,會使研究者喪失明白易懂的研究特徵。

相關裡的雜質

相關結果第三個因子的批評類型有一種變形,那就是人為變項*附屬*於其中一個明確變項,這就像是黏在石頭上的藤壺,或食物裡的味精。研究者宣稱X引起Y,批評者回應不是X引起Y,而是沒有提到的Q,附屬於X,引起了Y。變項Q因此*中介*(mediates)了X與Y之間的關係。這種中介關係可以是外來或固有的。

首先,考量Professor I. B. Fenstermacher的宣稱,此宣稱奠基於經常野餐所帶來健康後果的廣泛研究。雖然他發現,常野餐與不常野餐之間的膽固醇差異不具有顯著性,但是他確實發現皮膚紅疹平均數有顯著差異。他下結論說,野餐系統性地引起這種特定的疾病。批評者M. Neffer,立即認出這種紅疹事實上是蚊子叮咬出來的。他進一步論述,雖然野餐與蚊子紅疹之間存在系統性的關係,但是說紅疹是蚊子咬出來的比較合理,而實際情況也正是如此,因為蚊子會頻繁地出現

在野餐場合。

這裡有一個類似但比較不那麼輕浮的例子，主要論述食用花生醬與提高罹癌風險之間的關聯。是的，花生醬！背後的機制是，花生運送至花生處理場時，有少部分發霉而含有黃麴毒素（aflatoxin），這是一種已知容易使動物致癌的物質（National Research Council, 1978）。此處，批評者也許會說，致癌的不是花生醬而是黃麴毒素——近因。然而，堅持花生醬不是真正的致癌原因，對於喜愛花生醬卻又怕罹患癌症的人們而言，只是小小的安慰。實際上的風險（不大，但有可能）潛伏於一生當中，長期食用花生醬的量。因此，簡單地說花生醬是罹癌因子，也許並沒有真的那麼愚蠢。

讓我們回到Professor I. B. Fenstermacher的論述。被Neffer的嚴苛批評修理之後，Fenstermacher試著復仇。Neffer發表了一篇文章，主張抽菸導致肺癌。Fenstermacher現在已經學到了人為因素的論據結構。他投稿答辯說，「抽菸不會導致肺癌」。累積在肺部裡的焦油和尼古丁（nicotine）才是導致肺癌的元凶。

似乎Fenstermacher又犯了另一個愚蠢的錯誤，因為焦油和尼古丁沉積物就是抽菸這個現象造成的。這似乎指出，提出的人為因素就是現象本身。引用這個人為因素作為批評，無意之中反而有利於現象的論述（參看注8）。

讓我們再仔細看一下以上三個例子。所有這三個例子都指出，令人愉悅的物質或活動隱含著危機，而危機愈來愈不可改變——也就是，活動本身固有的——從第一個例子進程至第三個。

　　有實際的方法來減少野餐時的蚊子叮咬，例如：驅蚊拍。沒必要在野餐時忍受蚊子叮咬，雖然其具有統計上的顯著性。同樣地，存在可能的方法來消除花生醬裡的黃麴毒素，即使它們：（1）不切實際或（2）花費很貴。（兩種理由都被提出過，用來反對全國性的花生檢查。）無論如何，花生致癌不具有絕對必然性。

　　在這兩個例子裡，原因變項的提純，移除了其與負面後果的關聯。在抽菸的案例裡，原因與效果之間的連結似乎更無可避免，因為所有的香菸都包含焦油與尼古丁。

　　從邏輯的觀點出發，人們或許會建議把這兩種物質從香菸裡移除，那麼抽菸就不再會導致癌症了。天曉得！香菸公司會這麼想並且這樣做。

　　困難在於，去除了尼古丁之後會破壞抽菸的感覺。危險的雜質無法與抽菸的樂趣分開，也因此抽菸會被斥責。（這種情況會改變，如果某種新的、安全的菸草流行了起來，並且變成了一種新活動——稱它為「schmoking」。人們會說抽菸導致癌症，而schmoking不會。schmoking與smoking的區別特徵當中，能夠找到致癌因子。）因此，雜質作為人為因素的爭論，引起了事物真實本質的爭論。（這讓我們想起了，是否心像不同於命題網絡的爭論。）

　　我們接下來要在實驗操弄下的變項裡考量雜質，實驗研究有時候也會迸出模糊性，進而引起了辯論。

實驗裡的雜質

隨機分派對象至實驗情境，比相關性研究更能避開人為因素。這是因為，隨機分派排除掉了所有第三個變項的解釋。經驗一個特定情境與不在同樣情境的對象們之間，不能說在第三個變項上（例如：智力或家庭收入）具有系統性的差異。實驗者，不是真實世界，指派對象到情境裡，而隨機分派確保系統偏誤的缺席。（請回想箴言裡的交響樂指揮。）

然而，實驗研究還是與相關研究一樣，對*雜質*沒有抵抗力。關於實驗處置的某事物，能夠造成結果，而非實驗處置本身。雜質原則上能夠被除去（像是除去花生的毒素那樣），但也許沒有做到。實驗調查的批評與實驗者的反駁，經常圍繞在是否假定的雜質有出現，而如果有，是否它們屬於實驗變項所固有的，或只是偶然附屬的。

這類議題很可能發生，當特定的實驗操弄與測量被設計去表徵更廣泛的概念時。那麼結果的詮釋肯定就會普遍化，而非照字面上的那樣。實驗者想要去檢視原因與效果之間的連結，而為了達到這個目的，他必須以特定的程序與測量來操弄原因與效果。人們也許會說，普遍原因與普遍效果，以特定原因與特定效果來示例。批評者會說，有外來的影響——雜質——在研究者用來達到意圖概念的操弄裡。我們使用兩個相當不同的實例，探討可能的操作（operational）雜質。

實例：性別操弄的雜質。 Goldberg（1968）提出一個簡單精明的方法來偵測性別偏好。他給對象呈現相同的短文內容，但是作者的

名字是隨機的，例如：不是John Smith就是Jane Smith。閱讀了短文之後，對象被要求在幾個方面（是否寫得好，有說服力等等）評鑑其品質。結果發現，男性名字的短文得分比女性的高，甚至連女性對象都對男性名字的短文評分較高。

從此以後，大量的研究者都使用類似於Goldberg（1968）所使用的實驗操作。很多不同的結果，但其中許多都指出男性具有較優越的智性競爭力，而大部分的負面刻板印象都歸給女性。

這個方法似乎消除了實驗雜質的可能性。姓名的改變只是一個很微小的操弄。除了名字之外，其他條件都一樣。人們很難再想像一個更乾淨、更沒有人為因素的操弄。

你猜怎麼了？雜質還是被發現了（Kasof, 1993）！這位批評者主張，所有的名字，男性或女性，都具有評價含義。Waldo就比William或Walter來得不討喜，而Donna就比不上Diana。Kasof讓對象去評分一大群名字，然後他檢視用在性別偏好實驗裡的名字，分別具有多大的吸引力。

在選擇名字的配對時（或有時候，名字的名單），一個男性，另一個女性，研究者會不經意地使用較不具有吸引力的女性名字。特別是使用男性名字字尾附加「a」為女性名字的配對情況下——Robert／Roberta、Paul／Paula、Donald／Donna以及等等。附加名字一般較不具有吸引力。因此，刻意要展現性別主義（sexism）的實驗，可能到最後變成姓名主義（nameism）——有著不討喜名字的人們較沒有能力。Kasof（1993）總結，這種人為因素確實存在，因為使用同等吸

引力男性與女性名字的研究，傾向於指出相對小或零的性別效果。

如果，平均而言，女性名字比男性名字較具有負面觀感，那麼反駁會出現，因爲這就是另一種性別主義的特徵。女性名字像是Roberta等等，可能帶有負面含意，因爲它們是女性名字。因此，這個人爲因素就是現象。

Kasof（1993）預料到這個反駁。他提到，所有可獲得的名字當中，平均而言，男性名字與女性名字在吸引力上沒有差異。然而，實驗所選擇的名字，在吸引力上卻具有性別差異（平均而言）。看起來像是，實驗者傾向於不經意地選擇具有明顯性別效果的名字。

Kasof（1993）的分析也許會在往後的審視中被修正。然而，他告訴我們一件驚人的事實——潛伏的雜質能夠汙染即使看起來很乾淨的實驗操弄。

實例：獎勵效果的不和諧理論。　請回憶Festinger與Carlsmith（1959）的研究：在公開地誤導任務是有趣的之後，$1獎勵組比$20獎勵組，更能認同任務是有趣的。不和諧理論背後的機理是，$1似乎不夠使對象假裝同意說無聊的任務是有趣的。爲了降低這種想法的不和諧感（不舒服感），對象說服他們自己，任務多少是有趣的，並且在評分時呈現出來。反之，$20組認爲被給與的獎勵已經超過應得的了，所以沒有放多少心思在這件事情上，而接下來對任務的評分就不會故作有趣。

有許多針對這個實驗的批評（Chapanis & Chapanis, 1964; Elms & Janis, 1965）。畢竟，實驗程序相當複雜（參看箴言2），有著許多

讓雜質與偏誤潛入的機會。其中一個批評Rosenberg（1965）主張，有一個人為因素汙染了$20情境。他預期自我說服的效果，會隨著獎勵的增加而增大，而非減少。因此，在任務的有趣度評分上，$20組應該比$1組得分要高。實驗結果為何不是如此？

根據Rosenberg（1965）的說法，因為$20獎勵似乎太超過了，而$20情境的對象，想要對實驗者表現出他們可不是這麼容易就被收買的。當然，他們會收下錢，並且完成他們的任務，但稍後的任務有趣度評分，會讓實驗者知道他的賄賂被拒絕了。

這個批評對$20情境的本質，提出了明顯不同的看法。對Festinger與Carlsmith（1959）而言，$20對不真誠表現的行為，提供了足夠的合理化條件；對Rosenberg（1965）來說，它是一個賄賂。Rosenberg指出，$20獎勵的無意的、誤導的特徵，是一個可能的雜質。他在他的研究裡，比較$1與$5條件的自我說服效果，藉此強化他的批評論據——接受較多獎勵的對象，展現出較高的自我說服力。

在他的實驗裡（Rosenberg, 1965），他要求俄亥俄州立大學學生，寫下為何俄亥俄州立大學美式足球隊應該拒絕玫瑰盃（Rose Bowl）的邀請。一些對象被隨機給與$1，其他$5。寫下短文之後，$5組的反對玫瑰盃平均程度較高。Rosenberg是這樣詮釋其結果的，當預防措施被採用時，過分獎勵的無謂影響就被去除了，於是不和諧預測就失敗了。

然而，Rosenberg（1965）的實驗設計有一個失察。使用$1和$5條件，結果顯示，更多的獎勵換來更高的自我說服力。為了讓他的研

究完整，他應該納入\$20條件。如果\$20組的平均反對玫瑰盃程度要低於\$5組，那麼就證實了他的批評論點，也就是過多的獎勵反而會有反效果。如果\$20情境的反對程度高於\$5，那麼他把\$20視為賄賂的觀點，就站不住腳了。

　　為了有效地說服他人，說某人的實驗裡有人為特徵，批評者不應該只是把麻煩的特徵移除，然後逕自進行研究。重要的是，把原本的特徵也納入研究，進行複製。藉著這麼做，你可以明白是否特徵真的產生了人為結果，或是否彼此對抗的實驗之間，存在某種其他的差異（例如：是否對象被要求說出或寫下其違心之論）。

　　令人吃驚的是，這種複製程序經常沒有被遵循。這也許是因為批評者們自我催眠，認為原本的研究者做錯了，而他們知道怎麼做才對並且得到正確的結果。重複實驗的「錯誤」方式，不會出現在批評者的腦海中。

　　在後續的不和諧理論文獻裡，\$20的議題藉由使用較小的獎勵，或金錢之外的合理化條件而避開。不和諧理論的預測，在後來的實驗裡被廣泛地確認，雖然有理論上的微調（參看箴言8；也參看Cooper & Fazio，1984）。

程序偏誤

　　雜質通常是實驗者不經意造成的人為因素。有點不同於此類案例的偏誤，直接與實驗者本身所扮演的角色有關——對某種結果的偏好強於他者。接下來，讓我們來探討這類可能的人為因素。

實驗者偏誤。 研究者通常想要他們的實驗結果以某種方式出現。至少，他們會想要作出第二章的基本論據主張，也就是一個特定的因子，要對實驗組別之間的差異負責。如果他們的願望成眞，他們會很開心。但是，除了欺騙、弄錯的數據表格或狂妄的分析之外，實驗者能夠意識或下意識地偏誤其實驗結果嗎？

似乎確實如此。Robert Rosenthal（1963）在幾年前的一系列研究裡指出，偏好不同實驗假設的不同實驗者，傾向於產出有利於自己立場的實驗結果。他稱這種傾向爲「實驗者期待效果」。這可能歸因於濫施於實驗組對象上的激情與注意力，相對於控制組而言。或者，偏誤藉著研究者非語言的線索而發出。（要檢閱實驗者期待效果的解釋與證據，請參看Rosenthal, 1976; 以及Rosenthal & Rubin, 1978。）

有一些標準預防措施，能夠事先阻斷可能的實驗者偏誤效果。最好的方式是使實驗者不覺察或看不見，每個對象被分派到何種情境。最萬無一失的作法是，在對象被隨機分派至組別之前的這一段期間，限制實驗者與對象的接觸。實驗者給出適用於所有對象的一般指導語，然後由電腦依據情境，執行特定的指示。

有一種較不完美但也已經夠好的預防作法，就是由兩位實驗者分開執行實驗程序，一位負責關鍵的實驗操弄，另一位負責取得最後的反應測量值（哪一位做都可以）。第二位實驗者應該不能看見第一位實驗者所做的事。較不完美的預防方法比較通行，因爲任何想要使主要實驗者看不見實驗情境的作法，都會帶來古怪的情況。假設治療者想要比較兩種治療方法，於是想要在他的病人上隨機施予這兩種方

法。我們無法合理地要求，治療者必須要不知道他對每一位病人施予何種療法。然而，我們可以保證，臨床評鑑被某位不知道治療情境的研究者所執行。

然而，實驗者偏誤的批評不確定會以什麼方式，從什麼地方跑出來。決定辯論輸贏的關鍵在於，是否實驗者採取了每一項合理的預防措施。忽略要讓實驗者不知道實驗情境，或讓實驗助理不知道實驗假設的需求，會使實驗結果容易受到批評，尤其是當採取這些預防措施是相對簡單時。如我們在可能的實驗雜質案例裡所見，預防是最好的防禦——雖然有時候要使實驗者盲目並不簡單。另一條比較弱的辯護主軸是，讓人看見雖然實驗者偏誤效果是一個概念上的可能性，但事實上不太可能發生。這需要一些文字或影片紀錄，把實驗者（或助理）的行為記載下來，而評斷者無法分別針對不同實驗組別的行為。

　　需求特徵。　當研究者主張，特定的實驗操弄因子，在隨機分派的組別之間產生系統性差異時，批評者可能會指出，人類對象會刻意且策略性地對實驗情境做出回應。對象可能會起疑[11]，也許試著討好實驗者，以及等等。術語*需求特徵*（demand characteristics）被用來表示對象反問自心的現象，「實驗者要我做什麼？對我有什麼樣的要求？」然後，他們為了滿足（在一些案例裡，抵抗）感受到的需求而行為。這種批評會變形為，對象試圖以社會認同的方式做反應，或他們把實驗視為某種特性的測驗。

11　在心理學的實驗裡，大量使用大學生為對象（參看Sears, 1986），徵求的程序每年都一樣。關於實驗充滿詭計的消息，已經不是新鮮事，而現今的大學生，慣於對實驗起疑。

在需求特徵類目裡的可能人爲因素，無關於實驗者的直接影響；反而，它們依賴對象對實驗者行爲與目的*詮釋*。這類由對象事後加以判斷的詮釋，通常具有高度不正確性。

需求特徵的防禦論據相當難以被滿足。研究者很難接近對象的心智狀態。事實上，連對象都很難理解自身的心智狀態，不知道爲何會有這樣的行爲（Nisbett & Wilson, 1977）。預防需求特徵最保險的實驗設計是，使對象不知道實驗情境，或者反應不受意識所控制。在組間實驗裡，每一位經歷關鍵操弄的對象，並不清楚另一組對象經歷了什麼樣不同的實驗設計特徵，所以這種實驗設計可以減輕對象知道實驗情境的問題。不受意識控制的心理反應測量，能夠以反應時間作爲測量值。對於缺乏這類幸運環境的實驗而言，整體程序上的預防措施可能很難策劃，但它們能夠被很好地分別實施。[12]

一位理性實驗者可能會採取的步驟如下：

1. 強調對象的匿名性。

2. 去除程序的類測驗（testlike）外觀。

3. 指導語直白可信。

4. 面談試點的對象，了解其詮釋。

5. 必要的話，重新設計研究以減輕猜疑。

6. 把反應測量與處置操弄分開。

12　一個答辯也許不夠有說服力，而整體可能會令人信服。這種情況被裁縫師的吹牛皮給挖苦：「我們在每一套服裝上虧本，但只要我們賣得多，就會有利潤。」

7. 使用非侵入或不刺激的反應測量法。

8. 使用程序去診斷需求特徵。

實例：極端的態度與偏誤的過程。　上述名單裡的預防措施，大部分都是不解自明的。第8項的手段，能夠以Lord et al.（1984）的固執態度研究來示例。在此研究以及先前的研究裡（Lord et al., 1979），極度反對死刑的人們，被發現會扭曲其遏制效果，以致於在證據曝光後，兩邊立場人們的態度更趨向兩極化。

在考慮對方立場（consider-the-opposite）情境下，看見批評自身立場的證據比支持的證據具有更多的瑕疵之前，兩邊立場的支持者被告知要考慮對方的立場。他們被要求自我評估，是否會對每一樣證據有著相同的評價，如果結果支持對方的立場。如研究者所預測，考慮對方立場的指導語產生了幾乎平手的證據待遇，消除了兩極化的效果。然而，這是一種最容易受到需求特徵解釋所攻擊的發現。批評者可能會說，研究者很坦白地告訴了對象要做什麼——平等地對待所有的證據——而天哪！對象都做到了。

預期會有這些發現與批評，Lord et al.（1984）設計了第三個組別，一個要保持公正（be-unbiased）的情境，指導語要對象盡可能保持客觀與公正，就像一位裁判或法官公正無私地權衡證據。這個情境的結果與沒有特定指導語的結果一樣，都呈現出偏誤與兩極化。只是告訴對象要公正，起不了作用。此外，一組獨立的人們，當看見考慮對方立場與要保持公正的指導語時，都認為後者比較可能給對象帶來

實驗者需求的壓力。於是，作者主張，這整個實驗結果所呈現的模式，不太可能被需求特徵所解釋。

因為需求特徵解釋是如此地容易取得，也很容易應用，所以從這個觀點來批評研究並不難。然而，如果實驗者有採取合理的預防手段，批評就會有所節制。

與刺激材料有關的偏誤：ESP實例。　有許多可能性，會讓外來的影響悄悄潛入心理學實驗。我們再介紹一個例子就好，這個例子來自於箴言2與箴言5討論過的超感官知覺實驗。

在所有關於ESP的實驗裡，都會假定正常的知覺溝通渠道被排除了。舞台魔術師，迂迴使用正常溝通訊息來展示讀心術，像是在大廳裡安排同謀者來竊聽訊息。（我曾經在課堂上被「靈媒」讀出，我昨天晚餐吃了什麼。他透過與我太太的電話對話當中，得知這個訊息，雖然我太太答應我要戴上封口箱。）

許多負責任的變態心理學實驗者，確實很認真地試著要消除正常訊息管道。但是，在偶然的狀況下，訊息會透過某種不易察覺，但正常的方式傳達出去。其中一個例子就是研究傳心術的*Ganzfeld*（甘茲菲爾德）實驗（參看Bem & Honorton, 1994）。

在這個範例裡，孤立的訊息接收者雙眼被蒙上半顆乒乓球，耳朵帶上提供噪音（white noise）的耳機。傳送者有30分鐘的時間，以傳心術傳送圖卡的基本要素，圖卡是從四張圖卡當中隨機決定的。傳送者被允許握住隨機選中的那一張圖卡。接下來，訊息接收者被給與這四張圖卡，並（這種程序的最簡化版本）說出哪一張圖卡是被選中的。

Ganzfeld研究的後設分析（Bem & Honorton, 1994; Honorton, 1985）指出，正確率顯著高於0.25。然而，幾位批評者仔細研究早期的Ganzfeld實驗後，發現一個可能的知覺洩漏渠道：接收者可以透過傳送者握住那張牌上所留下的汗跡、指紋，或甚至溫度差異，而得到正確的訊息。

這個批評就像是Festinger與Carlsmith（1959）研究裡的$20條件批評，具有*表面可靠性*（face credibility），並把研究者再丟回防衛的態勢。處理這個批評的最佳辦法（如同$20案例裡那樣），是在往後的研究裡，程序性地避免這個問題。所以，在爾後的Ganzfeld程序裡，交給接收者的圖卡是沒有被傳送者摸到或看見的副卡。這就有效去除了傳說中的人為因素。

有趣的是，沒有證據顯示，圖卡汗跡假設，確實提高了接收者的答對率。Hyman（1985），一位不屈不撓的變態心理學批評者，指出知覺洩漏機會與超感官知覺答對率之間沒有相關。儘管如此，對抗訊息洩漏的措施，包含副卡的使用，現在都成為任何Ganzfeld研究的標準正式程序了。

9.4　對方法學的批評所帶來的影響

在我們的兩個實驗批評範例裡，一個奠基於操弄的雜質（$20獎勵），而另一個奠基於程序偏誤（知覺洩漏）。在這兩個案例裡，我們看到了特定領域研究者的後續策略，也就是改變實驗設計以避免可

能的雜質，即使沒有證據指出，實驗結果被假定的人為因素所影響。

　　我相信，這種現象相當普遍，不僅僅限於科學界，其他領域也有，像是政治學。當一個特定的批評被廣泛地提及，而反駁似乎不足時，這個批評就會變得愈來愈強大，以及愈來愈流行，並且會被一再地使用於類似的環境。這類批評的箭靶，可能會把接受這個批評是有效（即使可能不是）的論點，作為自身生存的唯一方法，並且避免在未來再次碰撞。因此，任何批評的騷動，都可能在未來同類型的研究上，帶來方法學上的改變——尤其是當改變像是在Ganzfeld研究裡，使用副卡那樣的簡單。

　　長期不斷地權衡對抗批評的措施，並且把這些措施逐漸納入方法學的主體，是精進任何研究方法的不二法門。今日的抱怨變成明日的警示。用艾貝爾森的第八條金律來說，*批評乃方法學之母*。研究結果的統計與概念分析會帶來爭論，而這對科學有益。

　　研究結果以特定的論據來論述，伴以有原則的研究程序與統計分析。在交互辯論的壓力下，研究不斷地累積，先前的理論普遍性會被支持、修正或拋棄，而新的泛論會出現。除了理論與普遍結果的發展之外，智慧會在特定研究與統計方法的進退上積累。隨著時間的過去，雖然很慢，方法學上的批評變得愈來愈鋒利與苛刻，而研究者必須要更小心地進行研究。所以，每一個新世代的社會科學研究工作者，都要面臨更為複雜的科學文化。因此，有原則的統計論據不僅僅無法避免，還是十分重要的。

參考文獻

Abelson,R. P. (1953). *Spectral analysis as a method for analyzing time-ordered psychological data.* Unpublished doctoral dissertation, Princeton University, Princeton, NJ.

Abelson,R. P. (1979). Differences between belief systems and knowledge systems. *Cognitive Science, 3,* 355-366.

Abelson,R. P. (1981). *Constraint, construal, and cognitive science.* Invited address at the Third Annual Conference of the Cognitive Science Society, Berkeley, CA.

Abelson,R. P. (1985). A variance explanation paradox :When a little is a lot. *Psychological Bulletin, 97,* 128-132.

Abelson,R. P.,& Miller, J. (1967). Negative persuasion via personal insult. *Journal of Experimental Social Psychology, 3,* 321-333.

Adams, D. (1980). *A hitchhiker's guide to the galaxy.* New York: Harmony Books.

Adams, W. J. (1974). *The life and times of the centrallimit theorem.* New York: Kaedmon

Anscombe,F. J. (1967). Topics in the investigation of linear relations fitted by the method f least squares. *Journal of the Royal Statistical Society* (Series B), *29,*1-52.

Aronson, E. (1969). The theory of cognitive dissonance: A current perspective. In L. Berkowitz (Ed.), *Aduances in experimental social psychology* (Vol 4,pp. 1-34).

Aronson,E., Brewer, M., & Carlsmith, J. M. (1985). Experimentation in social psychology. In E. Aronson & G. Lindzey (Eds.), *Handbook of social psychology* (Vol. 1, pp. 431-483).New York: Random House.

Atlas, D. H. (1978). Longevity of orchestra conductors. *Forum on Medicine, 1*(9), 50-51.

Bailar, J. C., & Mosteller, F. (1988). Guidlelines for statistical reporting in articles for medical journals:Amplifications and explanations. *Annals of Internal Medicine,108,*266-273.

Banaji, M. R. & Crowder, R. G. (1989). The bankruptcy of everyday memory. *American Psychologist, 44,* 1185-1193.

Baron, R. A. & Ransberger, V. M. (1978). Ambient temperature and the occurrence of collective violence. The *"long,hot summer" revisited. Journal of Personality and Social Psychology, 36,* 351-360.

Bayes, T. (1764). An essay towards solving a problem in the doctrine of chances. *Philosophical transactions of the Royal Society of London 53,* 370-418 (for 1763). Reprinted in E. S. Pearson & M. G. Kendall (Eds.).(1970). *Studies in the history of statistics and probability.* London: Charles Griffin.

Beall, A. (1994). *Gender and the perception of emotioll.* Unpublished doctoral dissertation, Yale University,New Haven, CT.

Bem,D. J,. & Honorton,C. (1994). Does psi exist? Replicable evidence for an anomolous process of information transfer. *Psychological Bulletin, 115,* 18.

Bem, D. J., Wallach, M. A., & Kogan, N. (1965). Group decision making under risk of aversive consequences. *Journal of Personality and Social Psychology, 1,* 453-460.

Blackwell, T., Brown, C., & Mosteller, F. (1991). Which denominator? In D. C. Hoaglin, F. Mosteller, & J. W. Tukey (Eds.), *Fundamentals of exploratory analysis of variance* (pp.252-294). New York: Wiley.

Brehm, J. W., & Cohen, A. R.(1962). *Explorations in cognitive dissonance.* New York: Wiley.

Brody, J. E. (1991, March 14). Personal health. *The New York Times,* p.B8.

Brown, R. (1986). *Social psychology the second edition.* New York: The Free Press.

Browne, M. W. (1993, January 12). Coin-tossing computers found to show subtle bias. *The New York Times,* p.C1.

Brune,r J. (1971). *The releuance of education.* New York: Norton.

Burt, C.(1955). The evidence for the concept of intelligence. *British Journal of Educational Psychology, 25,*158-177.

Burt,C. (1966). The genetic determination of differences in intelligence: A study of monozygotic twins reared together and apart. *British Journal of Psychology, 57*, 137-153.

Bush, L. K., Hess, U., & Wohlford, G. (1993). Transformations for within-subject designs: A Monte Carlo investigation. *Psychological Bulletin, 113*, 566-579.

Campbell, D. T. (1960). Recommendations for APA test standards regarding construct, trait, or discriminant validity. *American Psychologist, 15*, 546-553.

Campbell, D. T., & Stanley, J. C. (1963). Experimental and quasi-experimental designs for research. In N. L. Gage (Ed.), *Handbook of research on teaching.* (pp. 171-246).Chicago: Rand McNally.

Carlsmith, J. M., & Anderson, C. A. (1979). Ambient temperature and the occurrence of collective violence: A new analysis. *Journal of Personality and Social Psychology, 37*,337-344.

Carroll, J. D.(1979, January 23). Music and age. *The New York Times*, p. C2.

Chapanis, N. P., & Chapanis, A. (1964). Cognitive dissonance: Five years later. *Psychological Bulletin, 61*, 1-22.

Cherlin, A. (1990). The strange career of the "Harvard-Yale study". *Public Opinion Quarterly, 54*,117-124.

Cialdini, R. B., Borden, R. J., Thorne, A., Walker, M. R., Freeman, S., & Sloan, L. R. (1976). Basking in reflected glory: Three (football) field studies. *Journal of Personality and Social Psychology, 34*, 366-375.

Ciminera, J. L., Heyse, J. F., Nguyen, H. H., & Tukey, J. W. (1992). *Tests for qualitative treatment-by-center interaction using a "pushback" procedure.* Unpublished manuscript, Merck, Sharp, & Dohme Research Laboratories, Whitehouse Station, NJ.

Clark, H. H. (1973). The language-as-fixed-effect fallacy. *Journal of Verbal Learning and Verbal Behavior, 12*, 335-359.

Clark, H. H,. Cohen, J., Smith, J. E.K., & Keppel, G. (1976). Discussion of Wike & Church's comments. *Journal of Verbal Learnmg and Verbal Behavior, 15*, 257-266.

Cleveland, W. S. (1993). *Visualizing data.* Summit, NJ : Hobart.

Cliff, N. (1993). Dominance statistics: Ordinal analyses to answer ordinal questions. *Psychological Bulletin, 114*, 494-509.

Cohen, J. (1962). The statistical power of abnormal-social psychological research: A review. *Journal of Abnormal and Social Psychology, 65*,145-153.

Cohen, J. (1988). *Statistical power analysis for the behavioral sciences* (2nd ed.). Hillsdale, NJ: Lawrence Erlbaum Associates.

Cohen, J. (1990). Things I have learned (so far). *American Psychologist, 45*, 1304-1312.

Cohen, J. (in press). The earth is round (p < .05). *Amencan Psychologist.*

Cohen, J. & Cohen, P. (1983). *Applied multiple regression and correlation analysis for the behavioral sciences* (2nd ed.). Hillsdale, NJ: Lawrence Erlbaum Associates.

Cook, T. D., & Campbell, D. T. (1979). *Quasi-experimentation: Design and analysis issues for field settings.* Chicago: Rand McNally.

Cooper, H., DeNeve, K. M., & Mosteller, F. (1992). Predicting professional sports game outcomes from intermediate game scores. *Chance, 5*(3-4), 18-22.

Cooper, J., & Fazio, R. H. (1984). A new look at dissonance theory. In L. Berkowitz (Ed.), *Advances in experimental social psychology* (Vol. 17 , pp. 229-266). New York: Academic Press.

Cowles, M. (1989). *Statistics in psychology: An historical perspective.* Hillsdale, NJ: Lawrence Erlbaum Associates.

Crano, W. D., & Brewer, M. (1986). *Principles and methods of social research.* Boston: Allyn & Bacon.

Davis, J. A., & Smith, T. W. (1991). *The NORC General Social Survey: A user's guide.* Newbury Park, CA: Sage.

Davis, M. S. (1971). That's interesting! *Philosophy of the Social Sciences, 1*, 309-344.

Dawes, R. M., Mirels, H. L., Gold, E., & Donahue, E. (1993). Equating inverse probabilities in implicit personality judgments. *Psychological Science, 4*, 396-400.

DeBondt, W., & Thaler, R. (1990). Do security analysts overreact? *American Economic Review, 80*, 52-58.

Deutsch, M., & Solomon, L. (1959). Reactions to evaluations by others as influenced by self-evaluation. *Sociometry, 22*, 93-112.

Diaconis, P. (1985). Theories of data analysis: From magical thinking through classical statistics. In D. C. Hoaglin, F. Mosteller, & J. W. Tukey (Eds.) *Exploring data tables, trends, and shapes*. (pp. 1-36). New York: Wiley.

Diaconis, P., & Mosteller, F. (1989). Methods for studying coincidences. *Journal of the American Statistical Association, 84*, 853-861.

Dorfman, D. D. (1978). The Cyril Burt question: New findings. *Science, 201*, 1177-1186.

Duncan,D. B. (1955). Multiple range and multiple *F* tests. *Biometrics, 11*, 1-42.

Duncan, O. D., Sloane, D. M., & Brody, C. (1982). Latent classes inferred from response consistency effects. In K. G. Jöreskog (Ed .), *Systems under indirect observation* (Part I). Amsterdam, Netherlands: North-Holland.

Duval, R. (1988). TM or not TM? : A comment on "International Peace Project in the Middle East." *Journal of Conflict Resolution, 32*, 813-817.

Dworkin, B. R., & Miller, N. E. (1986). Failure to replicate visceral learning in the acute curarized rat preparation. *Behavioral Neuroscience, 100*(3), 298-314.

Eagly, A. H. (1978). Sex differences in influencibility. *Psychological Bulletin, 85*, 86-116.

Edgington, E. S. (1987). *Randomization tests* (2nd ed.). New York: Marcel Dekker.

Edwards, W., Lindman, H., & Savage, L. J. (1963). Bayesian statistical inference for psychological research. *Psychological Review, 70*, 193-242.

Efron, B. (1982). *The jacknife, the bootstrap, and other resampling plans*. Philadelphia:SIAM.

Eggplant flavor peaks in 42 days. (1992,July 25). *Science News*, p. 60.

Einhorn, H., & Hogarth, R. (1986). Judging probable cause. *Psychological Bulletin, 99*, 3-19.

Ekman, P. (1980). *The face of man: Expressions of universal emotions in a New Guinea village*. New York: Garland STPM Press

Ekman, P. (1994). Strong evidence for universals in facial expressions: A reply to Russell's mistaken critique. *Psychological Bulletin, 115*, 268-287.

Elms, A. C. & Janis, I. L. (1965). Counter-norm attitudes induced by consonant vs. dissonant conditions of role-playing. *Journal of Experimental Research in Personality, 1*, 50-60.

Emerson, J. D. (1991a). Graphical display as an aid to analysis. In D. C. Hoaglin, F. Mosteller, & J. W. Tukey (Eds.), Fundamentals of exploratory analysis of variance (pp.165-192). New York: Wiley.

Emerson, J. D. (1991b). Introduction to transformation. In D. C. Hoaglin, F. Mosteller, & J. W. Tukey(Eds.), *Fundamentals of exploratory analysis of variance* (pp. 365-400). New York: Wiley.

Evans, G. (1991). The problem of analyzing rnultiplicative composites: Interactions revisited. *American Psychologist, 46*, 6-15.

Falk, R., & Greenbaum, C. W. (in press). Significance tests die hard: The amazing persistence of a probabilistic misconception. *Theory and Psychology*.

Fernald, A. (1993). Approval and disapproval: Infant responsiveness to vocal affect in familiar and unfamiliar languages. *Child Development, 64*, 657-674.

Ferrenberg, A. M., Landau, D. P., & Wong, Y. J. (1992). Monte Carlo simulations: Hidden errors from "good" random number generators. *Physical Review Letters, 69*(23), 3382-3384.

Festinger, L. (1957). *A theory of cognitive dissonance*. Evanston, IL: Row, Peterson.

Festinger, L., & Carlsmith, J. M. (1959). Cognitive consequences of forced compliance. *Journal of Abnormal and Social Psychology, 58*, 203-210.

Festinger, L., & Maccoby, N. (1964). On resistance to persuasive communication. *Journal of*

Abnormal and Social Psychology, 68, 359-366.

Feynrnan, R. P. (1965). *The character of physical law.* Cambridge, MA: MIT Press.

Fienberg, S. E. (1980). *The analysis of cross-classified categorical data* (2nd ed.). Cambridge, MA: MIT Press.

Fischhoff, B,. Slovic, P., & Lichtenstein, S. (1977). Knowing with certainty: The appropriateness of extreme confidence. *Journal of Experimental Psychology: Human Perception and Performance, 3*, 552-564.

Fisher, R. A. (1936). Has Mendel's work been rediscovered? *Annals of Science, 1*, 113-137.

Fisher, R. A. (1946). *Statistical methods for research workers* (10th ed.). London: Oliver &Boyd.

Fisher, R. A. (1955). Statistical methods and scientific induction. *Journal of the Royal Statistical Society* (Series B), *17*, 69-77.

Food and Drug Administration. (1973). *Histopathologic evaluation of tissues from rats following continuous dietary intake of sodium saccharin and calcium cyclamate for a maximum of two years* (Final report, Project No. P 169-170). Washington, DC: U. S. Government Printing Office.

Forster, K. I. & Dickinson, R. G.(1976). More on the language-as-fixed-effect-fallacy: Monte Carlo estimates of error rates for F1, F2, F',and min F'. *Journal of Verbal Learning and verbal Behavior, 15,* 135-142.

Fu, J. C., & Koutras, M. V. (1994). Distribution theory of runs: A Markov chain approach. *Journal of the American Statistical Association, 89*, 1050-1058.

Gangestad, S. W., & Snyde, M. (1991). Taxonomic analysis redux: Some statistical considerations for testing a latent class model. *Journal of Personality and Social Psychology,* 61, 141-146.

Gelman,R.,& Mack,E. (1983). Preschoolers' counting: Principles before skill. *Cognition, 13*, 343-359.

Gergen, K. J. (1973), Social psychology as history. *Joumal of Personality and Social Psychology, 26*, 309-320.

Gerrig, R. J. & Prentice, D. A. (1991).The representation of fictional information. *Psychological Science, 2*, 336- 340.

Gigerenzer, G. (1993). The superego, the ego, and the id in statistical reasoning. In G.Keren & C. Lewis (Eds.), *A handbook for data analysis in the behavioral sciences: Methodological issues* (pp. 311-339). Hillsdale, NJ: Lawrence Erlbaum Associates.

Gilbert, D. (1991). How mental systems believe. *American Psychologist, 46*, 107-119.

Gilovich, T. (1991). *How we know what isn't so: The fallibility of human reasoning in everyday life.* New York: The Free Press.

Gilovich, T., Vallone, R., & Tversky, A. (1985). The "hot hand" in basketball: On the misperception of random sequences. *Cognitive Psychology. 17*, 295-314.

Glass, G. V. (1978). Integrating findings: The meta-analysis of research. *Review of Research in Education, 5*, 351-379.

Goldberg, P. (1968, April).Are women prejudiced against women? *Transaction*, pp. 28-30.

Goldstein, A. (1964). *Biostatistics: An introductory text.* New York: Macmillan.

Goodman,L. A. (1970).The multivariate analysis of qualitative data: Interactions among multiple classifications. *Journal of the American Statistical Association, 65*, 226-256.

Green, B. F. (1992). Exposé or smear?: The Burt affair. *Psychological Science, 3*, 328-331.

Green, B. F. & Tukey, J. W. (1960). Complex analysis of variance: General problems. *Psychometrika, 25*, 127-152.

Green, D. P., Goldman, S. L., & Salovey, P. (1993). Measurement error masks bipolarity in affect ratings. *Journal of Personality and Social Psychology, 64*, 1029-1041.

Green, D. P., & Shapiro, I. (1994). *Pathologies of rational choice theory: A critique of applications in political science.* New Haven, CT: Yale University Press.

Greenwald, A. G. (1975). Consequences of prejudice against the null hypothesis. *Psychological*

Bulletin, 82,1-20.

Greenwald, A. G., Gonzalez, R., Harris, R. J., & Guthrie, D. (1993). *Using p values and effect sizes to evaluate novel findings: Significance vs. replicability and demonstrability.* Unpublished manuscript, University of Washington, Seattle.

Grether, D., & Plott, C. (1979). Economic theory and the preference reversal phenomenon. *American Economic Review, 69*,623-638.

Grice, H. P. (1975). Logic and conversation. In P. Cole & J. Morgan (Eds.), *Syntax and semantics 3: Speech acts* (pp. 41-58). New York: Academic Press.

Gross, A. J. (1994). Does exposure to second-hand smoke increase lung cancer risk? *Chance, 6*,11-14.

Hansel, C. E. M. (1980). *ESP and parapsychology: A critical reevaluation.* Buffalo, NY:Prometheus Books.

Hartigan, J. A., & Hartigan, P. M. (1985).The dip test of unimodality. *Annals of Statistics, 13*, 70-84.

Harville, D. A., & Smith, M. H. (1994). The home-court advantage: How large is it,and does it vary from team ro team? *American Statistician, 48*,22-28

Hedges, L. V. (1983). A random effects model for effect sizes. *Psychological Bulletin, 93*,388-395.

Hedges, L. V.,& Olkin, I. (1985). *Statistical methods for meta-analysis.* New York:Academic Press.

Helmreich, R., & Collins, B. E. (1968). Studies in forced compliance IV: Commitment and incentive magnitude as determinants of opinion change. *Journal of Personality and Social Psychology, 10*, 75-81.

Hidi, S,. & Baird,W. (1986). Interestingness-A neglected variable in discourse processing. *Cognitive Science, 10*, 179-194.

Hill, B. (1977). *A short textbook of medical statistics* (10th ed.). Philadelphia: Lippincott. (Original work published 1937)

Hoaglin, D. C., Iglewicz, B., & Tukey, J. W. (1986). Performance of some resistant rules for outlier labeling. *Journal of the American Statistical Association, 81*, 991-999.

Hoaglin, D. C., Mosteller, F., & Tukey, J. W. (Eds.).(1983). *Understanding robust and exploratory data analysis.* New York: Wiley.

Hoaglin, D. C., Mosteller, F. & Tukey, J. W. (Eds.).(1985). *Exploring data trends tables and shapes.* New York: Wiley.

Hoaglin,D. C., Mosteller, F., & Tukey, J. W. (Eds.).(1991). *Fundamentals of exploratory analysis of variance.* New York: Wiley.

Hochberg,Y., & Tamhane,A.C. (1987). *Multiple comparison procedures.* New York:Wiley.

Honorton, C., Berger, R. E. Varvoglis, M. P., Quant, M., Derr, P., Schechter, E. I., & Ferrari ,D. C. (1990). Psi communication in the Ganzfeld: Experiments with an automated testing system and a comparison with a meta-analysis of earlier studies. *Journal of Parapsychology, 54*,99-139.

Hovland, C. I., Janis, I. L., & Kelley, H. H. (1953). *Communication and persuasion.* New Haven, CT: Yale University Press.

Hovland, C. 1., & Weiss, W. (1951). The influence of source credibility on communication effectiveness. *Public Opinion Quarterly, 15*, 635-650.

Huff, D. (1954). *How to lie with statistics.* New York: Norton.

Hyman, R. (1985). A Ganzfeld psi experiment: A critical appraisal. *Journal of Parapsychology, 49, 3-49.*

Hyman, R. (1991). Comment. *Statistical Science , 6*, 389-392.

Hyman, R. (1994). Anomaly or artifact? Comments on Bem and Honorton. *Psychological Bulletin, 115*, 19-24.

Isen, A. M., & Levin, P. F. (1972). The effect of feeling good on helping: Cookies and kindness.

Journal of Personality and Social Psychology, 21, 384-388.

Iyengar, S., & Greenhouse, J. (1988). Selection models and the file drawer problem (with discussion). *Statistical Science, 3,* 109-135.

Jaynes, J., & Bressler, M. (1971). Evolutionary universals, continuities alternatives. In J. F. Eisenberg & W. S. Dillon (Eds.,) *Man and beast: comparative social behavior:* (pp.333-344). Washington, DC: Smithsonian Institution Press.

Jones, E. E. (1985). Major developments in social psychology during the past five decades. In G. Lindzey & E. Aronson (Eds.), *Handbook of social psychology* (Vol. 1,3rd ed., pp.47-107). New York: Random House.

Jöreskog, K. G. (1978). LISREL: *Analysis of Linear structural relationships by the method of maximum likelihood.* Chicago: National: Education Resources.

Judd, C. M., & McClelland, G. H., (1989). *Data analysis: A model comparison approach.* San Diego: Harcourt Brace.

Judd, C. M., McClelland, G. H., & Culhane, S. E. (in press). Continuing issues in the everyday analysis of psychological data. *Annual Review of Psychology.*

Kahneman, D., & Tversky, A. (1972). Subjective probability: A judgment of representativeness. *Cognitive Psychology, 3,*430-454.

Kasof, J. (1993). Sex bias in the naming of stimulus persons. *Psychological Bulletin, 113,* 140-165.

Kenny, D. A. (1979). *Correlation and causation.* New York: Wiley.

Kenny, D. A., & Judd, C. M. (1986). Consequences of violating the independence assumption in analysis of variance. *Psychological Bulletin, 99,*422-431.

Keppel, G. (1991). *Design and analysis: A researcher's handbook* (3rd ed.). Englewood Cliffs, NJ: Prentice-Hall.

Keuls, M. (1952). The use of studentized range in connection with an analysis of variance. *Euphytica, 1,*112-122.

Kihlstrom, J. (1987). The cognitive uncon*scious. Science, 237,*1445-1452.

King,G. (1986). How not to lie with statistics: Common mistakes in quantitative political science. *American Journal of Political Science, 30,* 666-687.

Kirk, R. E. (in press). *Experimental design: procedures for the behavioral sciences* (3nd ed.). New York . Brooks/Cole.

Kosslyn, S. (1975). Information representation in visual images. *Cognitive Psychology, 7,* 341-370.

Kosslyn, S. (1994). *Image and brain: The resolution of the imagery debate.* Cambridge, MA: MIT Press.

Kunda, Z., & Nisbett, R. E. (1986). The psychometrics of everyday life. *Cognitive Psychology,* 18,195-224.

Langer, E. J. (1975). The illusion of control. *Journal of Personality and Social Psychology, 32,* 311-328.

Langer, E. J., & Abelson, R. P. (1974). A patient by any other name: Clinician group differences in labeling bias. *Journal of Consulting and Clinical Psychology, 24,* 26-32.

Langer, E. J., & Rodin, J.(1976). The effects of choice and enhanced personal responsibility for the aged: A field experiment in an institutional setting. *Journal of Personality and Social Psychology, 34,* 191-198.

Larkey, P. D., Smith, R. A., & Kadane, J. B. (1989). It's okay to believe in the hot hand. *Chance, 2*(4), 22-30.

Lehnert, W. G. (1978). *The process of question answering.* Hillsdale, NJ: Lawrence Erlbaum Associates.

Linder, D. E., Cooper, J., &Jones, E. E. (1967). Decision freedom as a determinant of the role of incentive magnitude in attitude change. *Journal of Personality and Social Psychology, 6,* 245-254.

Loftus, G. R. (1991). On the tyranny of hypothesis testing in the social sciences. *Contemporary Psychology, 36*, 102-105.

Lord, C. D., Lepper, M., & Preston, E. (1984). Considering the opposite: A corrective strategy for social judgment. *Journal of Personality and Social Psychology, 47*, 1231-1243.

Lord, C. G., Ross, L., & Lepper, M. (1979). Biased assimilation and attitude polarization: The effects of prior theories on subsequently considered evidence. *Journal of Personality and Social psychology, 37, 2098-2109.*

Madansky, A. (1988). *Prescriptions for working statisticians.* New York:Springer-Verlag.

Maier, M. H. (1991). *The data game: Controversies in social science statistics.* Armonk,NY: M. E. Sharpe.

Mandlebrot, B. (1965). A class of long-tailed probability distributions and the empirical distribution of city sizes. InS. Sternberg, V. Capecchi, T. Kloek, & C.T. Leenders (Eds.), *Mathematics and social sciences.* (pp. 257-279). Paris: Mouton.

Mann, H.B., & Whitney, D. R. (1947). On a test of whether one of two random variables is stochastically larger than the other. *Annals of Mathematical Statistics, 18*, 50-60.

Marshall, G. D., & Zimbardo, P. G. (1979). Affective consequences of inadequately explained physiological arousal. *Journal of Personality and Social Psychology, 37*, 970-985.

Mayer, J. D., & Bower, G. H. (1985). Mood-dependent retrieval: Commentary on Wetzler. *Psychological Reports, 57*, (3, Pt. 1), 1000-1002.

McGuire, W. J. (1983). A contextualist theory of knowledge: Its implications for reform and innovation in psychological research. In L. Berkowitz (Ed.), *Advances in Experimental Social Psychology* (Vol. 16, pp.1-47). New York: Academic Press.

McGuire, W. J.(1989). A perspectivist approach to the strategic planning of programmatic scientific research. In B. Gholson, W. R. Shadish, Jr., R. A. Neimeyer, & A. C. Houts(Eds.), *Psychology of science: Contributions to metascience* (pp. 214-245). New York:Cambridge University Press.

Mesquita, B., & Frijda, N. (1992). Cultural variation in emotions: A review. *Psychological Bulletin, 112*, 179-204.

Meyer, D. E., & Schvaneveldt, R. W. (1971). Facilitation in recognizing pairs of words: Evidence of a dependence between retrieval operations. *Journal of Experimental Psychology, 90*, 227-234.

Micceri, T.(1989). The unicorn, the normal curve, and other improbable creatures. *Psychological Bulletin, 105*, 156-166.

Milgram, S. (1963). Behavioral study of obedience. *Journal of Abnormal and Social Psychology, 67*, 371-378.

Miller, N. E. (1972). Interactions between learned and physical factors in mental illness. *Seminars in Psychiatry, 4*, 239-254.

Miller, N. E., & Banuazizi, A. (1968). Instrumental learning by curarized rats of a specific visceral response, intestinal or cardiac. *Journal of Comparative and Physiological Psychology, 65*, 1-7.

Miller, R. G. (1981). Simultaneous statistical inference (2nd ed.). New York: Springer-Verlag.

Mosteller, F., & Bush, R. R. (1954). Selected quantitative techniques. In G.Lindzey (Ed.),*Handbook of social psychology, Vol. 1. Theory and method.* (pp. 289-334). Cambridge, MA:Addison-Wesley.

Mosteller, F., & Tukey, J. W. (1991). Purposes of analyzing data that come in a form inviting us to apply tools from the analysis of variance. In D. C. Hoaglin, F. Mosteller, & J. W. Tukey (Eds.) *Fundamental of exploratory analysis of variance* (pp. 24-39). New York:Wiley.

Mosteller, F., & Wallace, D. L. (1964). *Inference and disputed authorship: The Federalist.* Reading, MA: Addison-Wesley.

Mullen, B. (1989). *Advanced BASIC meta-analysis.* Hillsdale, NJ: Lawrence Erlbaum Associates.

Myer, D. L. (1991). Misinterpretation of interaction effects: A reply to Rosnow and Rosenthal. *Psychological Bulletin, 110*, 571-573.

Myers, D. G., & Lamm, H. (1976). The group polarization phenomenon. *Psychological Bulletin, 83*,602-627.

Na, E.-Y. (1992). *Resistance of identity-relevant beliefs under threat from an antagonistic outgroup*. Unpublished doctoral dissertation, Yale University, New Haven, CT

National Research Council. (1978).Saccharin: Technical assessment of risks and benefits. *Report of the Committee for a Study on Saccharin and Food Safety Policy (Panel I:Saccharin and Its Impurities)*. Washington, DC: Institute of Medicine and National Science Foundation.

National Research Council. (1979). Food safety policy: Scientific and societal considerations. *Report of the Committee for a Study on Saccharin and Food Safety Policy (Panel II: Saccharin and Food Safety Policy)*. Washington, DC: Institute of Medicine and National Science Foundation.

Neisser, U., & Winograd, E. (Eds.).(1988). *Remembering reconsidered: Ecological and traditional approaches to the study of memory*. New York: Cambridge University Press.

Nel, E., Helmreich, R., & Aronson, E.(1969). Opinion change in the advocate as a function of the persuasibility of his audience: A clarification of the meaning of dissonance. *Journal of Personality and Social Psychology, 12*, 117-124.

Newman, D. (1937). The distribution of the range in samples from a normal population, expressed in terms of an independent estimate of standard deviation. *Biometrika, 31*, 20-30.

Nisbett, R. E., &Ross, L. (1980). *Human inference: Strategies and shortcomings of social judgment*. Englewood Cliff, NJ: Prentice-Hall.

Nisbett, R. E., & Wilson, T. D. (1977). Telling more than we can know: Verbal reports on mental processes. *Psychological Review, 84*, 231-259.

Oake, M. (1986). *Statistical inference: A commentary for the social and behavioral sciences*. New York: Wiley.

Okun, M. A., Olding, R. W., & Cohn, C. M. G. (1990). A meta-analysis of subjective well-being interventions among elders. *Psychological Bulletin, 108*, 257-265.

Olby, R. (1985). *Origins of Mendelism* (2nd ed.). Chicago: University of Chicago Press.

Oliver, M. B., & Hyde, J. S. (1993). Gender differences in sexuality: A meta-analysis. *Psychological Bulletin, 114*, 29-51.

Orme-Johnson, D. W., Alexander, C. N., & Davies, J. L. (1990). The effects of the Maharishi technology of the unified field: Reply to a methdological critique. *Journal of Conflict Resolution, 34*, 756-768.

Orme-Johnson, D. W., Alexander, C. N., & Davies, J. L., Chandler, H. M., & Larimore, W. E.(1988).International peace project in the Middle East: The effects of Maharishi technology of the unified field. *Journal of Conflict Resolution, 32*, 776-812.

Overstated risks, understated benefits. (1979, June 2). *New York Times*, p. 22.

Pearson, E. S. (1962). Some thoughts on statistical inference. *Annals of Mathematical Statistics, 33*, 394-403.

Pearson, E. S., & Kendall, M. G. (Eds.).(1970). *Studies in the history of statistics and probability*. London: Charles Griffin.

Petty, R. E., & Cacioppo, J. T. (1979). Issue involvement can increase or decrease persuasion by enhancing message-relevant cognitive responses. *Journal of Personality and Social Psychology, 37*, 1915-1926.

Petty, R. E., Cacioppo, J. T., & Goldman, R. (1981). Personal involvement as a determinant of argument-based persuasion. *Journal of Personality and Social Psychology, 41*, 847-855.

Phillips, D. P.(1977). Motor vehicle fatalities increase just after publicized suicide stories. *Science, 196*, 1464-1465.

Phillips, D. P. (1986). Natural experiments on the effects of mass media violence on fatal aggression: Strengths and weaknesses of a new approach. In L. Berkowitz (Ed.), *Advances in experimental social psychology* (Vol. 19., pp. 207-250). New York:Academic Press.

Phillips, D. P., & Bollen, K. A. (1985). Same time last year: Selective data dredging for negative findings. *American Sociological Review, 50*, 364-371.

Philpott, S. J. F.(1950). Apparent relations between psychological and physical constants. *British Journal of Psychology, 39*, 123-141.

Piaget, J. (1954). *The construction of reality in the child.* New York: Basic Books.

Polich, J., Pollock, V. E., & Bloom, F. L. (1994). Meta-analysis of P-300 amplitude from males at risk for alcoholism. *Psychological Bulletin, 115*, 55-73.

Pool, R. (1988). Similar experiments dissimilar results. *Science, 242*, 192-193.

Pratkanis, A. R., Greenwald, A. G., Leippe, M. R., & Baumgartner, M. H. (1988). In search of reliable persuasion effects III: The sleeper effect is dead: Long live the sleeper effect. *Journal of Personality and Social Psychology, 54*, 203-218.

Prentice, D. A., & Miller, D. T. (1992). When small effects are impressive. *Psychological Bulletin, 112*, 160-164.

Price-Williams, D. R. (1985). Cultural psychology. In G. Lindzey & E. Aronson (Eds.), *Handbook of social psychology*(Vol. 2,pp.. 993-1042). New York: Random House.

Pylyshyn, Z. W. (1973). What the mind's eye tells the mind's brain. *Psychological Bulletin, 80*, 1-24.

Ramsev. P. H. (1981). Power of univariate pairwise multiple comparison procedures. *Psychological Bulletin, 90*, 352-366.

Ratcliff, R. (1993). Methods for dealing with reaction time outliers. *Psychological Bulletin, 114*, 510-532.

Raudenbush, S. W. (1984). Magnitude of teacher expectancy effects on pupil IQ as a function of the credibility of expectancy induction: A synthesis of findings. *Journal of Educational Psychology, 76*, 85-97.

Rhine, J. B., & Pratt, J. G. (1954). A review of the Pearce-Pratt distance series of ESP tests. *Journal of Parapsychology, 18*, 165-177.

Richardson, L. F. (1952). Dr. J. S. F. Philpott's wave theory. *British Journal of Psychology, 43*, 169-176.

Rockette, H. E. (1994). What evidence is needed to link lung cancer and second-hand smoke? *Chance, 6*, 15-18.

Rodin, J. (1986). Aging and health: Effects of the sense of control. *Science, 233*, 1271-1276.

Roese, N. J., & Jamieson, D. W. (1993).Twenty years of bogus pipeline research: A critical review and meta-analysis. *Psychological Bulletin, 114*, 363-375.

Rosenberg, M. J. (1965). When dissonance fails: On eliminating evaluation apprehension from attitude measurement. *Journal of Personality and Social Psychology, 1*, 28-42.

Rosenberger, P.B.(1992). Dyslexia- is it a disease? *The New England Journal of Medicine, 326, 192-193.*

Rosenthal, R. (1963). On the social psychology of the psychological experiment: The experimenter's hypothesis as unintended determinant of experimental results. *American Scientist, 51*, 268-283.

Rosenthal, R. (1976). *Experimenter effects in behavioral research* (enlarged ed.). New York: Irvington.

Rosenthal, R. (1978). Combining results of independent studies. *Psychological Bulletin, 85*, 185-193.

Rosenthal, R. (1979).The "file drawer" problem and tolerance for null results. *Psychological Bulletin, 86*, 638-641.

Rosenthal, R. (1991). *Meta-analytic procedures for social research* (rev. ed.). Newbury Park, CA: Sage.

Rosenthal, R., & Jacobson, L. (1968). *Pygmalion in the classroom: Teacher expectation and children's intellectual development.* New York:Holt, Rinehart & Winston.

Rosenthal, R.,& Rosnow, R. L. (1985). *Contrast analysis: Focused comparisons in the analysis of variance.* New York: Cambridge University Press.

Rosenthal, R., & Rubin, D. B. (1978). Interpersonal expectancy effects: The first 345 studies. *The Behavioral and Brain Sciences, 3*, 377-386.

Rosentha,l R., & Rubin, D. B. (1979). A note on percent variance explained as a measure of the importance of effects. *Journal of Applied Social Psychology, 9*, 395-396.

Rosnow, R. L., & Rosenthal, R. (1991). If you're looking at the cell means, you're not looking at only the interaction (unless all main effects are zero). *Psychological Bulletin, 110*, 574-576.

Ross, L. (1977). The intuitive psychologist and his shortcomings: Distortions in the attribution process. In L. Berkowitz (Ed.), *Advances in experimental social psychology* (Vol. 10, pp. 173.-220). New York: Academie Press.

Russell, J. A. (1994). Is there universal recognition of emotion from facial expression? A review of the cross-cultural studies. *Psychological Bulletin, 115*, 102-141.

Russett, B. (1988). Editor's comment. *Journal of Conflict Resolution, 32*, 773-775.

Salovey, P., & Rodin, J. (1984). Some antecedents and consequences of social-comparison jealousy. *Journal of Personality and Social Psychology, 47*, 780-792.

SAS Institute, Inc. (1988). *SAS/Stat user's guide, Release 6.03 Edition.* Cary, NC: Author.

Sawilowsky, S. S., & Blair, R. C. (1992). A more realistic look at the robustness and Type II error properties of the t test to departures from population normality. *Psychological Bulletin, 111*,352-360.

Schachter, S., & Singer, J. E. (1962). Cognitive, social, and physiological determinants of emotional state. *Psychological Review, 69*, 379-399.

Schaffer, J. P. (1977). Reorganization of variables in analysis of variance and multidimensional contingency tables. *Psychological Bulletin, 84*, 220-228.

Schaffer, J. P. (1991). Probability of directional errors with disordinal (qualitative) interaction. *Psychometrika, 56*, 29-38.

Schank, R. C. (1979). Interestingness: Controlling inferences. *Artificial Intelligence, 12*, 273-297.

Scheffé, H. (1959). *The analysis of vaeiance.* New York: Wiley.

Schmid, C. F. (1983). *Statistical graphics: Design principles and practices.* New York: Wiley.

Schmid, C. H.(1991). Value-splitting: Taking the data apart. In D. C. Hoaglin, F. Mosteller, & J. W. Turkey (Eds.), *Fundamentals of exploratory analysis of variance* (pp. 72-113).New York: Wiley.

Schmidt, F. L. (1992). What do data really mean?: Research findings, meta-analysis, and cumulative knowledge in psychology. *American Psychologist, 47*, 1173-1181.

Schrodt, P. A. (1990). A methodological critique of a test of the effects of the Maharishi technology of the unified field. *Journal of Conflict Resolution, 34*, 745-755.

Schwartz, S. H. (1992). Universals in the content and structure of values: Theoretical advances and empirical tests in 20 countries. In M. P. Zanna (Ed.), *Advances in experimental social psychology* (Vol. 25, pp. 1-65). New York: Academic Press.

Scriven, M. (1974). Evaluation perspectives and procedures. In W. J. Popham (Ed.), *Eualuation in education: Current applications* (pp. 68-84). Berkeley, CA: McCutchan.

Sears, D. O. (1986). College sophomores in the laboratory: Influences of a narrow data base on social psychology's view of human nature. *Journal of Personality and Social Psychology, 51*, 515-530.

Shavelson, R. J. & Webb, N. M. (1991). *Generalizability: A primer.* Newbury Park, CA:Sage.

Shaywitz, S. E., Escobar, M. D., Shaywitz, B. A., Fletcher, J. M., & Makuch, R. (1992) Evidence that dyslexia may represent the lower tail of a normal distribution of reading ability. *The New England Journal of Medicine, 326*, 145-150.

Shepard, R. N., & Metzler, J. (1971). Mental rotation of three-dimensional objects. *Science, 171*, 701-703.

Shils, M. E., & Young, V. R. (1988). *Modern nutrition in health and disease* (7th ed.). Philadelphia: Lea & Fabinger.

Siegel, S. (1956). *Nonparametric statistics*. New York: Wiley.

Skinner, B. F. (1963). Operant behavior. *American Psychologist, 18*, 503-515.

Snyder, M. (1974).The self-monitoring of expressive behavior. *Journal of Personality and Social Psychology, 30*, 526-537.

Tajfel, H. & Turner, J. C. (1986). The social identity theory of intergroup behavior. In W. Austin & S. Worchel(Eds.) *The social psychology of intergroup relations* (pp. 7-24). Monterey, CA: Brooks/Cole.

Tesser, A. (1988).Toward a self-evaluation maintenance model of social behavior. In L. Berkowitz (Ed.), *Advances in experimental social psychology* (Vol. 21, pp. 181-227). New York: Academic Press.

Tesser, A. (1990, August). *Interesting models in social psychology: A personal view*. Invited address presented at the meeting of the American Psychological Association, Boston.

Thagard, P. (1989). Explanatory coherence. *Behavioral and Brain Sciences, 12*,435-467.

Thaler, R. H. (1991). *Quasi-rational economics*. New York: Russell Sage.

Thomas D. (1954). *Quite early one morning*. New York: New Directions.

Too late for Prince Charming? (1986, June 2). *Newsweek*, pp. 54-61.

Tuckel, P.S., & Feinberg, B. M. (1991). Answering machines and telephone surveys. *Public Opinion Quarterly, 55*, 200-217

Tucker, L. A., &Bagwell, M. (1992). Relationship between serum cholesterol levels and television viewing in 11,947 adults. *American Journal of Health Promotion, 6*(6), 437-442.

Tufte, E. R. (1983). *The visual display of quantitatiue information*. Cheshire, CT: Graphics Press.

Tukey, J. W. (1953). *The problem of multiple comparisons*. Unpublished manuscript,Princeton University, Princeton, NJ.

Tukey, J. W. (1955). A quick , compact two-sample test to Duckworth's specifications. *Technometrics, 1*, 31-48.

Tukey, J. W. (1962). The future of data analysis. *Annals of Mathematical Statistics, 33*, 1-67.

Tukey, J. W. (1969). Analyzing data: Sanctification or detective work? *American Psychologist, 24*, 83-91.

Tukey, J. W. (1977). *Exploratory data analysis*. Reading, MA:Addison-Wesley.

Tukey, J. W. (1991). The philosophy of multiple comparisons. *Statistical Science, 6*, 100-116.

Tukey, J. W., Mosteller, F., & Youtz, C. (1991). Assessing changes. In D. C. Hoaglin, F. Mosteller, & J. W. Tukey, (Eds.), *Fundamentals of exploratory analysis of variance* (pp. 295-335). New York: Wiley.

Tversky, A., & Gilovich, T. (1989). The "hot hand": Statistical reality or cognitive illusion? *Chance, 2*(4), 31-34.

Tversky, A., & Kahneman, D. (1971). Belief in the "law of small numbers." *Psychological Bulletin, 75*, 105-110.

Tversky, A., & Kahneman, D. (1974). Judgment under uncertainty: Heuristics and biases. *Science, 185*, 1124-1131.

U. S. Surgeon General. (1964). Smoking and health. *Report of the Advisory Committee to the Surgeon General of the Public Health Service*. Washington, DC: U. S. Government Printing Office.

Utts, J. (1991). Replication and meta-analysis in parapsychology. *Statistical Science, 6*, 363-378.

Wachter, K. W., & Straf, M.L. (Eds.).(1990).*The future of meta-analysis*. New York: Russell Sage.

Wagenaar, W. A. (1972). Generation of random sequences by human subjects: A critical survey of the literature. *Psychological Bulletin, 77*, 65-72.

Wainer, H., & Schacht, S. (1978). "Gapping." *Psychometrika, 43*, 203-212.

Wainer, H., & Thissen, D. (1993). Graphical data analysis. In G. Keren & C. Lewis (Eds.),

A handbook for data analysis in the behavioral sciences: Statistical issues (pp. 391-457) Hillsdale, NJ: Lawrence Erlbaum Associates.

Wallach, M. A., & Kogan, N. (1965). The roles of information, discussion, and consensus in group risk taking. *Journal of Experimental Social Psycholgy, 1*,1-19.

Whitten, D. J.(1977). Some alternative approaches to investigations in telepathy. *Journal of the Society for Psychical Research, 49*, 644-647.

Wickens, T. D. (1989). *Multiway contingency table analysis for the social sciences*. Hillsdale, NJ: Lawrence Erlbaum Associates.

Wike, E. L., & Church, J. D. (1976). Commemts on Clark's "The language-as-fixed-effect-fallacy." *Journal of Verbal Learning and Verbal Behavior, 15*,249-256.

Wilcox, R. R. (1987). New designs in analysis of variance. *Annual Review of Psychology, 38*, 29-60.

Wilcox, R. R. (1992). Why can methods for comparing means have relatively low po*wer, and what can you do to correct the problem?* Current Directions in Psychological Science, 1, 101-105.

Wilcoxon, F. (1945). Individual comparisons by ranking methods. *Biometrics Bulletin, 1*, 80-83.

Wilensky, R. (1983). Story grammars versus storyt points. *Behavioral and Brain Sciences, 6*, 579-623.

Wilson, J. Q., & Herrnstein, R. J. (1985). *Crime and human nature*. New York: Simon & Schuster.

Wilson, T. D., DePaulo, B. M., Mook, D. G., & Klaaren, K. J. (1993). Scientists'evaluations of research: The biasing effects of importance of topic. *Psychological Science, 4*, 322-325.

Winer, B. J. (1971). *Statistical principles in experimental design* (2nd ed.). New York: McGraw-Hill.

Winkler, R. L. (1972). *An introduction to Bayesian inference and decision*. New York: Holt, Rinehart & Winston.

Witkin, H. A., Lewis, H. B., Hertzman, M., Machover, K., Meissner, P. B., & Wapner, S.(1954). *Personality through perception*. New York: Harper.

Worth, L. T., & Mackie, D. M. (1987). Cognitive mediation of positive affect in persuasion. *Social Cognition, 5*, 76-94.

Wynn, K. (1992). Addition and subtraction by human infants. *Nature, 358*, 749-750.

Zajonc, R. B. (1965). Social facilitation. *Science, 149*, 269-274.

作者索引

A

Abelson ,R.P., 11, 91, 111, 137, 176, 232, 253
Adams, D., 93
Adams, W.J., 30
Alexander, C.N., 65, 66, 230
Anderson, C. A., 231
Anscombe, F. J., 214
Aronson, E., 19, 49, 73, 196
Atlas, D. H., 5, 7

B

Bagwell, M., 5
Bailar, J. C., 76
Baird, W.,19, 229
Banaji, M. R., 196
Banuazizi, A., 156
Baron, R. A., 231
Baumgartner, M. H., 194
Bayes, T., 28
Beall, A., 168
Bem, D. J., 16, 121, 209, 284, 285
Berger, R. E., 97
Blackwell, T., 201, 202
Blair, R. C., 45, 88
Bloom, F. L., 131
Bollen, K. A., 271
Borden, R. J., 239
Bower, G. H., 194
Brehm, J. w., 238
Bressler, M., 195
Brewer, M., 19, 43, 150
Brody, C., 97
Brody, J. E., 7
Brown, C., 201
Brown, R., 210
Browne, M., 032
Bruner, J., 259
Burt, C., 147-149
Bush, L. K. , 90, 101
Bush, R. R., 97

C

Cacioppo, J. T., 215

Campbell, D. T., 17, 19, 263
Carlsmith, J. M., 19, 50, 52, 143, 145, 231, 237, 238, 277, 278, 285
Carroll, J. O., 7, 230
Chandler, H. M., 66
Chapanis, A., 277
Chapanis, N. P., 277
Cherlin, A., 5
Church, J. D., 205
Cialdini, R. B., 239
Ciminera, J. L., 207
Clark, H. H., 101, 205, 206
Cleveland, W. S., III
Cliff, N., 88, 89
Cohen, A. R. 238
Cohen, J., 12, 14, 17, 53, 59, 61, 69, 74, 76, 99, 108, 110, 124, 206
Cohen, P. 74, 99, 124
Cohn, C. M., 9
Collins, B. E., 237
Cook, T. D., 17
Cooper, H., 34
Cooper, J., 237, 279
Cowles, M., 4
Crano, W. D., 43, 150
Crowder, R. G., 196
Culhane, S. E., 74

D

Davies, J. L., 66
Davis, J. A., 4, 129
Davis, M. S., 19, 229
Dawes, R. M., 61
DeBondt, W., 37
DeNeve, K. M., 34
DePaulo, B. M., 73
Derr, P., 96
Deutsch, M., 234
Diaconis, P., 102, 146
Dickinson, R. G., 205
Donahue, E., 61
Dorfman, D. D., 147
Duncan, D. B., 103, 106
Duncan, O. D., 97
Duval, R., 66, 262
Dworkin, B. R., 194

E

Eagly, A. H., 195
Edgington, E. S., 89
Edwards, W., 59, 63
Efron, B., IV
Einhorn, H., 62
Ekman, P., 196
Elms, A. C., 277
Emerson, J. D., 89, 103, 170, 172
Escobar, M. D., 123
Evans, G., 19

F

Falk, R., 12
Fazio, R. H., 279
Feinberg, B. M., 43
Fernald, A., 195
Ferrari, D. C., 97
Ferrenberg, A. M., 32
Festinger, L., 143-145, 165, 234, 236-238, 278, 285
Feynman, R. P., 94
Fienberg, S. E., 96
Fischhoff, B., 40
Fisher, A.,4,97, 140, 223
Fletcher, J. M., 123
Forster, K. I., 205
Freeman, S., 239
Frijda, N., 196
Fu, J. C., 30

G

Gangestad, S. W., 123
Gelman, R., 259
Gergen, K. J., 195
Gerrig, R. J., 236
Gigerenzer, G., 59, 84, 109
Gilbert, D., 235, 236
Gilovich, T., 34-36, 242
Glass, G. V., 17, 217
Gold, E., 61
Goldberg, P., 275,2 76
Goldman, R., 215
Goldman, S. L., 150
Goldstein, A., 59
Gonzalez, R., 109
Goodman, L. A., III
Green, B. F. 101, 149, 214
Green, D. P. , 150, 255

Greenbaum, C. W., 12
Greenhouse, J., 103
Greenwald, A. G., 81, 109, 194
Grether, D., 255
Grice, H. P., 27
Gross, A. J., 268
Guthrie, D., 109

H

Hansel, C. E. M., 120-122
Harris, R. J., 109
Hartigan, J. A., 122
Hartigan, P. M., 122
Harville, D. A., 34
Hedges, L. V., 214, 217, 224
Helmreich, R., 237
Herrnstein, R. J., 232
Hertzman, M., 265
Hess, U., 90
Heyse, J. F., 207
Hidi, S., 19, 229
Hill, B., 17
Hoaglin, D. C., 100, 116, 119, 131
Hochberg, Y., 106
Hogarth, R., 62
Honorton, C., 16, 97, 121, 284, 285
Hovland, C. I., 198, 235
Huff, D., 115
Hyde, J. S., 130
Hyman, R., 265,285

I

Iglewicz, B., 118
Isen, A. M., 70, 73
Iyengar. S., 103

J

Jacobson, L., 218, 219
Jamieson, D. W., 130
Janis, I. L., 198, 277
Jaynes, J., 195
Jones, E. E., 196, 237
Jöreskog, K. G., IV
Judd, C. M., 74, 131, 140

K

Kadane, J. B., 36
Kahneman, D., 32, 40, 255
Kasof, J., 276, 277
Kelley, H. H., 198
Kenny, D. A., 131,266
Keppel, G., 145, 206
Keuls, M., 106
Kihlstrom, J., 16
King, G., 19
Kirk, R. E., 45, 99, 131, 172, 182
Klaaren, K. J., 73
Kogan, N., 209
Kosslyn, S., 257,258
Koutras, M. V., 30
Kunda, Z., 40

L

Lamm, H., 210
Landau, D. P., 32
Langer, E. J., 9, 11,1 76
Larimore, W. E., 66
Larkey, P. D., 36
Lehnert, W. G., 7
Leippe, M. R., 194
Lepper, M., 150
Levin, P. F., 70, 73
Lewis, H. B., 265, 266
Lichtenstein, S., 40
Linder, D. E., 237
Lindman, H.,59
Loftus, G. R., 14
Lord, C. G., 150, 283

M

Maccoby, N., 236
Machover, K., 265, 266
Mack, E., 259
Mackie, D. M.,1 34
Madansky, A., 88
Maier, M. H., 5, 115
Makuch, R., 123
Mandlebrot, B., 45
Mann, H. B., 88
Marshall, G. D., 156
Mayer, J. D., 194
McClelland, G. H., 74, 140
McGuire, W. J., 165, 208, 234

Meissner, P. B., 265, 266
Mesquita, B., 196
Metzler, J., 256, 257
Meyer, D. E., 188
Micceri, J., 45
Milgram, S., 70, 74-76, 234, 235
Miller, D. T., 70
Miller, J., 91
Miller, N. E., 156, 194
Miller, R. G., 103
Mirels, H. L., 61
Mook, D. G.,7 3
Mosteller, F., 34, 49, 65, 76, 97, 119, 146, 201, 230
Mullen, B., 17, 18, 69, 218, 223
Myer, D. L., 176, 210
Myers, D. G., 210

N

Na, E-Y., 179
Neisser, U., 196
Nel, E., 237
Newman, D., 106
Nguyen, H. H., 207
Nisbett, R. E., 10, 11, 40, 246, 255, 282

O

Oakes, M., 61
Okun, M. A. 9
Olby, R. 141
Olding, R. W., 9
Oliver, M. B., 130
Olkin, I., 17,217
Orme-Johnson, D. W., 66, 111, 261-263

P

Pearson, E. S., 4
Petty, R. E., 215
Phillips, D. P., 269, 271
Philpott, S. J. F., 65, 66, 233
Piaget, J., 259
Plott, C., 255
Polich, J., 131
Pollock, V. E., 131
Pool, R., 16, 194
Pratkanis, A. R., 194

Pratt, J. G., 38, 120-122
Prentice, D. A., 70, 236
Preston, E., 150
Price-Williams, D. R., 195
Pylyshyn, Z. W., 257

Q

Quant, M., 96

R

Ramsey, P. H., 106
Ransberger, V. M., 231
Ratcliff, R., 101
Raudenbush, S. W., 219, 220, 223
Rhine, J. B., 38'
Richardson, L. F., 66
Rockette, H. E., 268
Rodin, J., 9, 179
Roese, N. J., 130
Rosenberg, M. J., 52, 278
Rosenberger, P. B., 123
Rosenthal, R., 11, 17, 18, 59, 60, 69, 74, 81, 87, 97, 103, 130, 136, 176, 182, 217-219, 240, 280
Rosnow, R. L., 136, 172, 186
Ross, L., 11, 150, 255
Rubin, D. B., 11, 280
Russell, J. A., 196
Russett, B., 66

S

Salovey, P., 150, 179
Savage, L. J., 59
Sawilowsky, S. S., 45, 88
Schacht, S., 122, 156
Schachter, S., 158
Schaffer, J. P., 164, 170, 208
Schank, R. C., 19, 229
Schechter, E. L., 96
Scheffé, H., 105-106
Schmid, C. F., III
Schmid, C. H., 179
Schmidt, F. L., 108
Schrodt, P. A., 66, 262
Schvaneveldt, R. W., 188
Schwartz, S. H., 196

Scriven, M., 268
Sears, D. O., 281
Shapiro, I., 255
Shavelson, R. J., 198, 202
Shaywitz, B. A., 123, 124
Shaywitz, S. E., 123, 124
Shepard, R. N., 256, 257
Shils, M. E., 41
Siegel, S., 89
Singer, J. E., 156
Skinner, B. F., 13, 111
Sloan, L. R., 97
Sloane, D. M., 97
Slovic, P., 40
Smith, J. E. K., 206
Smith, M. H., 34
Smith, R. A., 36
Smith, T. W., 4, 1 29
Snyder, M., 123
Solomon, L., 234
Stanley, J. C., 19, 263
Straf, M. L., III

T

Tajfel, H., 125
Tamhane, A. C., 106
Tesser, A., 19, 229, 239
Thagard, P., 20
Thaler, R. H., 37, 255
Thissen, D., III
Thomas, D., 45
Thorne, A., 239
Tuckel, P. S., 43
Tucker, L. A., 5
Tufte, E. R., 115
Tukey,J.W., 12, 14, 21, 45, 49, 76, 77, 84, 88, 100, 101, 106, 108, 116, 117, 119, 131, 172, 207, 214, 224
Turner, J. C., 125
Tversky, A., 15, 32, 34, 36, 40, 255

U

Utts, J., 16

V

Vallone, R., 15, 34
Varvoglis, M. P., 96

W

Wachter, K. w., IV
Wagenaar, W. A., 32
Wainer, H., 122
Walker, M. R., 239
Wallace, D. L., 65, 230
Wallach, M. A., 209
Wapner, S., 265
Webb, N. M., 197, 202
Weiss, W., 198
Whitney, D. R., 88
Whitten,D. J., 37
Wickens, T. D., 96, 97
Wike, E. L., 205
Wilcox, R. R., 45, 88, 101
Wilcoxon, F., 88
Wilensky, R., 19, 229
Wilson, J. O., 232
Wilson, T. D., 73, 282
Winer, B. J., 201
Winkler, R. L., 59, 63
Winograd, E., 196
Witkin, H. A., 265
Wohlford, G., 90
Wong, Y. J.,32
Worth, L. T., 134
Wynn, K., 260

Y

Young, V. R., 41
Youtz, C., 119

Z

Zajonc, R. B., 160, 166
Zimbardo, P. G., 156

內文索引

A

艾貝爾森的金律（Abelson's Laws）　32, 40, 101, 111, 172, 186, 190, 222, 241, 286

奇異恩典效果（Amazing Grace effect）　133

變異數分析［Analysis of variance（ANOVA），也參看F-檢定］　18, 104, 120, 122, 127, 185, 193, 195, 202, 215-217, 228-229, 238

固定效果（fixed effects in）　201-204, 206

後設分析（meta-analysis）　18, 59, 69, 74, 77, 87, 97, 103, 130, 157, 198, 216-225, 236, 285

多變量［multivariate（MANOVA）］　186-187

隨機效果（random effects in）　202-206

雙因子（two-way factorial）　138, 199, 201

論據、統計論據（Argument, see Statistical argument）　3, 27, 51, 54, 153, 229, 268, 286

結果的清晰度（Articulation of results）　151, 197

團汙（blobs）　153-154, 184-186, 189, 200

限制（buts）　12, 18, 40, 42, 47, 50, 74, 76, 83, 84, 96, 151, 153, 155-158, 163-167, 169, 171, 172-178, 180-185, 187-190, 197, 200-201, 210, 213, 223, 236, 237-239, 242, 253, 258, 267, 180

解構（decompositions）　176-179, 181, 183, 187

不一致（incoherent）　14, 35, 50, 54, 101, 104, 112, 141, 146, 149, 154, 157, 162, 169, 207, 237-238, 268, 271, 197, 199-202, 204-205,

重構（reframing）　166-168

作用（ticks）　1, 12, 16, 18, 22, 53-54, 62, 65-66, 70, 77, 93-94, 103-104, 135, 142, 150, 151, 153-185, 187-190, 197, 199-216, 218, 220, 223, 225, 234-235, 237-239, 245, 257, 268, 283

轉換（transformations）　20, 64, 72, 89-90, 93, 97, 136, 164, 168, 170-172

有兩個變項（with two variables）　265

人為因素，參看相關：實驗（Artifacts, see Correlation: Experiments）　256, 262-267, 272-279, 282, 285-286

B

貝氏統計（Bayesian approach）　63-64, 75, 262

信念（Belief）　16, 19, 35, 48, 50, 67, 127, 155, 187, 230-233, 235-238, 243-245, 253

改變（change in）　19, 40, 46, 49-50, 61-63, 67, 91-92, 94, 99, 111, 122, 135, 147, 156, 166, 168, 187, 194-195, 198, 231-233, 235, 237-238, 245, 273-274, 276, 285-286

對照　10-11, 39, 51, 72-73, 88-91, 95, 98, 110, 138, 140, 148, 182, 207, 212-215, 224, 230

不相信（disbelief）　50, 103, 105, 127, 231, 243, 251-252

二項式程序（Binomial process）　29-30, 35, 38

停電與出生率（Blackouts and birth rates）　126-128, 231

C

範疇主義（Categoritis）　161-162

原因效力，參看效力量（Causal efficacy, see Magnitude of effects）　70-74, 76, 240

機率，也參看隨機（Chance, see also Randomness）　5, 10-15, 27-35, 37-41, 43-45, 47, 49, 51-54, 59-67, 72, 75-76, 86-87, 97, 102-107, 109-111, 120-122, 137, 141, 146, 162, 168, 181, 207, 209-210, 214, 220, 223-224, 229, 233, 235, 240, 242, 262, 270

運動技巧（athletic skill）　33

巧合（coincidences）　115, 146, 262,

誤差（errors）　13-15, 30, 32, 66, 93, 123-125, 137, 144-145, 150, 199, 202, 204, 213-214, 223, 261

缺席（absence of）　10, 41, 93, 169, 242, 244-245, 275

測量（of measurement）　10, 12-15, 39, 41, 43, 45, 47, 49, 59-61, 64-69, 73-75, 77, 90, 92, 100, 123-125, 129-131, 134, 138, 142, 145, 147-150, 157, 172, 179, 186-188, 194, 198199, 218-219, 223-224, 239-242, 253, 260261, 275, 280, 282-283

抽樣（of sampling）　13-15, 27, 32, 39, 41-47, 49, 51-53, 61, 110, 202, 204, 207

起伏（lumpiness of）　11

卡方檢定（Chi-square test） 95-96, 140-141
結合的*p*-值（for combined p values）
97
異質效力量（of heterogeneous effect
sizes） 219
對數-線性分析（in log-linear analysis）
96
常識（Common sense） 92, 204, 221,
251, 258-260
共同研究，也參看後設分析（Communal
study see also Meta-analysis） 217
比較，也參看解釋；多重比較（Comparison,
see also Explanation; Multiple comparisons）
105-106, 108, 143-144, 172-176, 178-179,
181, 183, 187
聚焦（focus of） 16, 62, 82-83, 85, 97,
103, 105, 107, 112, 128, 147, 159, 165,
197, 224, 242
組別（of groups） 42, 45, 47, 49-51,
66, 81, 85, 88, 92, 94-95, 105-106, 110,
125, 131, 133-134, 136-137, 142, 144,
148, 174, 176, 180, 184, 204, 280-281,
283
觀察與期望（of observations with
expectations） 6
電腦分析（Computer analysis）
SAS統計套裝軟體（SAS package for）
88, 128
信賴區間（Confidence limits） 47, 59,
76-77, 203, 218, 242, 270
背景影響（Contexual influence） 197
文化（of culture） 195, 197, 286
本質（essentiality of） 30, 53, 66, 98,
123, 165, 169, 199, 209, 212, 214, 216,
229, 237, 239, 254, 257, 272, 274, 278
實驗者（of experimenters） 9, 49-51,
70, 75, 99-100, 110, 120, 134-135, 138,
176, 194, 196, 214, 234, 260, 275, 277-
282, 284
歷史（of history） 61, 77, 166, 194,
195, 197, 210
實驗室設置（of laboratory settings）
195-197
層次（levels of） 201-202, 204-206,
210-212, 214, 236
學校（of schools） 46, 120, 123,
131, 146, 222-223
刺激材料（of stimulus materials）
197, 284
跨研究（across studies） 166, 197,
216-218, 261

驚奇（surprise） 232-236, 239-241,
243-245
平均數之間的對照比較（Contrasts among
means） 182
線性（Linear） 72, 74, 96, 98, 105,
182-185
作用與限制（ticks and buts for） 153,
156-158, 163, 171-176, 181-182, 187-
190, 239
控制組（Control groups） 8, 12-15, 69-
70, 72, 86, 92-94, 143-145, 158, 207-208,
219, 222-223, 236, 280
爭議的主張（Controversial claims） 35, 38,
67, 147, 154, 198, 206, 219, 230, 252
傳統（Conventions） 21-23, 77, 92, 95,
98, 102, 107, 145, 177-179, 181-182, 214,
224, 235
建議（as advice） 4, 13, 101-102, 108-
109, 163, 166, 177, 179, 205, 208-209,
239, 252, 274
變異數分析（in analysis of variance）
18, 104, 106, 111, 169, 177, 179, 186,
199-201, 212-213, 222
期刊編輯（and journal editors） 81, 94,
179, 182, 251-252, 262
經驗法則（as rules of thumb） 251
違反（violations of） 27, 43, 45, 83-84,
88, 90, 92, 96, 101, 106, 133, 142-143,
198-199, 216, 219, 251, 259-260, 262
相關（Correlation） 8-9, 12, 18, 20, 32,
43, 46, 48, 69, 74, 76, 81, 112, 124, 129,
146-149, 154, 171, 194, 219-220, 230,
233, 240-242, 261-266, 268, 270, 272,
275, 285
作為人為因素（as artifact of）
雜質（impurities） 272-274
倒果為因（reverse causation） 264
第三個變項（third variables） 264-
267
作為效力量測量值（as effect size
measure） 239
級內相關（Intraclass） 148
模式（pattern of） 267
重新詮釋（Reinterpreted） 264, 273
作為貧弱的證據（as weak evidence）
263
反駁，也參看辯論（Counterargument, see
also Debate） 20, 51-52, 232, 243, 253
可獲得性（availability of） 254
證據 and burden of proof 20, 263-264
藉由反例 by counterexample 253-260

積累知識（and knowledge accumulation）
286
藉由後設批評（by meta-criticism）　254
藉由結果特徵（by result signature）　258,
271-274
論據的可靠性（Credibility of argument）
16, 19, 39, 49, 219, 251-286
說服力的標準（Criteria for persuasive
arguments）
MAGIC　17, 23, 54, 77, 155
兩種批評的法則（rule of two criticisms）
251-252
文化普遍現象（Cultural universals）　195

D

數據，也參看觀察值分配（Data, see also
Distributions of observations）
堆積（banks of）　158
複製（clones in）　146-148
竄改（cooking of）　140
缺陷（defective）　99-102
麻煩（messy）　189
表達的方式（modes of expression of）
88
省略（omitted）　99, 129
停止蒐集（stopping collection of）　141
辯論（Debate）　272
如同負重網球賽（as burden tennis）
251, 253, 255, 263, 266
建設性（constructive）　252
關於本質（about essences）　257-258,
274
方法學上的（over methodology）　251-
252, 254, 262-263, 286
整潔與邋遢之間（between neats and
scruffies）253-255
抽菸（on smoking）　266-269, 273-274
普世觀點上的（over universals）　253,
255, 258-261
自由度（Degrees of freedom）　86, 95,
98, 105-106, 137, 140-142, 144-145, 153,
175-176, 183-185, 202-204, 212, 223
笛卡爾（Descartes）　235
不和諧理論（Dissonance theory）50-51,
143, 237-238, 277, 279
觀察值的分配（Distributions of observations）
116, 131
雙峰（bimodal）　121-122
檢查（censored）　177
斷崖（cliffs in）　124, 146

合成（compound）　116
傾斜（dips in）　116, 122-124
低谷（gaps in）116, 121-122
不可能的分數（impossible scores）
128-129
常態（normal）　41, 43
離群值（outliers from）　82-83, 100-
102, 116-117, 119-120, 126, 149
尖峰（peaks in）　126
偏斜（skewness in）　220
劑量反應曲線（Dose response curve）　72
虛擬編碼（Dummy coding）　74

E

效力量，也參看效力的大小（Effect sizes,
see also Magnitude of effects）　67-77
大（big）　74
期待的（expected）　74-75
平均（mean of）　220, 223
原始（raw）　67-68, 72-74, 222, 240
小（small）　70
標準（standardized）　68, 130, 219,
222-223, 240
亞伯特・愛因斯坦（Einstein, Albert）　37
誤差項（Error terms）
交互作用（interactions as）　202, 223
聯合（pooled）　93, 144-145
組內（within group）　199, 202
誤差，參看機率；統計論據（Errors, see
Chance; Statistical arguments）
實驗（Experiments）
人為因素或偏誤（artifacts or bias in）
254-255, 261
需求特徵（demand characteristics）
281-282
實驗者期待（experimenter expectancy）
280
雜質（impurities）　275-279, 281
防禦（protections against）　279-283
刺激材料（stimulus materials）　275-
278, 300
背景特徵（contextual features of）
193, 237
有缺點的設計（faulty designs of）
138, 278
實地情境（in field settings）　91, 261
操弄檢視（manipulation checks）　73
操弄（manipulations in）　6, 12, 49,
138, 275-276, 278
操作化（operationalization in）　275

和諧（orchestration of） 208, 259
類-（quasi-） 264
老鼠（on rats） 71
現實（realism of） 197
真正（true） 41, 49
　漏洞（loopholes in） 50, 275-277
解釋（Explanation） 5-14
　異常的結果（of anomalous results）
　257, 262
　機率因子（by chance factors） 8-14,
　27, 31-33, 37-39, 53, 61, 108, 146
　系統因子（by systematic factors） 11,
　41, 43, 49, 52, 266
　變異數（of variance） 10, 14
　以及「為何」的問題（any 'why'
　question） 6
超感官知覺［Extrasensory perception
　（ESP）］ 16, 20, 37, 103, 121, 261,
　284-285
　千里眼（clairvoyance） 37-38, 52, 120
　爭議（controversiality of） 39
　存在（existence of） 17, 242
　甘茲菲爾德程序（Ganzfeld procedure）
　281
　多重檢定（multiple tests of） 103

F

F-檢定（F-tests） 180
　對照比較（on contrasts） 182
　誤差項（error terms for）
　199,202,204,213,214,223
　負偏誤（negative bias in） 138
　總括（omnibus） 105, 154, 182, 183,
　184, 186
　結果（outcomes of）
　　太大（too large） 130, 131
　　太小（too small） 136-139
　　正偏誤（positive bias in） 131
　　檢定力（power of） 139
　重複測量（with repeated measures）
　186
　殘差（on residuals） 184, 185
抽屜問題（File drawer problem） 103
42%法則（Forty-two percent rule） 92-
　93

G

伽利略（Galileo） 6
賭徒謬誤（Gambler's fallacy） 30

社會概況調查資料庫［General Social
　Surveys（GSS）］ 129
效果的普遍性（Generality of effects）
　164, 201
概化理論（Generalizability theory） 197-
　198
溫室效應（Greenhouse effect） 61-64

H

亞歷山大・漢彌爾頓（Hamilton,
　Alexander） 65, 230
離題詭計（Hocus-focus trick） 62, 82,
　103, 214
籃球的熱手現象（Hot hand in basketball）
　34-37, 230, 242
賀力恩與寶馬力恩（Hullians and
　Tolmanians） 244
假設，參看虛無假設（Hypotheses, see also
　Null hypotheses）
　競爭（in competition） 62
　背景交互作用（of contexual
　interactions） 197, 210, 211, 214, 215
　反直覺（counterintuitive） 12, 37, 52,
　234, 252
　結果的檢定（tests of consequences of）
　267, 271, 272
　零機率（with zero probability） 66, 67,
　261, 262

I

結果的重要性（Importance of results）
　245, 246
　幻覺（illusion of） 246
不可能的分數（Impossible scores） 128
結果的獨立性（Independence of outcomes）
　29,132
交互作用（Interactions） 135, 142, 162,
　163
　態度（attitudes toward） 165
　作為限制（as buts） 164, 165, 201, 239
　交叉（cross-over） 164, 165
　消除（elimination of） 170-172
　解釋（explanations of） 166, 167, 221
　母數（parameters for） 201
　定性（qualitative） 164-167, 180, 207-210,
　213, 225, 237
　量性（quantitative） 163, 171, 207, 216
　三個因子（three factor） 179
　處置與背景（of treatments and contexts）
　　跨研究（across studies） 217-221

研究內（within studies）　197-216
令人關注的結果（Interesting results）
16, 19, 52, 208, 229-247
　以及概念（and ideas）　239
　以及派別（and partisanship）　243
　對理論而言（for theory）　231, 232,
　135-138, 259

J

期刊編輯（Journal editors）
　面對兩難（facing a dilemma）　260
　不喜歡稿件的理由（reasons for disliking
　manuscripts）　81, 94, 179, 249

K

騎士謬誤（Knighthood fallacy）　199,
211, 212
知識積累（Knowledge accumulation）
　困難在於（difficulties in）　196
　在學問領域裡（in lore）　155-157, 167
　在紀錄裡（in the record）　157
　從複製而來（from replications）　237

L

保羅‧拉扎斯菲爾德（Lazarsfeld, Paul）
208, 209, 271
似然度，相對（Likelihood, relative）　96
交響樂團指揮家的壽命（Longevity of
orchestra conductor）　7-10

M

詹姆士‧麥迪遜（Madison, James）　44,
157
MAGIC標準，參看大小；清晰度；普遍
性；關注性；可靠性（MAGIC criteria,
see Magnitude; Articulation; Generality;
Interest;Credibility）
效力的大小，也參看效力量（Magnitude
of effects, see also Effect sizes）　64, 232
　絕對vs.相對（absolute vs. relative）
　90-94
　原因效力（causal efficacy）　70-76, 240
　　客觀（objective）　72
　　主觀（subjective）　73
　跨研究結合（combined across studies）
　218, 221
　跨研究比較（compared across studies）
　218, 221
　　觀察的vs.期望的（observed vs.
　expected）　240

p-值（p-values）　59-62, 240
　以及複製（and replication）　109
　簡單比較（for simple comparisons）
　93
　變異（variability of）　200
瑪赫西效應（Maharishi effect）　261-263,
272
均方，參看ANOVA：F-檢定（Meansquares,
see ANOVA: F-tests）
格理哥‧孟德爾（Mendel, Gregor）　140
後設分析（Meta-analysis）　18, 59, 69,
74, 77, 87, 97, 130, 157, 198, 216-225
　與ANOVA比較（comparison with
　ANOVA）　224
　程序（procedures for）　217-218
方法學，參看相關；辯論；實驗
（Methodology, see Correlation;
Debate;Experiments）
多重比較（Multiple comparisons）105,
172-182
　宣告顯著差異（declarations of
significant difference）　173-175
　重疊無顯著性（overlapping
nonsignificances）　173-175
　作用與限制（ticks and buts for）　173-
175
　藉由杜基檢定（by Tukey test）　105,
179-182
多變量情況（Multivariate situations）
185-188

N

虛無假設，也參看顯著檢定（Null
hypotheses, see also Significance test）
　接受（accepted）　14, 81, 93, 108
　想要拒絕（desire to reject）　134
　永遠不會為真（never true）　15, 108
　拒絕（rejected）　66, 68, 81-83, 85, 86,
99, 101, 103, 105, 108, 110, 134, 135, 139
　檢定（tests of）　12-16, 62
　　焦慮（anxiety over）　32, 168, 181
　　詮釋（interpretation of）　15, 48, 86
　　論辯（in rhetoric）　14, 15, 82, 107,
112, 143
　　訊息量很小（uninformativeness of）
61, 154
　　結果的措詞（wording of outcomes）
15, 53, 107, 108

O

觀察研究（Observational studies） 42, 49
勝算（Odds）
改變（change in） 63-64
事後（posterior） 63-64
事前（prior） 63-64
以及機率（and probabilities） 63-64
比（ratio） 63
單尾檢定（One-tailed test） 82-86, 95
單與半尾檢定（as one-and-a-half-tailed test） 86
不對稱檢定（vs. lopsided test） 87
雙尾檢定（vs. two-tailed test） 86, 87, 98
離群值，參看觀察值的分配（Outliers, see Distributions of observations）
過度自信偏誤（Overconfidence bias） 40

P

矛盾效果（Paradoxical effects） 50
簡約原則（Parsimony） 13
個體的母體（Populations of individuals） 41
或然性，也參看機率條件（Probability, see also Chance conditional） 60, 61
後推程序（Pushback procedure） 208
教室裡的畢馬龍效應（Pygmalion in the classroom） 218, 219, 221, 222

R

隨機（Randomness）
分派（of assignment） 9, 12, 13, 27, 32, 47, 49, 50, 110, 131, 134, 138, 139, 253, 262, 275, 280, 281
生成過程（by a generating process） 28, 29, 33-35, 37-39, 41, 52, 53, 121
以及形而上（and metaphysics） 32, 35
達到的方法（methods of achieving） 43
誤解（misunderstood） 34, 261-263
抽樣（of sampling） 37, 39, 41, 44-46, 51, 53
連續（of sequences） 15, 34
時間序列（in time series） 111, 261, 263
理智行為者模型（Rational actor model） 255
回歸（Regression） 74, 150, 266
複製（Replication）
精確（exact） 194

失敗（failure of） 194
謬論（fallacy） 109
重要性（importance of） 134, 182, 209, 211, 212, 232, 244-247, 265
以及學問（and lore） 161
畢馬龍效應（of Pygmalion effect） 218
樣本的代表性（Representativeness of samples） 43
研究主張，參看統計論據（Research claims, see Statistical arguments）

S

糖精與癌症（Saccharin and cancer） 71-72
連續（Sequences）
投擲硬幣（of coin flips） 31-32
得分與失誤（of hits and misses） 35
代表性（representativeness of） 32-33
連（and runs） 30-33, 82
特徵（Signatures） 19, 20, 28-30, 33-35, 154, 172, 184, 194, 196, 197, 200, 206, 211
顯著水準（Significance level）以及第一類型錯誤機率（and Type I error rates） 22, 60-62, 66, 76, 83, 85, 86, 88, 92, 94, 95, 102-105, 107, 108, 144, 163, 190, 202
顯著檢定，也參看虛無假設；統計檢定（Significance tests, see also Nullhypotheses；Statistical tests）
替代程序（alternative procedures for） 88-98
作為類目式陳述（as categorical statements） 54
困惑的意義（confusion about meaning） 61
計算結果（counting outcomes of） 218
結果的方向（direction of outcome） 60
聚焦的檢定（focused tests） 105
處置效果的普遍性（of generality of treatment effects） 164
於後設分析裡（in meta-analysis） 198
重複（multiplicity of） 103
無母數（nonparametric） 88, 89
以及p-值（and p-values） 53-55, 95-99, 108-110, 168, 261
邊界（borderline） 261
結合的（combined） 97

檢定力（power of） 101, 105, 107, 108, 110, 139
穩固性（robustness of） 100, 155
可笑的應用（silly applications of） 110
奇怪的結果（strange outcomes of） 116
空洞的結果（vacuous results from） 154
抽菸與癌症（Smoking and cancer） 267
史賓諾沙（Spinoza） 235, 236
標準誤（Standar error） 173
平均數的（of mean） 91
平均數差異的（of mean difference） 91, 142, 144-145
統計分析如偵探工作（Statistical analysis as detective work） 21, 23, 49, 62, 230
貝氏推理（Bayesian reasoning） 230
盒鬚圖（Boxplot） 131
找出帳篷裡的駱駝（finding the camel in the tent） 214
莖葉圖（stem-and-leaf） 116-118, 121, 219, 220, 223
批評（criticized） 214, 217
架構（framing of） 97, 177
不一致（inconsistencies in） 141-145
過度一致的結果（overconsistent resultsof） 146-148
神聖化（as sanctification） 84
統計論據（Statistical arguments） 3, 27, 51, 54, 153, 229
旁系證據，也參看特徵（collateral evidence , see also Signatures） 48
慣例（conventions for） 21
可靠性（credibility of） 39, 48, 231, 232
可疑（fishiness in） 116-128
關注性，也參看令人關注的結果（interesting, see also Interesting results） 245-247
以及方法學上的改進（and methodological improvement） 286
合格的（qualified） 157, 169
起疑的（skepticism of） 111, 140
作為故事（as stories） 244
風格（style of） 21, 81-85
狂妄（brash） 94, 98, 99, 101, 105, 135, 144
保守（conservative） 21, 22, 46, 181, 190, 209
自由（liberal） 86, 143

古板（stuffy） 83, 84
有理論基礎的（theory based） 224
統計檢定，也參看ANOVA；卡方檢定；t-檢定（Statistical tests, see also ANOVA; Chi-square tests; t tests）
邦弗朗尼校正法（Bonferroni method） 103
傾斜檢定（dip test） 122, 123
鄧肯檢定（Duncan test） 106
過度的檢定（excedence test） 88, 89
費雪檢定（Fisher test） 97, 98
低谷檢定（gap test） 122
適合度（of goodness-of-fit） 96, 238, 266
線性趨勢（of linear trends） 182, 184, 185
平均數差異，參看組別比較（of mean differences, see Comparison of groups）
中位數檢定（median test） 89
非隨機（of nonrandomness） 32, 36
紐曼-柯爾檢定（Newman-Keuls test） 106
隨機化檢定（randomization tests） 88, 89
殘差（on residuals） 184, 185
連檢定（runs test） 31
薛費檢定（Scheffé test） 105
史托佛檢定（Stouffer test） 97, 98
Student化全距（Studentized range） 173
杜基檢定（Tukey test） 105, 106, 172, 179-182
莖葉圖，參看統計分析（Stem-and-leaf,see Statistical analysis）
結構等式（Structural equations） 266
主張的風格，參看統計論據（Style of claims, see Statistical arguments）
平方和（Sums of squares）
對照比較（for contrasts） 183, 184
殘差（for residuals） 183-185
驚奇性（Surprisingness） 234-245
主張的（of claims） 251, 259, 268
係數（coefficient） 75, 76, 239, 240
缺乏（lack of） 241
結果的（of results） 75, 243, 245, 258, 275, 278, 279, 286
作為論辯（used as rhetoric） 243
藉由合成（by synthesis） 239
察覺可疑（Suspicion of fraud） 123, 130, 147-149
警示（cautionary note on） 149-150

系統效果（Systematic effects）　55, 65, 110
　跨組平衡（balanced across groups）138-139
　誇大（exaggeration of）　10
　作為解釋（as explanations）　144
　在錯誤的方向（in wrong direction）208

T

t-檢定，也參看單尾檢定（t test, 31, 36, see also One-tailed test）
　改變的分數（on change scores）　92
　同等於*F*-檢定（equivalence to F-test）95
　多重*t*-檢定（multiple t test）　106, 143
　檢定力（power of）　101, 105, 107, 108, 110, 139
　　一致性原則（principles of consistency in）141
　　令人驚奇的結果（surprising outcomes of）　236
　作用（and ticks）　160-166
作用，參看結果的清晰度（Ticks, see Articulation of results）
量尺的轉換（Transformation of scale）136, 170
　對數（logarithmic）　97, 170, 171
　交互（reciprocal）　90
處置與背景交互作用，參看效果的普遍性（Treatment by context interactions, see Generality of effects）
截尾平均數（Trimmed means）　101
雙向表格設計（Two-way tables）　92, 159
　解構（decomposed）　176-179
　交互作用效果（interaction effects in）197, 204
　主要效果（main effects in）　181, 183, 197, 199-207
　有著相符的列與欄（with matched rows and colums）　169, 180
　有著再標籤的因子（withrelabeled factors）　167-170
　簡單效果（simple effects in）　159-165, 177

U

差異分數的不可靠性（Unreliability of difference scores）　124

V

效度（Validity）　17
變異（Variability）　40
　信念的（of belief）　243
　效力量的（of effect sizes）　198-200
　在樣本裡（in samples）　43-45
　低估（underestimation of）　40
統計假定的違反（Violation of statistical assumptions）　45, 89, 90, 115, 141, 142

國家圖書館出版品預行編目(CIP)資料

一位耶魯大學教授的統計箴言 / 羅伯特.艾貝
爾森(Robert P. Abelson)著；杜炳倫譯. --
初版. -- 臺北市：五南，2019.06
面；　公分. -- (博雅科普；23)
譯自：Statistics as principled argument
ISBN 978-957-763-407-8(平裝)
1.統計學
510　　　　　　　　　　　108006448

博雅科普23

一位耶魯大學教授的統計箴言
Statistics as Principled Argument

作　　　者 ― 羅伯特·艾貝爾森（Robert P. Abelson

譯　　　者 ― 杜炳倫

發 行 人 ― 楊榮川

總 經 理 ― 楊士清

總 編 輯 ― 楊秀麗

副總編輯 ― 張毓芬

責任編輯 ― 紀易慧

封面設計 ― 王麗娟

文字校對 ― 許宸瑞

出 版 者 ― 五南圖書出版股份有限公司

地　　　址：106台北市大安區和平東路二段339

電　　　話：(02)2705-5066　　傳　　真：(02)2706

網　　　址：http://www.wunan.com.tw

電子郵件：wunan@wunan.com.tw

劃撥帳號：01068953

戶　　　名：五南圖書出版股份有限公司

法律顧問　林勝安律師事務所　林勝安律師

出版日期　2019年6月初版一刷

定　　　價　新臺幣450元